U0574122

国家社科基金
GUOJIA SHEKE JIJIN HOUQI ZIZHU XIANGMU
后期资助项目

重回本来面目：
——中国传统心性学说中心理治疗思想的溯源与重构

Returning to the original form:
Tracing and refactoring of psychotherapy thought
in Chinese traditional theory of mind and nature

熊韦锐　著

北京师范大学出版集团
BEIJING NORMAL UNIVERSITY PUBLISHING GROUP
北京师范大学出版社

国家社科基金后期资助项目
出 版 说 明

后期资助项目是国家社科基金设立的一类重要项目，旨在鼓励广大社科研究者潜心治学，支持基础研究多出优秀成果。它是经过严格评审，从接近完成的科研成果中遴选立项的。为扩大后期资助项目的影响，更好地推动学术发展，促进成果转化，全国哲学社会科学工作办公室按照"统一设计、统一标识、统一版式、形成系列"的总体要求，组织出版国家社科基金后期资助项目成果。

全国哲学社会科学工作办公室

序　言

本土的文化传统、本土的心性学说、
本土的心理治疗

葛鲁嘉
吉林大学哲学社会学院心理学系

　　细数起来，我所招收和指导毕业并获得博士学位的学生，大多数都在持续和系统地推进自己的学术探索与课题研究，进而在学术上不断细化、强化、深化、延展、拓展自己的专题探索和系列研究，并发表了许多学术论文和出版了很多学术专著。其实，我并不愿意在别的学者的专著上添加自己的文字，总认为这就是画蛇添足。但是，自己曾经的学生的愿望我总是毫不犹豫地去满足！因为这不仅是学生成长为学者所付出的艰辛努力、所提供的学术成果，而且这也包含着我自己的强烈心愿，以及我自己的殷切期待。学生的学术成就和学生的学术道路实际上就是教师的学术成就的组成，也就是教师的学术道路的延长！

　　我在 1999 年被选聘为博士生导师，从 2000 年开始招收博士研究生。到目前为止，已经招收了共 18 届 58 名博士研究生。其中，已经有 55 位毕业并获得了博士学位。熊韦锐博士是我于 2008 年招收入学，于 2011 年顺利答辩毕业的博士研究生。在我所指导的博士研究生中，有很多都是非常优秀的！熊韦锐博士就属于我非常满意的优秀学生！我从 1992 年被选聘为硕士生导师，从 1993 年开始招收硕士研究生。到目前为止，已经招收了 78 名硕士研究生。其中，已经有 77 名毕业并获得了硕士学位。熊韦锐博士则是我于 2006 年招收入学，于 2008 年毕业并获得硕士学位的。他也是我所指导的硕士研究生中优秀的学生之一。

　　熊韦锐博士的这部学术专著，是与我自己数十年学术研究的课题非常接近的。我在长期的学术研究中，一直就在探索中国本土的心理学、中国本土的心理学资源、中国本土文化的心性心理学的传统、中国本土原始创新的新心性心理学。心性心理学的系统探索就体现在我于 2019 年出版的《心性心理学——中国本土文化源流中的心理学》(浙江教育出版社)一书中。新心性心理学的创新探索，则体现在我于 2008 年出版的《新心性心理学宣言——中国本土心理学原创性理论建构》(人民出版社)一书中。心性心理学资源和新心性心理学创新的更为具体的运用或应用，则体现在我于 2012 年出版的《心理成长论本——超越心理发展的新心性心理学主张》(人民出版社)，以及我于 2013 年出版的《心理生活论纲——心理生活质量的新心性心理学探索》(经济科学出版社)等系列化的学术专著中。熊韦锐博士的研究则是更进了一步，已经深入了中国本土文化的传统心性学说的心理治疗思想中。这恰好就是我最希望看到的中国本土心理学的学术研究的进展，以及中国本土心理学的现实应用的扩展。

中国本土文化中非常独特的和非常重要的理论贡献就是心性学说。当然，在中国的文化传统中，不同的思想派别有不同的心性学说。不同的心性学说，发展出了不同的对人的心灵或心理的解说。首先是儒家心性说。儒家的学说是由孔子和孟子创立的。在中国传统文化的儒、道、佛三家中，儒家学说的重心在于社会，或者说在于个体与社会的关系。儒家强调的是仁道。当然，仁道不是外在于人的存在，而就存在于个体的内心。那么，个体的心灵活动就应该是扩展的活动，去体认内心的仁道。只有觉悟到了仁道，并且按仁道行事，那就可以成为圣人。这就是内圣外王的历程。其次是道家心性说。道家的学说是由老子和庄子创立的。在中国传统文化的儒、道、佛三家中，道家学说的重心在于自然，或者说在于个体与自然的关系。道家强调的是天道。当然，天道也不是外在于人的存在，而就潜在于个体的内心。个体可以通过扩展自己的心灵，体认天道的存在，并循天道而达于自然而然的境界。最后是佛家心性说。佛家的学说是由释迦牟尼创立的，是从印度传入中国的，但与中国本土的文化传统相合流。在中国传统文化的儒、道、佛三家中，佛家学说的重心在于人心，或者说在于个体与心灵的关系。佛家强调的是心道。当然，心道相对于个体而言是潜在的，是人的本心。那么，个体可以通过扩展自己的心灵而与本心相体认。

中国本土心理学的发展和演变就应该立足于本土的资源，就应该提取本土的资源，就应该运用本土的资源。在本土文化的基础之上，在本土文化的传统之中，在中国文化的背景之下，在中国文化的资源之内，来建构特定的心理学，来创造本土的心理学。这也是近些年来中国心理学研究者追求的目标和努力的方向。回到中国本土文化中，挖掘中国本土文化中的心理学资源，这已经成为中国许多心理学研究者的自觉的行动。当然，不同的研究者着眼的焦点不同，关注的内容不同，思考的方向也就不同。但是，心性说或心性论是中国本土心理学传统中根本的或核心的部分。

中国本土文化传统中的心理学有着自己独特的解说心理行为的概念和理论，这根本不同于西方实证科学的心理学所提供的。例如，中国本土思想家阐释的心、心性、心理，行、践行、实行，知、觉知、知道，情、心情、性情，意、意见、意识，思、思考、思想，体、体察、体验，格、人格、性格，品、人品、品性，道、道理、道德，义、义理、道义，都有独特的心理学含义。对这些特有的心理学术语的探讨，可以为中国心理学的发展提供十分重要的学术资源。把中国本土的心理学概念和理论与西方外来的心理学概念和理论进行比较的话，就可以得出对心理学的新的理解。

中国文化传统中的心理学也有着自己独特的验证理论假说的方式和方法，而不仅仅就是思辨和猜测。当然，在中国的本土文化中，并没有产生出西方科学意义上的实证方法或实验方法。但是，中国古代的思想家却提出了知行合一的原则，也就是践行或实践的原则。任何理论解说或理论阐释，包括心性心理学的理论解说和理论阐释，其合理性要看能否在生活实践中获得预期的结果，或者说行动实现的是否就是理论的推论。这形成的是另外一套验证理论的途径。把西方科学心理学的研究方法与中国传统心理学的验证方法相对比的话，就是实验与体验的对应，也就是实证与体证的对应。体验的方法或体证的方法就是中国本土心理学独特的方式和方法。

中国文化传统中的心理学也有着自己独特的干预心理行为的手段和技术，并形成了对人的心理生活的引导、扩展和提升。人的心理就有了横向扩展和纵向提升的可能。心理的横向扩展就在于能够包容更多的内涵，包容天地、包容他人、包容社会、包容自己等。心理的纵向提升就在于能够提高心灵的境界。这是一种纵向比较的心性心理学。人与人有心灵境界的高下之分，因此，中国本土的心性心理学实际上是境界等差的学说，是境界高下的学说，是境界升降的学说。心理的差异实际上就成了德行、品德、人品、为人和境界等方面的差异。反思、反省就成为重要的手段和技术。

对于在中国本土心性心理学基础之上的创新发展,我将其称为新心性心理学。这其中所说的"新"字,就在于强调学术思想和理论核心的创新与突破。这也就是将原本属于优秀传统文化、传统思想和传统理论的原则、内容、方式、方法,都引入中国心理学的核心理论的新建构中。这也就是新心性心理学的基本追求和核心内涵。新心性心理学是中国本土心理学的理论创新。这种理论创新或理论突破,就在于能够将中国本土心理学的理论框架、理论预设、理论解说、理论阐释,纳入特定的研究思路和研究路径中,并能够形成理论的新建构和学术的新突破。新心性心理学理论创新的研究思路和研究路径,主要就体现在探索关于心理资源、心理文化、心理生活、心理成长、心理环境、心理科学等重要的方面。

我一直都希望和期盼着,在中国本土文化的心理学资源的基础之上,能有更为扩展和细化的研究,能有更为实用和有效的探索。熊韦锐博士的研究实际上是将中国本土文化传统之中的人性论、心性论放在了一个基础的位置上,进而确立和探索了中国本土文化的心理治疗思想的学术根基、理论设定、核心理念、基本方法、主要技术、典型案例。这就是本土的文化传统、本土的心性学说、本土的心理治疗。当然了,任何创新性的探索,都需要经历一个不断完善的过程,存在着这样或那样的问题、不足或缺失,这些都是非常正常的。那么很显然,推进自己的研究、细化自己的考查、扩展自己的探索、完善自己的创新,就需要更为长期的指向和追逐。

祝贺和祝福熊韦锐博士!学术探索的快乐和幸福实际上就是来自持续不断的创新与创造!

葛鲁嘉

2019 年 12 月 8 日

于吉林省长春市

目　录

导　言

第一节　逻辑理路

本书的基本主旨是从心理咨询与治疗的视角,对中国传统文化中的心性学说进行溯源与重构。所谓溯源,也就是追溯源头;所谓重构,也就是重新建构。溯源与重构,也就是找到源头之后的重新铺陈,正如在历史的遗迹中找到远古的地基,然后按照当代的环境要求重新建造高楼大厦。因此,本书的内容既不是无中生有的凭空创造,也并非一成不变的临摹搬运,而毋宁说是一种有基础的创新。创新的基础,正是中国传统心性学说中的人性论思想;创新的结果,便是一种系统的心理咨询与治疗的方法。因为基于中国传统心性学说,所以我们将其称为"心性疗法"。接下来,我将对本书的逻辑理路做一简单陈述,以方便大家理解。

在中国传统文化中存在许多关于人性的争论。从本质属性的角度来看,存在着关于人性究竟是什么的争论;从价值取向的角度来看,存在着关于人性究竟是善还是恶的争论。

对于本质属性的角度,虽然争论繁多,但是大体上来看,在中国传统文化中存在着三种基本的人性论视角。第一种可称为本质之性,就是将人之所以为人且不同于他物的本质属性作为人的本性。例如,孟子认为人的本性就是只有人具有而其他动物都不具有的仁义礼智之端,也就是恻隐、羞恶、辞让、是非这四心。第二种可称为本来之性,就是将人生而完具的本来能力和本能欲望作为人的本性。例如,荀子认为人的本性就是"目辨黑白美恶,耳辨声音清浊"的本来能力与"饥而欲食,寒而欲暖"的本能欲望。第三种可称为本然之性,就是将当下的本然的生存状态作为人的本性。例如,佛家禅宗认为人的本性就是在当下一念之间"不思善,不思恶"之后的本然的生存状态。心性疗法的人性假设正是第三种,以当下的本然状态作为人的本性。

对于价值取向,如果不是在中国传统文化内部对比,而是将其和西方的人性论传统对比,那么中国文化的人性论传统则远不是那么纷繁复杂。事实上,在中国传统文化中,有一种人性论为多数人所接受并且影响深远，那就是以心善言性善的性善论。性善论主张人性本善，本即本来的、原初的；善即善良的、值得追求的。人性本善的核心要义，即主张人的本来面目是好的，是值得追求的，因此生命的最终目标，或者说最高境界就是要回到这种本来就好的本来面目。因此，在中国文化中，生命最初的本来面目和生命终极的目标境界是同一的，人的生命之路就应该回到本性，回到本来面目。而西方的人性论传统则并非如此，甚至相反，西方基督教的人性论传统大多主张生命之初是"白板"，是弱小的，或是充满"原罪"因而邪恶的。因此人的生命目标就应该是逐步提高，努力远离本性，最终达到"上帝"的境界。从这个意义上来讲，只要是主张人的本性值得提倡，是值得追求的目标的，则都是一种广义的性善论。因此，佛家禅宗所主张的本然之性也是一种性善论。而心性疗法的人性假设正是这种以本然状态作为人的本性的性善论。

这种每个人都具有的本然状态究竟是什么样的状态呢？无论是儒家、道家，还是佛家，都对此有具体的描述。例如，儒家孔子所说的"从心所欲不逾矩"与孟子所说的"浩然之气"；道家老子所谓"无为自然"与庄子所谓"逍遥自由"；佛家所说的"清净本性"与"通达无碍"都是在描述这样一种本然的生存状态。无论是儒家、道家，还是佛家，都认为只要能达到这种好的生存状态，便能达到一种完美幸福的生命境界，在儒家便能成为"圣人"，在道家便能成为"真人"，在佛家便能成"佛"。综合各家之说，不难发现这种本然状态所具有的一个特征就是"畅通"，佛家所谓"通达无碍"即此义。表现在身体上，畅通就是气血通畅，每一个器官都能够自然而然地运行而无任何阻碍；表现在情绪上，畅通就是情绪顺，每一种情绪都能随心所欲地传达而无任何阻塞；表现在认知上，畅通就是认识澄明，每一个观念都能理解通透而无任何执着。因此，心性疗法的基本假设便为：这种以畅通为特征的本然状态是有利于身心健康的，只要达到这种状态，很多心理困惑便能迎刃而解。因此，心理治疗的基本目标就是使个体重新回到这种本然状态。

既然存在一种以畅通为特征的本然状态，便自然预设了一种与之相反的状态的存在，那就是实然状态。很显然，绝大多数的人并没有处于本然状态，而是处于实然状态。实然状态的特征也不是畅通，而是与畅通相反，可称其为拮抗，佛家所说的执着就是一种拮抗。心性疗法认为，人们的很多心理疾病从本质上来讲就是一种冲突，而导致冲突的往往又是各种执着。例如，一直执着于过去的某个惨痛的经历或某个消极的观念，想要摆脱却无法摆脱。在这之中，惨痛的经历或消极的观念便是一种执着；想要摆脱却无法摆脱则是一种冲突。因此，冲突是心理疾病的发生机制；执着是心理疾病的致病根源。更进一步来讲，人们之所以会产生各种执着，在某种程度上与语言的使用有密不可分的关系，因为语言有一种使事件滞留的功能。事件一旦经历，便永远过去，但是语言的描述能够使其滞留下来。语言的这种滞留的功能导致人们有了一种隐喻的认知本能。人们总是倾向于用描述此物的语言来描述他物，总是倾向于用描述自己的语言来描述他人，进而，人们总是倾向于用认知过去的、已知的、成形的事物的方式，来认知将来的、未知的、未成形的事物。例如，利用认知水流的方式来认知电流，这就是隐喻。执着在某种意义上就是一种隐喻，隐喻是执着的心理机制与本质。因此，心性疗法的基本方法就是通过语言的分析，通过隐喻的还原，从而破除人们观念中的执着，进而消解拮抗与冲突，最终达到以畅通为特征的本然状态，从而治愈心理疾病。

要想从实然状态回到本然状态，实现心理疾病的治愈，在心性疗法中有两条路径：一条是明心见性；另一条是修心养性。前者类似于佛家所说的顿悟，后者类似于佛家所说的渐修。中国传统文化强调知行合一，明心见性就相当于"知"，修心养性就相当于"行"。心性疗法主张，要想实现心理疾病的疗愈也需要这样的知行合一。其中，明心见性是指认知上的领悟或者觉悟，从认识上发现自己的本来面目，理解自己的本来面目；修心养性是指生活中的修行或者践行，从生活中体悟自己的本来面目，维持自己的本来面目。明心见性是指在咨询室中与心理咨询师的面对面交谈；修心养性是指在自己的真实生活中随时进行的自我修炼。因此，心性疗法也主张咨询师疗愈和自我疗愈的结合。

心性疗法如何实施呢？按照上面所说的知行合一的原则，心性疗法主张一种"三加一"的咨询模式。所谓"三"，是指三个阶段的咨询室心理咨询，主要解决"知"的问题，也就是明心见性；所谓"一"，是指一个阶段的自我修行，主要解决"行"的问题，也就是修心养性。在三个阶段的咨询室心理咨询中，主要的理念是，首先引导来访者用尽可能详细的语言将自己的心理冲突、矛盾、执着描述清楚；其次找出并改变这些语言描述中可能导致执着与冲突的部分；最后彻底忘记语言，透过语言去纯粹地体验事实本身。在一个阶段的自我修行的过程中，主要的理念是，完全投入生活中的某一个场景，如一次工作、一次劳动，要求全身心地投入，忘记时间，忘记自我，只是纯粹地去体验，"活在当下"。具体的案例已证明这种心理咨询的模式在解决那些以冲突为基础的心理问题的时候，是非常有效的。

总之，心性疗法和其他心理咨询与治疗的方法相比，有两个较为明显的特点。其一，主张心理咨询与治疗的目的不仅是治疗疾病，而且更重要的是提升生活质量，提升生命境界。换句话说，心性疗法以提高幸福感为基本目的，而不以消除疾病为基本目的。其二，主张自我疗愈，咨询室中的心理咨询只是引子，只是"师父引进门"，更重要的是来访者在生活中的自我疗愈，也就是"修行在个人"。

第二节　基本信念

当代心理咨询与治疗领域的发展，越来越注重吸取东方文化的资源。无论是森田疗法与内观疗法的成功，还是正念训练与瑜伽训练的流行，都证明在东方文化中存在着宝贵的心理学资源。中国传统文化中也蕴含着许多有价值的资源，只不过尚待开发。事实上，许多研究者都已经挖掘了在中国传统文化中的心理咨询与治疗的思想与方法，如道家认知疗法、认知领悟疗法、意象对话技术等，这些都是有价值的且成功的尝试。然而，对于博大精深的中国传统文化来说，这远远是不够的，还有许多可供挖掘的资源。例如，在中国传统文化中非常重要的心性学说，其中不仅蕴含着系统的心理学理论，而且蕴含着完整的心理咨询与治疗的思想。其中明心见性的思想与修心养性的方法，在诸多实践中都证明了其对于提高心理健康水平来说非常有效。因此，挖掘中国传统心性学说中的心理咨询与治疗的思想与方法有巨大的理论与实践价值。为了方便，将这种从传统心性学说中提取出来的心理咨询与治疗方法称为心性疗法。

在这一部分，我用尽可能简单的语言将全书的核心理念做一陈述，以方便读者能够更快更深入地理解心性疗法。在这里一共陈列了 10 条关于心性疗法的基本信念，有的属于心性疗法所特有的，有的不属于，无论如何，它们都代表了心性疗法的基本假设。因为是导言，所以在这一部分中并没有论证，而只有观点的陈述，详细的论证过程可参见后面的章节。

一、每个人的本来面目都是完美的

无论是善良的人，还是邪恶的人，无论是健康的人，还是不健康的人，其实每个人的骨子里都有一个完美的自我，这就是本来面目。只是有的人展现了，有的人没有展现；有的人展现得多一点，有的人展现得少一点。

完美自我并不是理想的自我，并不是人们对自己的期望或者想象，而是每个人本来都存在的一种可能最好、最完美的生存状态。当然，这种完美的生存状态是身心健康的、幸福的生存状态。

这种完美的本来面目并不是需要花费很大力气才能达成的，其实，要想达到完美自我，往往只需要一念之间，只需要转变一下自己的生存姿态。

年龄越小，越接近本来面目；年龄越大，越远离本来面目。因此，老子所谓"复归于婴儿"是很有道理的。当自己能像一个婴儿那样自由自在、敞开胸怀、尽情表达、没有自我概念，没有时间观念，其实就已经具有了完美自我的生存姿态。

全身心地投入是达到本来面目的最快捷方式。当人们全身心投入一件事情时，以至于将自己完全托付于这件事，全身心沉浸于这件事，忘记了自我，忘记了时间，这时候就表现出完美的本来面目了。

二、心理咨询的目的是重回本来面目

每个人都可以自由选择自己的生活状态，可以选择生存在语言与文化的规定中，可以选择活在别人与自己的评价中，同样也可以选择完全按照自己的本来面目生存。

本来面目是中华传统文化所推崇的最高境界，儒家所谓"从心所欲不逾矩"的圣人，道家所谓逍遥自在的真人，佛家所谓解脱悟道的佛，都达到了这种最高境界。本来面目是一种本然的生存状态，没有语言的束缚，没有执着的牢笼，没有自我意识的干扰，没有评判，没有隐喻，只有存在本身，只有生活本身，自由自在，逍遥自然。这种状态类似于物理学中的匀速直线运动，不需要任何外力，不耗费任何能量。这种状态也是最健康的生存状态。心理咨询的目的就是要让人们找到这种状态，发现这种状态，并维持这种状态。

三、重回本来面目的两条路径

重回本来面目是心理咨询的最终目的，而重回本来面目的路径有两条，一条是认知觉悟的路径，可称为明心见性；另一条是生活修行的路径，可称为修心养性。

明心见性是通过与心理咨询师的会谈，发现自己的本来面目；修心养性是通过在生活中的实践，维持自己的本来面目。明心见性是通过语言分析，出现认知觉悟；修心养性是通过生活投入，出现直观体验。心理咨询需要认知与行为的结合，需要心理咨询师与来访者的配合。正所谓"师父引进门，修行在个人"。

四、大多数心理问题其实是语言问题

不恰当地使用语言是很多心理疾病之源。因此，正确地使用语言可以预防并且治疗心理疾病。人们经常将语言中的多余含义赋予事件本身，以至于事件也具有了许多多余的含义。举个简单的例子，人们在大街上看到一个人正在实施抢劫，很多旁观的人看到这个事件都会说："这是个坏人。"一旦如此描述，就为这个抢劫事件本身赋予了多余的含义，那就是"坏人"这个词语在社会大众心目中的印象都会一股脑地全都赋予这个抢劫事件——十恶不赦、道德败坏、良心泯灭等。而事实上，这个抢劫的人可能非常善良，非常孝顺，但是非常贫穷，他想要为患重病的母亲治病，但没有钱，没有人愿意借给他钱，无奈之下他只能走向抢劫之路。在对他人事件进行描述的时候，使用不恰当的语言会造成误解，而如果对自身事件进行描述的时候使用不恰当的语言，则会导致心理问题。

五、可以通过改变一个人的语言而改变一个人的思想

许多心理困惑的解决，都需要改变一个人的思想或者思维方式。虽然一个人的思想是不容易改变的，思维方式是内在的、隐藏于心灵的，但是语言是容易改变的，语言是外在的，甚至可以呈现在一张纸上。我们可以通过改变一个人的语言而改变一个人的想法，可以通过改变一个人的说话方式而改变一个人的思维方式。这就是心理咨询中的语言分析。

我们可以将自己对某件事情的陈述方式用语言或文字的方式呈现于自己的眼前，从而可以自己去审视自己的语言方式或思维方式究竟是健康的，还是不健康的，保留那些健康的语言方式，改变那些不健康的语言方式，从而最终治愈心理疾病。

六、最好的语言方式是没有语言

有没有一种最健康、最完美、最好的语言方式呢？答案是肯定的，那就是没有语言。使用语言对事件进行陈述实际上就已经对事件有所改变，而这些改变大多数都是不利于心理健康的。因此，无语言参与的纯粹体验是一种很好的心理咨询方法。

当我们在生活中遇到那些可能对自己造成伤害的事件，不要着急立

刻用语言将其描画到自己的心灵中，可以适当地缓一缓，静下心来，只是纯粹地去体验那件事情，不要试图用任何语言的形式去描画它，只是去觉察而已，消除杂念，抛却思虑，回归事件本身。

如果我们能够经常这样，养成习惯，就会发现积攒压抑在心里的事情就会少很多。实际上，装满心里的根本就不是事情，而是对事情的描述，也就是语言。

七、过去是改变不了的，唯一能改变的是现在

绝大多数心理问题都与过去有关，然而，过去已然过去，改变不了，能改变的唯有当下，唯有改变当下对过去的看法。最好的对过去的改变是忘记过去，最好的对过去的看法是没有看法。人们在当下虽不能改变过去，却能忘记过去。

然而，实际上忘记的并不是过去，而是对过去的语言描画；放下的并不是过去的事件，而是对过去的看法。因此，当下对过去能做的，就是将过去从语言的牢笼中解脱出来，解放它，随它自由自在地去吧。不要试图用语言去抓住它。

八、活在当下

从身心健康的角度来看，活在当下是一种很好的生活态度。活在当下并不是说要对当下的一切保持充分的觉知，而是完全将自己沉浸于当下，托付给当下。更准确一点说，是沉浸于或托付给当前所从事的任何活动。例如，吃饭时，那就将自己完全交付给吃饭这件事情吧！全身心地投入进去，清空大脑，纯粹地吃饭吧！不是只用嘴吃饭，而是用整个身体、整个生命在吃饭。不要在吃饭的时候想各种各样的事情，一会儿浮现的是最近的工作，一会儿浮现的是当天发生的某些事情。所有这些，人们都不用去想，只是全身心地投入吃饭这个活动本身。很多心理困惑都是人们自己想出来的，当不去想的时候，自然就不会有困惑。

九、生活投入

有的人可能会觉得修心养性是一件非常复杂的事情，需要花费大量的时间和精力，但实际上并不是如此。修心养性并不需要在正常的生活之外专门找时间，也不需要在真实的生活场景之外专门找地点，而只需要在真实的生活之中随时随地即可进行。

生活投入就是最重要的修心养性，生活投入就是做任何事情都全身

心地投入，专心致志，一心一意。很多人做事情都是三心二意的，一边做事情，一边在头脑中还杂想着别的事情。例如，人们在走路散步的时候，一边散步，一边还在想着明天的工作、昨天的某个事情、电视剧中的某个桥段等。这些都不是生活投入。真正的生活投入就是全身心地沉浸于一件事情中，心无杂念，心无旁骛。走路的时候便只有走路，吃饭的时候只有吃饭。很多人可能以为，只有在做太极或瑜伽的时候才需要凝神屏气，心无杂念。实际上，做任何事情都需要凝神屏气，心无杂念。如果人们在生活中的任何时刻做任何事情时都能保持这种心态，那么其实就已经在生活中的任何时刻都实现了太极或者瑜伽的锻炼功效了。

十、每个人都是自己的心理咨询师

其实对于每个人来讲，自己都是最好的心理咨询师。最好的心理咨询是自我修行，因为自己是最了解自己的人。

人们如果有心理疾病，其实并不一定要去找专门的心理咨询师，也不一定要去专门的心理咨询室。每个人都有足够的能力解决自己的心理问题，每个人都能找到方法用来解决自己的心理问题，只要人们知道自我修行的目标，知道自我修行的方法。

有的人说心理咨询就是要让来访者向心理咨询师充分地倾诉。但其实与其向心理咨询师倾诉，还不如向自己倾诉、向生活倾诉。当你不希望将自己的隐私或秘密倾诉给其他人时，那就倾诉给你自己吧。

第一章 人性论

每一种经典的心理咨询与治疗方法都有其独特的人性论假设。心性疗法也有自己的人性论假设，而心性疗法的人性论假设来源于中国传统文化中的心性学说。第一章的目的就是通过挖掘中国传统文化中的心性学说（溯源），从而确立心性疗法的人性论假设。

第一节 心性学说中的人性概念

第一节的主要目的是探究中国传统文化中与人性相关的诸多概念，如"性""人性""心性""佛性""本性""自性"等。值得注意的是，在这些概念中，有相当一部分来自佛家文化，尤其是禅宗典籍《坛经》。这是因为：第一，本书所提倡的心性疗法，其基本理论与核心方法有相当一部分直接来源于佛家思想，所以在前面阐述理论的时候对佛家思想的探讨自然会多一些；其二，佛家的心性学说与儒家、道家并没有本质的不同，所以才有了后来的儒、道、佛三家合流。

一、何为"人性"

人性，从古至今一直是各个学科重点关注的对象，事实上，一切科学都离不开对人性的探讨。正如休谟（D. Hume）所说的："一切科学对于人性总是或多或少地有些关系，任何学科不论似乎与人性离得多远，它们总是会通过这样或那样的途径回到人性。"①心理学作为一门自然科学，并且是与人密切相关的自然科学，离不开对人性的探讨。每一种心理咨询与治疗理论都有其独特的人性假设。在中国传统文化中也有系统的关于人性的探讨，挖掘并利用这些思想具有重要的作用。

所谓人性，就是指人所普遍具有的属性。只有一切人都具有的属性，才能称为人性，如果只有一部分人具有而其他人不具有，便不能称为人性。

在心理学中还有一个概念与人性有关，那就是个性。一个有趣的现

---

① 〔美〕休谟：《人性论》上，关文运译，北京，商务印书馆，2004，第6页。

象是，虽然绝大多数研究者都认为人性与个性大不相同，但是有很多研究者认为"人性差异"与"个性差异"是相同的。其实，人性是人所具有的普遍属性，即与他人相同的属性；个性是人所具有的特别属性，即与他人不同的属性。从这个意义上来说，人性与个性是相互矛盾的，但事实上人性与个性有内在的关联。举例来说：每个人在面对挫折时都会做出归因，这可以称为人性，因为这是所有人都具有的；假如某个人在面对挫折时总是做出极端的内归因，即认为挫折都是由自己造成的，这可以称为个性，因为这是他与别人不同的地方。因此，个性不能脱离人性而单独存在，个性总是在人性的范围之内、框架之内。人性是质的问题，是有无的问题；个性是量的问题，是多少的问题。正因为这种内在的联系，所以很多研究者认为"人性差异"与"个性差异"是可以通用的。但其实无论是"人性差异"还是"个性差异"，都是存在问题的说法。因为人性是每个人都有的，是不存在差异的，所以并不能说"人性差异"；同时，个性本来就是有差异性的，所以再讲"个性差异"便有概念重复之嫌。

二、中国文化中的"性"

"性"，是中国哲学的主要范畴之一。无论是儒家，还是道家、佛家，都对"性"有非常系统的说明。如荀子所谓"生之所以然者谓之性"(《荀子·正名》)；"凡性者，天之就也，不可学，不可事"(《荀子·性恶》)；韩愈"性也者，与生俱生也"(《韩昌黎集·原性》)；再如《吕氏春秋》所谓"性者，万物之本也，不可长，不可短，因其固然而然之，此天地之数也"(《吕氏春秋·贵当》)。由此可见，"性"在中国传统哲学中主要是指万物的本体、本质与本性，在物为物性，在人为人性。无论是物之性，还是人之性，都包含本来具有、与生俱生、不变不改的含义。

在中国传统文化中，诸多典籍都对"性"这个概念进行了辨析。以佛家思想为例，"性"在梵文中包括三重原义：本来具有、不依他起、不变不改。这与荀子等人对于"性"的说明并无二致。《大智度论》卷三一："性名自有，不待因缘。"《大智度论》卷八三："诸法本生处名为性。"《中论·观行品》："性名决定有，不可变异，如真金不可变。"首先，"性"是本来具有的，并不是在后天的生活经验中习得的。例如，《坛经》(敦煌本)所说的："善知识！菩提般若之智，世人本自有之，即缘心迷，不能自悟，须求大善知识示道见性。"[1]其次，"性"是本自具足，不依他起。佛家认

---

①　郭朋：《坛经导读》，成都，巴蜀书社，1987，第83页。

为，万法万物在本性上都不是绝对的，都是在一定的因缘条件下和合而成的，也就是"依他起性"。而只有"性"本身不是在其他因缘条件下和合生成的，是不依他起的。正如《坛经》(宗宝本)所说："何期自性本不生灭；何期自性本自具足。"①最后，"性"是不变不改的，正因为"性"是本来具有的，并且本自具足，所以"性"是不变不改的，如《坛经》(宗宝本)所说："自性本无动摇。"②另外，通过"性"的这三种含义，还可引申出"性"的其他意思。例如，因为"性"是本来具有的，并且本自具足，而其他万法都是依他起的，都是在一定的因缘下和合而成的。所以，可以推知万法正是由"性"而生，依"性"而起，"性"就是万法最为重要的因缘条件。《坛经》中所谓"一切万法不离自性""自性能生万法"就是此义。

总之，"性"在中国哲学中的地位与含义，类似于"本质"在西方哲学中的地位与含义。"性"是"天"赋予万物的原初本体，是"天理"或"天道"在万物身上的具体表现。"天理"或"天道"在物身上的表现，则为"物性"；"天理"或"天道"在人身上的表现，则为"人性"。因此，"性"与"人性"的关系为："性"是万物的本源、本体、本质、本性；"人性"是人的本源、本体、本质、本性。因此，"人性"具有所有"性"的含义，即本来具有、不依他起、不变不改。

三、"心性"

"心性"，也是中国传统哲学中的重要范畴。在中国传统文化中，"心"主要是指主体的精神活动。"心性"有两种含义，一种可称为"心与性"；另一种可称为"心之性"。前者是将"心"与"性"这两个范畴并列起来；后者是将两个范畴承接起来。"心之性"，就是指"心"之"本性"，即人心的本源、本质、本体、本性。

无论如何，"心"与"性"是两个具有不同内涵的概念。我们之所以常常将这两个不同的概念联系起来，是因为在中国传统哲学中常常以"心"而言"性"。例如，孟子认为，人之所以为人的本性，正在于人人都具有恻隐之心、羞恶之心、辞让之心、是非之心。这四心正是仁义礼智之端。正因为每个人都具有这四心，所以人的本性是善良的。因此，孟子以心善言性善。孟子认为，恻隐之心、羞恶之心、辞让之心、是非之心便是人之本性，正是在这个意义上，人们常常认为"心即是性""性即是心"。

① 弘学：《六祖坛经浅析》，成都，巴蜀书社，2008，第36～37页。
② 弘学：《六祖坛经浅析》，成都，巴蜀书社，2008，第36～37页。

这正是中国传统文化中极为典型的心性学说。

佛家哲学也常常以"心"言"性"，如"自性清净心""如来藏心"便是此义。以《坛经》为例，"故知万法尽在自心，何不从自心中顿见真如本性。"（《坛经·般若品第二》）慧能认为，世间一切法都能在当前的现实中找到，因此不必向外求，不是在将来，而是就在现在，就在现在的现实心中顿见真如本性，便可成佛。由此可见，慧能将"心"作为"性"的载体，因为"心"就是当前的主体精神活动，所以"性"也只需在当前的精神活动中便可发现，这就是"悟"。人们之所以没有发现自己的本性，只因为人们当前处于"心迷"而非"心悟"。因此禅宗有"真心"与"妄心"之分，有"净心"与"染心"之别。人们只要去除当前的"妄心"，即"执着心"与"分别心"，便可达"真心"，便可见"本性"。因为达"真心"与见"本性"是同一个过程，同一种状态，因此"真心"就是"本性"，"本性"即"真心"。从这个意义上说，"心"与"性"是一而二、二而一的，并没有本质的不同。

四、"佛性"

"佛性"是佛家文化中的一个重要概念，也与人性有着密不可分的关系。在某种程度上，佛家的佛性论其实是一种非常独特的人性论，因此我们有必要详细探讨"佛性"这个概念。"佛性"，是佛家谈"性"的一种方式。在中国传统佛家典籍《坛经》中，"佛性"具有两种含义。第一种含义，就佛陀而言，"佛性"就是佛陀的本性，而佛陀的本性是清净的。例如，"佛性常清净，何处有尘埃。"[1]"佛性非常非无常，是故不断……佛性非善非不善，是名不二……无二之性即是佛性。"[2]这些描述就是在说明佛陀的本性是清净的，是超越善恶的，是一种不落两边的不二之性。第二种含义，就众生而言，"佛性"就是众生成佛的可能性。慧能认为众生都有"佛性"，所以众生都能成佛。例如，"当知愚人智人，佛性本无差别，只缘迷悟不同，所以有愚有智"[3]，说的就是这个意思。事实上，这两种含义并不是矛盾的，而是相通的。因为众生成佛的可能性或种子，也就是佛陀的本性。换句话说，无论是佛，还是众生，都具有佛陀的本性，即"佛性"。只不过这种"佛性"佛陀表现了出来，而众生因为世俗尘埃的染污而没有表现出来。众生需要通过努力发现自身所具有的"佛性"，并将其发扬出来，便可成佛。这就是"佛性平等"的含义，即佛与众生的本

---

① 郭朋：《坛经导读》，成都，巴蜀书社，1987，第73～74页。
② 弘学：《六祖坛经浅析》，成都，巴蜀书社，2008，第46页。
③ 弘学：《六祖坛经浅析》，成都，巴蜀书社，2008，第51～52页。

性都是一样的，其差别仅在于有没有发现并发扬自己的本性。

"佛性"与人性是什么关系呢？很显然，对于佛陀来说，"佛性"就是佛陀的人性。而因为"佛性平等"，佛陀与众生的本性一样，所以"佛性"也就是众生的人性。因此，"佛性"就是人性。佛家表面上是在说"佛性"，实质上也是在说"人性"。因为佛陀的"佛性"通常被认为是清净的、超越善恶的，因此，佛家的"人性"也通常被认为是清净的、超越善恶的。

五、"本性"

"本性"是一个较为复杂的概念，在不同的地方，"本性"有不同的意谓。对于孟子来说，"本性"就是人的本质之性，也就是人之所以为人，并且人之不同于他物的本质属性。孟子认为人的本性就是仁义礼智之端，也就是恻隐之心、羞恶之心、辞让之心、是非之心，因此人性本善；而对于荀子来说，"本性"就是人的本来之性，也就是人生而完具的那些本来能力或本能欲望，荀子认为人一生下来就具有的本能欲望是自私的，因此人性本恶。

如前所述，"人的本性"有两种含义。第一种含义是指人的本质属性，也就是"人性"之中较为本质的，能够表明人之所以为人的属性。第二种含义是指人的本来属性，也就是人的"天性"，意即人一生下来便本来具有的属性；无论是本质属性，还是本来属性，都只是人性的一部分。就本质属性看，人性中既包括只有人类特有的本质属性，也包括其他动物也有的一般属性；就本来属性看，人性中既包括先天的固有属性，也包括后天的生成属性。

很多时候，人们所说的"人性"实际上是指"人的本性"。例如，孟子所说的"人性"便是人之所以为人的"本性"，是人在本质上区别于动物的"本性"。但是在心理学研究中，研究的内容不仅包括"人的本性"，也包括感觉、知觉这一类一般属性。所以，心理学中的"人性"并不是狭义的，即"人的本性"，而是广义的，即人的一切属性。心理学上认为："人的动物性不仅是人性，而且与人的特性相比，乃是更重要的人性。"①

许多研究者经常将中国传统文化中的"本性"与西方哲学中的"本质"等同起来，认为"本性"就是世界之本源。例如，郭朋认为，本性与佛性、法性、实性、自性、法身、本心、真如等称谓一样，"实质上指的都是一

---

① 〔美〕T. H. 黎黑：《心理学史——心理学思想的主要趋势》，刘恩久、宋月丽、骆大森等译，上海，上海译文出版社，1990，第 38 页。

个东西——佛教所幻想的最高的、永恒的精神实体。它是慧能的思想核心，理论基础；也是慧能心目中的宇宙实体，世界本原。"①这种观点并不算错误，但在某种程度上加大了在本体论意义上理解中国传统文化中"本性"概念的难度。事实上，在中国传统文化中，"本性"的本体论含义是很清晰的。以佛家禅宗思想为例，慧能在解释"无念为宗，无相为体，无住为本"的时候说道："无住者，为人本性，念念不住。"②意思就是说，念念不住，就是人的本性。什么是念念不住？慧能又说："前念、今念、后念，念念相续，无有断绝。"③换句话说，念念不住，就是指任凭头脑中的念头自由流过，而不停滞于任何一念，不执着于任何一念。这也就是人的本性。很显然，念念不住是一种自由自在、通流无碍的精神状态或生存状态。由此，慧能所说的"本性"，在本体论的意义上就是这种精神状态或生存状态，而不是什么宇宙的实体、世界的本源之类。关于这一点，可以从《坛经》中其他多处对于"本性"的论述得到证明。例如，慧能说："若言看净，人性本净，为妄念故盖覆真如，离妄念，本性净。"④这句话的意思是说，人性本来是清净的，但是清净的本性常常因妄念而被盖覆，无法自见。当离却妄念，本性自然就清净了。什么是妄念？妄念就是执着心、分别心，就是停滞于某一念、执着于某一念，而致使不能念念相续、通流无碍。人们只需要消除执着心，抛弃分别心，就能使本性又成为念念相续、通流无碍的状态了。因此，本性绝不是一个静态的实体，而是一种本然的生存状态。这也是佛家禅宗人性论的基本要义。再如"见本性不乱为禅""本性自净自定"⑤"常思于后，念念圆明，自见本性"⑥等多处关于"本性"的描述，都表明佛家思想中的"本性"与不乱、自定以及念念圆明的精神状态或生存状态密切相关。事实上，"本性"就是指人的本然的、清净的、通流无滞的精神状态或生存状态。

六、"自性"

"自性"在佛家典籍《坛经》中频繁出现，其中所蕴含的人性论思想极为重要。"自性"是与"本性"密切相关的概念，慧能对于"自性"的描述："世人性本自净，万法在自性。思量一切恶事，即行于恶；思量一切善

①　郭朋：《坛经导读》，成都，巴蜀书社，1987，第 103 页。
②　郭朋：《坛经导读》，成都，巴蜀书社，1987，第 92～94 页。
③　郭朋：《坛经导读》，成都，巴蜀书社，1987，第 92～94 页。
④　郭朋：《坛经导读》，成都，巴蜀书社，1987，第 97 页。
⑤　郭朋：《坛经导读》，成都，巴蜀书社，1987，第 99 页。
⑥　弘学：《六祖坛经浅析》，成都，巴蜀书社，2008，第 117～119 页。

事，便修于善行。如是一切法尽在自性。""自性常清净。""于自性中，万法皆见。""不思量，性即空寂……自性变化甚多，迷人自不知见。"①从这些描述可以得出两个结论。第一，慧能将一切法，无论是善法还是恶法，都统统归摄于"自性"。"万法在自性""如是一切法尽在自性""于自性中，万法皆见"就是这个意思。那么，万法如何从自性现呢？万法通过"思量"从自性现。"思量一切恶事，即行为恶；思量一切善事，便修于善行。如是一切法尽在自性。"那么"思量"又是什么呢？"思量"就是当下的主体精神活动、念头，也就是当下之自心。因此，慧能也说："万法尽在自心。"（《坛经·般若品第二》）自性与自心在本质上是等同的。由此可知慧能的用意在于，将一切法都归摄到自性中来，同时也归摄到自心中来，也就是归摄到当前的一念之中。因此，也只需要在当前的一念之中，便可寻得万法，只需要在自性中，便可自见清净，而无须外求，无须他求。迷与悟，烦恼与菩提，不在别处，就在自己的一念之间。正如"前念迷即凡夫，后念悟即佛。前念著境即烦恼，后念离境即菩提。"（《坛经·般若品第二》）因此，慧能首先是以自性言人性，将人们向外驰逐之心收摄于内；然后是以自心言自性，指出若要寻得本性，无须在将来，亦无须在过去，而只在当前的一念之间，便可寻得。这是第一个结论，第二个结论是自性与本性既有联系，也有区别。这种联系与区别可以从下面这句描述看出来，即"不思量，性即空寂……自性变化甚多，迷人自不知见"。这句话的意思就是说，在不思量的时候，性是空寂之性，也是清净之性。不思量也可以说就是无念、不执着、不分别。而这种无念、不执着、不分别的状态就是人的清净、通流无滞的本然状态，也就是人的本性。因此，在不思量的时候，自性就是本性。然而，在思量的时候呢？在思量一切善事或一切恶事的时候呢？这时候，自性则"变化甚多"，便不再是人的本性了。所以，自性并不总是清净的，并不总是空寂的。"自性常清净"的意思就是说，自性经常表现为本性，是清净的，但也经常不表现为本性，不是清净的。由此可以知道《坛经》中自性的真实含义或在本体论意义上的含义。如果说本性是人的本然状态的话，那么自性就是当下的实然状态，也就是当下的现实状态。如果不思量，不执着，那么自性就表现为本性，实然状态与本然状态相同；如果思量，执着，那么自性就不表现为本性，实然状态与本然状态不同。

由上观之，慧能提出"自性"概念，就是要将一切法都归摄到当下的

---

① 郭朋：《坛经导读》，成都，巴蜀书社，1987，第100～102页。

自心中来。关于这一点，唐君毅先生也有明确的表述①，以此告诉人们，要想成佛，无须外求，只需要在当前的自心中，在当前具体的念头中，就可以求得。如何求得？就是要不思量，不执着，"除却自性中不善心、嫉妒心、谄曲心、吾我心、诳妄心、轻人心、慢他心、邪见心、贡高心及一切时中不善之行。"②只要这样，实然状态便自然转换成本然状态，本性自现。

总之，如性、佛性、心性、本性、自性等这些概念与人性都有或多或少的差距，但也都有或多或少的关联。人性论，大体上来说就是对人的基本看法。前文对这些概念有较大篇幅的阐释，因此有必要对其中的人性论思想做一简单的总结：第一，通过佛性平等、以心言性以及自性的概念，将人的本性归摄于当下，而不是未生之初；第二，将人的本然生存状态作为人的本性；第三，强调在当前的一念之中实现本性与自性之间的转换，也就是本然状态与实然状态之间的转换。这些观点正是心性疗法原本所具有的人性论的基本要义。

七、人性论

人性论，顾名思义就是关于人性的理论。人性论有广狭两种含义。广义的人性论是指关于人性所有方面的理论，既包括关于一般属性的理论，也包括关于本性的理论。从这个意义上来说，人性论是心理学的结果，因为心理学的研究对象就是人性的所有方面。狭义的人性论是指关于人的本性的看法。不仅包括对本质属性的看法，如人区别于动物的本质特征是什么，是语言，还是理性；也包括对本来属性的看法，如人生来是善的，还是恶的，具有何种本能、欲望。通常来说，人们所说的人性论是指狭义的人性论，即关于人的本性的看法、观点、理论。

人性论对于心理学的意义在于：对人的本性的不同看法，决定了不同的心理学研究方式。假如将人看作一种高级的动物，那么对人的心理学研究便需要借用有关动物的概念，以及训练动物的方法；假如将人看作一种特殊的机器，那么对人的心理学研究便需要借用机器的概念，以及控制机器的方法。假如将人性看成是本来善良的，那么对人的心理治疗便会采取一种疏导、发展的方式；假如将人性看成是本来邪恶的，那么对人的心理治疗便会采取一种切断、改变的方式。总之，不同的人性

---

① 唐君毅：《中国哲学原论·原性篇》，北京，中国社会科学出版社，2005，第 190 页。
② 弘学：《六祖坛经浅析》，成都，巴蜀书社，2008，第 117～119 页。

论，决定了不同的心理学。

第二节 心性学说中的人性论题

如前所述，在中国传统文化中，有诸多与人性有关的概念，事实上，不仅如此，在中国传统文化中还有关于人性的系统论题。例如，性有与性无，即有没有一定的人性规定；性同与性异，即人与人之间的人性是否具有差异；性善与性恶，即人性是善良的还是邪恶的；性一元与性二元，即人性是否具有不同的种类；性本有与性始有，即人性是生下来便本来具有的还是在后天生活中习成的；性不变与性可变，即人性是一成不变的还是可以改变的。这六大问题是中国传统文化关于人性论题的探讨重点，也是心理学对于人性研究的重点。本节的目的就是系统探讨这些人性论题，这些都是中国传统文化的心性疗法的理论基础。

一、性有与性无

心理学对人性论的研究，首先要解决的是性有还是性无的问题，也就是说：人有没有一定的本性？存不存在某种可以被标定为人性的东西？

一般来说，在心理学中探讨人性的有无实在是一个多余的话题。因为心理学存在的前提便是人具有某种可以被称为人性的东西，心理学的任务便是揭露它，并描述其特征、解释其机制、探察其作用。因此，有某种特殊的人性规定，这在心理学中是毋庸置疑的。即使在中国传统文化中，大部分学者也都认为人具有某种特殊的人性是不言自明的。虽然如此，还是有一些思想家认为并不存在一定的人性。持这种观点的多为佛家中人。例如，三论宗便认为：一切事物都是由因缘和合而成的，因此任何事物都是刹那生灭、永远变化的，那也就没有任何恒常不变、始终保持常态的东西。因此并没有什么不变的本体、本性，或者说任何事物的本性均为空，这就是"真谛"。但是为了引导众生，为了让众生明白一切皆空的道理，可以用假名以说有，即先按照人们的日常所分罗列出种种事物，然后依次说明每一种事物的本性均是空，均是"无常"，这就是"俗谛"。总之，佛家三论宗是以真俗二谛来阐明人性的有无，这也是大多数佛家宗派所采用的方法。

性有与性无的问题在心理学中虽并不算问题，但是在佛家文化中是一个极为重要的问题，并引起了极为广泛的争论。当然，佛家所争论的性有或性无，并非指人性的有或无，而是佛性的有或无。在竺道生以前，中国佛教大部分认为佛性并不是人人皆有的，一阐提人（也就是十恶不赦诋毁佛教的恶人）便不具有佛性。即使唐代的唯识宗也认为一阐提人不具佛性，永不能成佛。但竺道生认为，众生皆有佛性，人人皆可做佛。"一切众生，莫不是佛，亦皆泥洹。"（《妙法莲华经疏·宝塔品》）自此以后，中国佛教才以众生皆有佛性为主流。例如，禅宗便认为佛性平等，"佛性者非阴界入，非本无今有，非已有还无。从善因缘，众生得见佛性。以得见佛性故，当知本自有之。"（《菏泽神会禅师语录》）

总之，性有与性无有两种含义。第一种含义是指有没有某种一定的人性，大部分思想家都认为可以找出某种一定的人性，而佛家三论宗则认为并不存在一定的人性；第二种含义是指佛性是否人皆具有，唯识宗认为一阐提人不具有佛性，禅宗、天台宗等认为人人皆有佛性。

二、性同与性异

人性相同还是相异，这是人性论研究中的重要问题。事实上，谈人性相同或相异，这有赖于将人性定义成什么。如果将人性定义为人之所以为人并区别于他物的本质特征，那么人性便是相同，因为这是每个人都具有的；如果将人性定义为人一出生便具有的本来属性或能力，那么人性便是不同的。因为每个人虽然一出生便都具有某些能力，但其材性、质性如何，却是每个人各不相同的，如有的人天生运动能力很强，有的人天生语言能力很强等。

在先秦时代，大多数思想家都以本质特征来定义人性，因此也大都主张人性相同。孔子明确提出人性相近的思想："性相近也，习相远也。"（《论语·阳货》）孟子认为仁义礼智是人本性的四端，而仁义礼智是每个人都具有的，因此人性对于每个人来说，都是相同的。"仁义礼智，非由外铄我也，我固有之也。"（《孟子·告子上》）荀子的人性论虽然与孟子的大不一样，但他也认为："好荣恶辱，好利恶害，是君子小人之所同也。"（《荀子·荣辱》）

秦汉以后出现了性相异的思想。王充认为性与气同源，因为每个人气不同，因此性也不同。"人之善恶，共一元气。气有多少，故性有贤愚。"（《论衡·率性》）荀悦的性九品说，以及刘邵的材性说，也都认为人性相异。韩愈提出了"性三品"说，"性之品有上中下三：上焉者，善焉而已矣；中焉者，可导而上下也；下焉者，恶焉而已矣。"（《韩昌黎集·原性》）

到了宋明理学，学者们大都认为性有二元。其一是天性，或者所受于天的本性；其二是人所禀受气质而形成的具体之性，相当于现代心理学的性格、气质。其中，因为天地之性或天命之性是所受于天的，是人的本性，所以对于每个人都是一样的，这部分的人性应相同；而气质之性或禀受之性则涉及禀受程度的差别，因此是相异的。正如张载所说："天下凡谓之性者，如言金性刚，火性热，牛之性，马之性也，莫非固有。凡物莫不有是性，由通蔽开塞，所以有人物之别，由蔽有厚薄，故有智愚之别。"（《性理拾遗》）

由上观之，人性相同或相异，取决于将人性做何定义。如果将人性定义为天性、本质，那么人性则相同；如果将人性定义为本能、气质，那么人性则相异。而张载、二程、朱熹等人则是采取一种折中的方法，认为人既包括天性、本质的部分，也包括本能、气质的部分，对于前者来说，每个人都是相同的，对于后者来说，每个人则不同。

三、性善与性恶

性善或者性恶，可以说是人性论研究中最为重要的问题。无论是东方还是西方，无论是远古还是近代，一直充满了对于人性善恶的争论。有主张性善的，也有主张性恶的；有主张性有善有恶的，也有主张性无善无恶的；当然还有的人主张性并不能以善恶言。

孟子是主张性善的典型代表。孟子以心善言性善。因为人天生便具有道德本心，具有恻隐之心、羞恶之心、辞让之心、美丑之心，因此人在本性上是善良的。它们是人性之四端，就好像人身有四体一样。只要把它们加以扩展，便成为人的仁义礼智道德。如果个体能自觉扩充四端，使仁义礼智发展到完美的程度，就可以成为圣人、君子。"仁义礼智，非由外铄我也，我固有之也"。（《孟子·告子上》）"性不可言，所以言性善者，只看他恻隐、辞逊四端之善则可以见其性之善，如见水流之清，则知源头必清矣。"（《朱子语类》卷五）每个人都应该认识自己的善性，培养内在的善端，扩充天生的良心，使自己成为道德高尚的人。

荀子是主张性恶的主要代表。荀子将人生而具有的欲望作为人性。"好荣恶辱，好利恶害，是君子小人之所同也。"（《荀子·荣辱》）"若夫目好色耳好声，口好味，心好利，骨体肤理好愉佚，是皆生于人之情性者也。感而自然，不待事而后生之者也。"（《荀子·性恶》）"食欲有刍豢，衣欲有文绣，行欲有舆马，又欲夫余财蓄积之富也，然而穷年累世不知不足，是人之情也。"（《荀子·荣辱》）人生来便有利欲之心，因此恶为天性具有，而善是后天学习教化的结果。因此人类社会需要国家机构加以治理。

　　告子主张性无善无恶。"告子曰：性无善无不善也。"(《孟子·告子上》)告子用水不分东西来比喻人性之无善恶。"性犹湍水也，决诸东方则东流，决诸西方则西流。人性之无分于善不善也，犹水之无分于东西也。"(《孟子·告子上》)另外，王充在评论世硕的人性论时，称世硕是主张人性有善有恶的，但事实上世硕的观点与告子的观点并无本质上的不同。"周人世硕，以为人性有善有恶，举人之善性，养而致之则善长，恶性，养而致之则恶长。如此，则性各有阴阳，善恶在所养焉。"(《论衡·本性》)换句话说，人性之初并无所谓善恶，善与恶是在后天的环境中培养而成的。如果培养的方式正确，便培养成善人；如果培养的方式不正确，则培养成恶人。

　　主张人性有善有恶的，主要是张载、二程、朱熹等理学家。他们将人性分为二元，即天命之性与气质之性。天命之性的基本含义是指人的本性，它源于与天地同源的太虚，是善而无偏的；气质之性是指人禀受气质而形成的具体人性，由于气质有异，所以气质之性有偏，也有美丑、善恶的区别。换句话说，天命之性是善的，但气质之性是有善有恶的。另外，扬雄与王充也主张人性有善有恶。"人之性也善恶混。"(《法言·修身》)"禀气有厚薄，故性有善恶也。"(《论衡·率性》)

　　王安石主张人性不能以善恶言。"孟子言人之性善，荀子言人之性恶。夫太极生五行，然后利害生焉，而太极不可以利害言也。性生乎情，有情然后善恶形焉，而性不可以善恶言也。此吾所以异于二子。"(《原性》，《王文公文集》卷二十七)王安石认为人的善恶是情的善恶，而非性的善恶。换句话说，情可以分善恶，性不可以分善恶。

　　总之，孟子言性善，是就人天生具有道德良心而言的；荀子言性恶，是就人天生具有利欲之心而言的；告子言性无善无恶，是认为善恶是在后天的培养中养成的，而非天生的；张、程、朱言性有善有恶，将人性分为二元，其中天命之性只可言善，气质之性亦可言恶。由上观之，虽然出现了许多言人性善恶的观点，但每一种善恶论的立论依据不同，因此所得结果也自然不同。这或许正好印证了佛家的观点，人性本无所谓善，亦无所谓恶，但为引导众生，只能以善恶之假名强言善恶而已。

四、性一元与性二元

　　性一元，即认为只存在一种人性，它对于人来说是最基本的、最重要的、最原初的；性二元，即认为存在两种人性，它们对于人的重要性是相同的，但是分属不同的种类。

孟子、荀子、告子等人均认为人性是一元的。孟子将人生而具有的道德良心作为人性，并且是仁义礼智之端。因此，人性是本善的，恶，是因为在后天的培养中方法不对，没有将仁义礼智呈现出来，因此而显得恶；荀子将人的利欲之心或原始本能作为人性，并认为人性之初是邪恶的。善，只不过是在后天的培养中教化出来的；告子认为人性就是人一生下来本来的样子，是不可言善恶的。善恶是在后天的培养中形成的，以善道培养，则显善性；以恶道培养，则显恶性。

张载、二程、朱熹等人则认为人性是二元的。张载将人性分为天地之性与气质之性。天地之性是指人的本性，它源于与天地同源的太虚，是善而无偏的；气质之性是指人禀受气质而形成的具体人性，由于气质有异，所以气质之性有偏，也有美丑、善恶的区别。"形而后有气质之性，善反之，则天地之性存焉。故气质之性，君子有弗性者焉。"（《正蒙·诚明》）二程认为人性有天命之性与禀受之性之分。天命之性类似于张载的天地之性，是指本源的天道、理，是无不善的；禀受之性是指人禀受天道、理所得之性，因为每个人禀受的多少、程度有异，因此善恶有别。"性字不可一概论。'生之谓性'，止训所禀受也。'天命之谓性'，此言性之理也。今人言天性柔缓，天性刚急，俗言天成，皆生来如此，此训所禀受也。若性之理也则无不善，曰天者，自然之理也。"（《河南程氏遗书》卷二十四）朱熹与张、程的观点并无二致，他将人性的两部分称为天命之性与气质之性。"气不可谓之性命，但性命因此而立耳，故论天命之性则专指理言，论气质之性则以理与气杂而言之，非以气为性命也。"（《答郑子上》，《朱文公文集》卷五十六）

由上观之，性一元与性二元的区分，其本质是为人的善与恶寻找根源。如将善恶之一归于人性，则必然主张人性一元；如将善恶二者均归于人性，则必然导致人性二元。

五、性本有与性始有

人性是人一生下来就具有的吗？抑或是在后天形成的？这就是性本有与性始有的问题。大部分人都认为人性是人一生下来就具有的。因为人性的定义是人所普遍具有的属性。只要是人，无论是老人，还是婴儿，都应具有。刚生下来的婴儿也必然具有全部的人性，因此，人性是生而具有的，是本有的。持这种观点的，如孟子认为仁义礼智并不是后天才形成的品质，而是每个人生来便具有的本性。"仁义礼智，非由外铄我也，我固有之也。"（《孟子·告子上》）再如荀子，"生之所以然者谓之性。"（《荀子·正名》）韩愈认为"性也者，与生俱生也。情也者，接于物而生也。"（《韩昌黎集·原性》）二程也认为人性是生生之所固有，"性者，生生之所固有也。循是而之焉，莫非道也。"（《心性》，《河南程氏粹言》卷二）

也有的人主张人性始有。例如，王夫之便认为人性是可变的，是在后天的生活中形成的。"且夫所云生者，犹言性之谓也。未死以前，均谓之生。人日受命于天，则日受性于命。日受性命，则日生其生。安在初之为生，而壮且老之非生耶？"（《读四书大全说》卷七）"未成可成，已成可革。"（《尚书引义·太甲二》）换言之，人性并不是一生下来便具有并永远静止不变的，而是在生活中生成的、创造的、创生的，是日生日成的。

总之，主张性本有的，强调人性的普遍性、本有性；主张性始有的，强调人性的可变性、生成性。

六、性不变与性可变

人性可变吗？这在心理学中是一个重要的问题。很显然，如果人性不可变，关键便在于如何将本性发扬、发展、发挥。如果人性可变，那么关键便在于如何改变本性，如何引导人性。

人性不变即认为性为万物之本，人性是人之为人并区别于他物的本质特征，因此只要是人，无论如何培养，这人之为人的本质特征总是不变的。"性者，万物之本也，不可长，不可短，因其固然而然之，此天地之数也。"（《吕氏春秋·贵当》）如果认为人性是人生来即具有的本能欲望，那么这些欲望也是一直存在而不会变化的。因此，问题的关键便是如何在生活中发扬人性，如何引导本能欲望。例如，韩非便主张按照人的本性来建立国家统治，因为人性本来是恶的，因此应该施行法治。"凡治天下，必因人情。人情者有好恶，故赏罚可用。赏罚可用，则禁令可立而治道具矣。"（《韩非子·八经》）

人性可变，即认为人性是随着人在社会生活中的成长而有所改变的。荀子认为人性虽本恶，但可以通过学习教化。"性也者，吾所不能为也，然而可化也。"（《荀子·儒效》）"注错习俗，所以化性也。并一而不二，所以成积也。习俗移志，安久移质。并一而不二，则通于神明，参于天地矣。"（《荀子·儒效》）这就是所谓"化性"。世硕认为人性有善有恶，养善则为善性，养恶则为恶性。"周人世硕，以为人性有善有恶，举人之善性，养而致之则善长，恶性，养而致之则恶长。如此，则性各有阴阳，善恶在所养焉。"（《论衡·本性》）这就是所谓"养性"。王充认为中人之性在于习，习善得善性，习恶得恶性。"夫中人之性，在所习焉。习善而为善，习恶而为恶也。"（《论衡·本性》）这就是所谓"习性"。扬雄认为学者应修性，只有勤修，才能得善性，不修则为恶性。"修其善则为善人，修其恶则为恶人。"（《法言·修身》）"学者，所以修性也。视、听、言、貌、思，性所有也。学则正，否则邪。"（《法言·学行》）这就是所谓"修性"。

总之，主张性不变的，则强调"因性"；主张性可变的，则强调"化性""养性""习性""修性"。其结果或者目标都是一致的，那就是获得善性。

七、小结——中国文化中的人性义

与西方心理学对人性论的研究相比，中国传统文化对人性论的研究较深刻完整。可以说，中国传统文化甚至中国传统哲学的绝大部分都在研究人性论。在中国传统文化中可以发现最为系统、最为完整的人性论。在西方心理学中出现的人性理论，在中国传统文化中无一不具有，而在中国传统文化中出现的某些人性论，在西方心理学中却并不一定具有。

现代新儒家的代表人物之一唐君毅从逻辑分析的视角列出了"性"字的五种意义，这五种意义实际上就是人性论的五种理论视角。第一种可以被称为"现实性""外表性"或"外性"，指人们观看或反省人或事物时直接所知所见的性质或性相；第二种可以被称为"本质性""可能性"或"内性"，指人们按照直接见到的性质或性相，而思及人之所以为人之内容或内在的规定，或者内在的潜能或可能、本质；第三种可以被称为"后性"或"初性"，指人们通过事物的现状去思虑其后面的原因，或者去追溯其原本之所以然；第四种可以被称为"前性"或"终性"，指人们通过事物的现状去思虑其前面的因果，或者观测其活动后所终止归宿之所然。第五种即唐君毅所谓"生生之性"，指一内在潜隐之本质如何化为现实的原本趋向或"几"性。[1] 唐君毅对于人性论五种理论视角的说法的确很全面，很完整，但并不是不能简化，因为第一种和第二种所表达的人性实际上处于同一个理论维度的两端，而第二种又远较第一种重要；第三种和第四种所表达的人性实际上也处于同一理论维度的两端，而第三种又远较第四种重要。所以唐君毅的人性论维度可以简化为三：其一是"外表性"与"本质性"，其二是"初性"与"终性"，其三是"生生之性"。

实际上，现代新儒家另一代表人物张岱年有类似的观点。他在《中国

---

① 唐君毅：《中国哲学原论·原性篇》，北京，中国社会科学出版社，2005，第333~334页。

哲学大纲》一书中提出了人性论的三种理论维度（性的三种意义）。第一种可被称为"生而自然"之性，即生而完具、不学而能的本能等，如告子的"生之谓性"、荀子的"性者，天之就也"、韩愈的"与生俱生"，以及宋儒的"气质之性"均主此义；第二种可被称为"人之所以为人"之性，即能确定人之本质的本质性，如孟子的仁义礼智之端，就是此义；第三种可被称为人生之究竟根据，此性即整个宇宙之究竟本根或宇宙之本性，乃人所禀受以为生命之根本的，如张载、二程、朱熹的"天地之性""本然之性""极本穷源之性"均主此义。[①]

实际上，唐君毅与张岱年的观点是基本一致的，唐氏"外表性"与"本质性"对应于张氏"人之所以为人"之性；唐氏"初性"与"终性"对应于张氏"生而自然"之性；唐氏"生生之性"对应于张氏"人生之究竟根据"。当然，唐、张二人的观点免不了有些许差异，唐君毅从逻辑的视角分析人性论的可能维度，而张岱年站在历史的视角分析人性论的已存维度，他们的视角并不一样，出现一些差异便是可以理解的了。但无论如何，通过唐、张二人的观点可以确定人性论的理论维度区别为三，其一为"本质之性"；其二为"本来之性"；其三为"本然之性"。心性疗法的人性论假设正是来源于第三种，也就是"本然之性"的人性思想。接下来的章节便会对这三种人性论的理论维度进行详细的探究。

第三节　人性论的三种理论视角

如前所述，目前存在着三种人性论研究的理论视角，分别可称为本质之性、本来之性、本然之性。而心性疗法的理论基础正是第三种本然之性的人性论。这一节将对这三种人性论的理论视角进行详细探讨。值得注意的是，这一部分的探讨将不局限于中国传统文化，范围将扩展到西方文化，主要是西方心理学。之所以如此，是因为在很多时候，只有在相互比较的过程中才能对某一观念有更深的理解。

一、本质之性——以人的本质特征为人性

人性论的第一个理论视角是本质之性，即以"人之所以为人"的本质特征为人性。此时，人性也就是人的本性，人的本性也就是人性。

以"本质之性"言人性，重在强调人与动物的不同，即其他动物都不

---

① 　张岱年：《中国哲学大纲》，北京，中国社会科学出版社，1982，第251~252页。

具有，而唯独人具有，并且只要是人则都具有的属性或者特征，便可能是人的本质性规定。例如，孟子在《离娄》篇中的一段话："人之所以异于禽兽者几希，庶民去之，君子存之。舜明于庶物，察于人伦，由仁义行，非行仁义也。"(《孟子·离娄》)这几句话的意思是说：人与一般禽兽只是在很少(几希)的地方不同，在其他方面并无差别，如饮食饥渴等。这也意味着要了解"人之所以为人"的本性，只能在很少(几希)的不同的地方去加以把握。而这很少(几希)的地方就是"由仁义行"中的仁义，也就是人的本性。关于孟子的人性论，徐复观也有一个很确切的说法："孟子不是从人身的一切本能而言性善，而只是从异于禽兽的几希处言性善。'几希'是生而即有的，所以可称之为人性；'几希'即仁义之端，本来是善的，所以可称之为性善。因此，孟子所说的性善之性的范围，比一般所说的性的范围要小。"①换句话说，孟子的人性论与告子、荀子的人性论并无矛盾之处，只不过孟子的性善之性与荀子的性恶之性所指称的并不是同一事物或事实，孟子的人性指人异于禽兽者之本质，而荀子的人性则指人同于禽兽者之本能。

然而，需要注意的一个问题是：凡是只有人具有，其他物种均不具有的所有属性或特征，都可以作为"人之所以为人"的本质之性吗？从逻辑上说，答案显然是否定的。假如已知有一条特征可以确定为人的本质属性，如人会主动地说话，那么这条本质属性必然会附带许多其他衍生的属性。例如，既然人会主动地说话，那么人也会主动地说谎，很显然，其他动物是不会主动说谎的，现在的问题是：会说谎也可以作为人的本质属性吗？因此有必要区分"高级属性"与"本质属性"这两个概念。"高级属性"包括人不同于其他动物的所有属性，而"本质属性"则仅指在"高级属性"中能彰显人的本质特征的属性，其他那些不能彰显人的本质特征的都不能作为"本质属性"。

实际上，从西方心理学的历史事实来看，这个结论也是成立的。莱斯列·斯蒂芬森和大卫·哈贝曼在《世界十大人性哲学》一书中介绍了对于整个世界影响较大的十种人性论，其中有五种都是在本质之性的意义上界定人性，分别是柏拉图(Plato)、亚里士多德(Aristotle)、康德(I. Kant)、马克思(K. Marx)和萨特(J. P. Sartre)的人性论〔另外五种是孔子、印度教《奥义书》、基督教《圣经》、弗洛伊德(S. Freud)和达尔文(C. R. Darwin)的人性论〕。柏拉图首先提出人是有灵魂的，灵魂在人出

---

① 徐复观：《中国人性论史》，上海，华东师范大学出版社，2005，第100~101页。

生以前就存在了，它是不可毁灭的，而且在人死后将永远存在；其次提出了灵魂的三重结构，即灵魂包括肉欲、精神和理性三部分，而其中理性是最重要的。①柏拉图的理论最先体现了一直影响着西方心理学的将理性作为人的本质属性的趋势。而柏拉图的学生亚里士多德却是第一个系统地将理性作为人的本质属性的思想家。他认为"人的灵魂不是物质的实体，而是相对于质料的形式，是所属事物的根本性质"；是"包括理性的一组功能"②。亚里士多德将灵魂分为三个层次：第一个层次是植物的灵魂，具有自我滋养、生长和衰败或营养功能；第二个层次是动物的灵魂，具有感性知觉、欲望和自主运动的功能；第三个层次是人的灵魂，具有思想和理智的功能，即理性的功能。所以，亚里士多德将理性作为人不同于植物与动物，并高于植物和动物的一种可以作为人的本质性规定的属性。康德的人性论是以亚里士多德对植物、动物和人的区别为依据的。他认为动物只具有"感觉能力"，即"由我们心灵之外的客体所引起的感官状态"；而人则不仅具有"感觉能力"，更重要的是具有"知性"，即心灵的活动，也即首先由心灵之外的客体引起感官状态，然后"把这些材料组织到概念之中，并做出判断"③。所以，康德实际上在亚里士多德的基础上更进一步或者说更深入，不是笼统地，而是将理性中的一部分即"知性"作为人区别于动物的本质属性。而在康德的基础上，还可以再进一步或者再深入一些，将理性中的语言功能或者符号功能作为人区别于动物的本质属性。例如，恩斯特·卡西尔在其名著《人论》一书中便明确地提出了"我们应当把人定义为符号的动物来取代把人定义为理性的动物。只有这样，我们才能指明人的独特之处，也才能理解对人开放的新路——通向文化之路"④。他说："除了在一切动物种属中都可看到的感受器系统和效应器系统以外，在人那里还可以发现可称之为符号系统的第三环节，它存在于这两个系统之间。"动物"对于外界刺激的回答是直接而迅速地做出的；而在后一种情况下，这种回答则是延缓了的——它被

① 〔美〕莱斯列·斯蒂芬森、大卫·哈贝曼：《世界十大人性哲学》，施忠连译，上海，复旦大学出版社，2007，第80～83页。

② 〔美〕莱斯列·斯蒂芬森、大卫·哈贝曼：《世界十大人性哲学》，施忠连译，上海，复旦大学出版社，2007，第98页。

③ 〔美〕莱斯列·斯蒂芬森、大卫·哈贝曼：《世界十大人性哲学》，施忠连译，上海，复旦大学出版社，2007，第138～139页。

④ 〔德〕恩斯特·卡西尔（Cassirer, E.）：《人论》，甘阳译，上海，上海译文出版社，2004，第37页。

思想的缓慢复杂过程所打断和延缓。"①柏拉图、亚里士多德、康德，甚至卡西尔都不是心理学家，但是他们的思想都成为一种社会思潮，而间接影响到了心理学家对于人性的研究。例如，当前心理学研究的感觉、知觉、思维、语言、记忆、问题解决等现象，实际上都是在研究人的理性功能。

对于马克思来说，他对于心理学人性论的贡献主要有两点。第一点是他认为"人的真正的本质是一切社会关系的总和"。"一个人无论做什么事从本质上看都是社会行为，它们都是以处于一定的关系中的他人的存在为前提的。"②这种不在人本身，而是在人所生存的周围社会关系与社会环境中来探寻人的本性的做法，不仅直接影响了苏联的社会文化历史学派心理学，而且作为一种社会思潮间接影响了西方心理学中的环境决定论、新精神分析学派心理学，以及心理学中的文化学转向。马克思对于心理学的第二点贡献在于他强调人的能动性，"我们是能动的、从事生产的人。我们从本性上说是不同于其他动物的，因为我们生产我们的维持生活的手段——而且不只是像蜜蜂生产蜂蜜，因为我们有意识地制定计划，在新的情况下安排如何为了我们的生计而生产。"③马克思所强调的能动性或者主体性正是行为主义心理学所极力排斥的"鬼魂"，是行为主义心理学走向灭亡的主要原因，正是认知心理学、人本主义心理学批评行为主义并取得自身存在地位的基本前提，也是当前科学心理学对人性最为科学的看法，以及常人对人性最为常识的看法。

对于萨特来说，他对心理学人性论的影响主要是消极的，但是他对心理学研究的影响则可能是积极的。萨特基本上是否定有人性这样的东西的，他的名言是"人的存在先于其本质"④。换句话说，对于萨特来说，重要的不是从各种生命现象中通过人的理性思维总结、归纳、抽象出一个可以被称为人的本性的东西来，而是要根本回到那些没有经过理性加工的原本的生命现象中去，去体悟人的存在，体悟人的本质，从而将心理学从高高在上的理性天堂拉回到活生生的生命生活中来。而萨特的思

---

① 〔德〕恩斯特·卡西尔(Cassirer, E.)：《人论》，甘阳译，上海，上海译文出版社，2004，第35页。
② 〔美〕莱斯列·斯蒂芬森、大卫·哈贝曼：《世界十大人性哲学》，施忠连译，上海，复旦大学出版社，2007，第165页。
③ 〔美〕莱斯列·斯蒂芬森、大卫·哈贝曼：《世界十大人性哲学》，施忠连译，上海，复旦大学出版社，2007，第165页。
④ 〔美〕莱斯列·斯蒂芬森、大卫·哈贝曼：《世界十大人性哲学》，施忠连译，上海，复旦大学出版社，2007，第202页。

想则直接影响了存在主义心理学的产生。

总之，从本质性这个维度，即从以人的本质属性作为人性这个理论视角而出现的心理学人性论。我们可以从人的本身寻找人的本性，从而在心理学中研究人本身的认知功能，也可以从人的本身之外的社会环境和社会关系中寻找人的本性，从而在心理学中研究人与环境、与他人的互动与相互作用；可以从正面肯定人的本性的价值，从而在心理学中研究各种独特并且独立的现象，也可以从反面否定人的本性的存在，从而在心理学中重视对活生生的心理生活的研究；可以从本质属性的角度认为人与动物的区别在于本质的不同，从而在心理学中直接考查人不同于其他动物的本质特征，也可以从一般属性的角度认为人与动物的区别在质上并无差异而只存在量的差异，从而在心理学研究中考查人与动物在质上的连续性以及在量上的进步性。总之，以人的本质属性作为人性的理论维度，存在于大多数心理学理论之中。

二、本来之性——以人的本来属性为人性

人性论的第二个理论视角是本来之性。如果说本质属性的人性论是在人生命的内在最深处寻找人的本性，那么本来属性的人性论则是在时间起点处寻找人的本性。

因为人性是所有人普遍具有的属性，只要是人便都具有。所以，人性一定不是后天习成的，人性一定是先天具有的，即只要人一出生，便都能表现出人性来。因此，最常见的人性论便是以生而完具的本能为人性。中国传统文化人性论中以本能言人性的最典型代表便是荀子，荀子在《荣辱》篇中对人性论的内容有一明确的规定："凡人有所一同。饥而欲食，寒而欲暖，劳而欲息，好利而恶害，是人之所生而有也，是无待而然者也，是禹桀之所同也。目辨白黑美恶，耳辨音声清浊，口辨酸咸甘苦，鼻辨芬芳腥臊，骨体肤理辨寒暑疾养（痒），是又人之所常生而有也，是无待而然者也。"（《荀子·荣辱》）从这段话来看，荀子所说的人性实际上包含两部分，一是饥而欲食等生理欲望，二是目辨白黑美恶等基本本能力。实际上，这也是西方心理学人性论中本能的两大要义。莱斯列·斯蒂芬森和大卫·哈贝曼在《世界十大人性哲学》中详细探讨的弗洛伊德的人性论和达尔文主义的人性论可以说是对心理学影响最大的两种人性论。弗洛伊德是将生而具有的欲望作为本能的典型代表，他认为人有两种本能：一是自我本能，即自卫本能，指有助于个体自我保护的原始性冲动，如饥饿、呼吸、排泄、渴等；二是性本能，即生殖本能，指与性欲和种

族繁衍相联系的冲动。① 当然，在后期弗洛伊德将自我本能与性本能合起来称为生的本能，并提出一个与生的本能相对应的死的本能，代表着人类潜伏在生命中的一种破坏性、攻击性、自毁性的趋力。无论如何，性欲被弗洛伊德看成是本能的核心，也是人性的核心。与弗洛伊德不同，达尔文主义并不将那些生理欲望作为本能的核心，而是将人作为一个物种，其生而具有的能力作为人的本能。按照达尔文的进化论来说，这些本能自然是从比人低一级的物种那里进化而来的。因为达尔文的进化论非常强调人与动物的连续性，所以，从这个角度讨论人性论最常见的思路便是在动物身上寻找人性的起源。这不仅直接导致了比较心理学的兴起，而且也为美国机能主义心理学乃至之后的行为主义心理学不将人而将动物作为主要研究对象提供了理论基础，甚至在近年来兴起并流行的社会生物学与进化心理学也是以达尔文的进化论作为研究纲领的。例如，社会生物学家威尔逊(E. O. Wilson)在《论人性》一书中便认为，在人类身上经常出现的攻击行为、性行为、利他行为和宗教行为在许多动物群体的生活中也能找到原型，从而认为人类的某些行为并不是出于多么卑劣的人品或者多么高尚的情操，而是出于人人都具有甚至是动物也具有的本能。在他看来，攻击行为、性行为、利他行为和宗教行为都是通过基因的进化和发展而来的，而人类的任务便是"通过人类遗传学、分子工程学、无性繁殖，使优生成为可能，人类能改变自己的自然属性"②。而进化心理学家巴斯在《进化心理学》一书中认为人类的本性就是那些起源于"自然选择的进化过程"的"复杂的适应性机制"③。赵敦华在《人性科学何以可能》一文中对社会生物学和进化心理学对于人性的基本看法有一个颇为确切的总结，即社会生物学认为人性是人类可遗传的生物性，而进化心理学认为人性是人类可遗传的心理机制。④

实际上，从时间的起点处寻找人性，并不意味着只能在生命之初的绝对起点处寻找诸如遗传本能的本来属性，在生命过程中的相对起点处也蕴藏着与遗传本能相对应的本来属性。每个人一生下来都具有的能力可称为人的本来属性，而每个人在生命过程中的某一年龄阶段都会必然出现的能力其实也可以称为人的本来属性。这正是发展心理学得以存在

---

① 车文博：《西方心理学史》，杭州，浙江教育出版社，1998，第466页。
② 〔美〕爱德华·O. 威尔逊(Edward O. Wilson)：《论人性》，方展画、周丹译，杭州，浙江教育出版社，2001，第189页。
③ 〔美〕巴斯：《进化心理学》，熊哲宏、张勇等译，上海，华东师范大学出版社，2007，第2版，第45页。
④ 赵敦华：《人性科学何以可能》，《江海学刊》，2005年第5期。

的理论前提，发展心理学研究的就是每一个人在每一个生命阶段都会必然出现的本来属性，而不仅仅是在生命的开始处所具有的能力。行为主义心理学在所有的心理学流派中对本能的态度最为消极，极端的行为主义甚至否认任何本能的存在，并主张在心理学中应该抛弃本能的概念。但是这并不意味着行为主义心理学认为人不存在本来属性，实际上，行为主义也承认人具有某种本性。只不过行为主义者反对在遗传的本能处去寻找，也反对在无法把握的意识深处去寻找，而主张在人的可以看得见的行为中去寻找。于是，行为主义者致力于研究各种行为的规律，并提出诸如练习律、效果律等各种学习机制，认为这些便是所有人的行为所遵从的本来规律，并且不只是人，甚至连大白鼠之类的动物也遵从这样的规律。所以，行为主义者对于本能的抛弃并不是彻底的，他们抛弃的只是那种先天遗传无法改变的本能，而对于后天的在行为中表现出来的那些自然而然的本来能力或者本来规律他们并没有抛弃，也无法抛弃。

其实，在心理学的历史中，不仅有一些学者、学派在生命的起点处探讨人性，而且有的也在生命的终点处探讨人性，或者在生命的起点处同时考虑生命的终点或者归宿，或者在可能实现的最好状态中探讨人性。在西方心理学中最典型的代表便是人本主义心理学所说的"潜能"。"潜能"这一概念具有两重意谓：第一，"潜能"是一开始便具有的；第二，"潜能"是指向将来的。换句话说，"潜能"便是在生命的起点处考量在生命的终点处可能达到的最好状态。例如，人本主义心理学的代表人物之一罗杰斯(C. Rogers)便认为人性是某种天生的"自我实现"的倾向，这种倾向便是"潜能"。他说："我发现人是有本性的，而不是一块可以被任意涂画的白板，也不是可以被捏成任何形状的胶泥。""我在自己的经验中发现人拥有其物种天生的一些特征，而在不同时期对我来说描述这些特征的术语包括积极的、向前迈进的、建设性的、现实的、值得信赖的。"①一般来说，罗杰斯的人性论被认为是"本善"论，但与其说是"本善"，还不如说是"向善"。因为罗杰斯的人性论并不是在生命的起点处说人性本来如何，而是将生命的起点与终点结合在一起说人性在将来可能如何，即"潜能"。这种人性论在中国传统文化中尤为常见。例如，佛家文化的人性论便认为人人皆有佛性，即每个人都具有成佛的可能性或者"潜能"，而这种可能性或者"潜能"是每个人一生下来便具有的，不仅在生命的最

---

① 〔美〕卡尔·R. 罗杰斯：《罗杰斯著作精粹》，刘毅、钟华译，北京，中国人民大学出版社，2006，第 11 页、第 341 页。

初具有，而且在生命的每时每刻都具有。只要人们能明心见性，在当下发现自己心中的佛性，便能当下成佛。

三、本然之性——以人的本然状态为人性

人性论的第三种理论视角是本然之性，即以人的本然状态为人性。这可以说是中国传统心理学所特有的一种心理学人性论，虽然在西方心理学中也不乏找到类似的人性理论。例如，马斯洛（A. Maslow）的心理学思想中便也有探讨人的本然状态的理论（如"高峰体验"），然而不可否认的是，马斯洛的这些观点受到了中国道家与禅宗思想的影响。

以本然状态言人性，强调人们当前生活的本然状态。从理论上来说，既然作为人性，那么便是人人都普遍具有的，既然是人人都普遍具有的，那么便不论何时、何地都应具有，因此不难得出，人性在每一个人的当前生活现实中也应有所表现。在当前的生活现实中探讨人性，是以本然状态言人性的基本精神，也是其基本意谓。

中国道家与佛家的心理学人性论便是以人的本然状态作为人的本性。关于道家的人性论，徐复观有一说法："性好像是道派在人身形体中的代表。因之，性即是道。道是无，是无为，是无分别相的一；所以性也是无，也是无为，也是无分别相的一。更切就人身上说，即是虚，即是静。"①换句话说，道家的人性，实际上就是人的本然生活状态，或者说是自然天成而不着人为色彩的本初状态，这种本然状态或者本初状态，是虚，是静，是老子所讲的"自然"，是庄子所讲的"自由"。所以，道家的人性论，既不讲生而完具的本能，亦不讲人之所以为人的特性，而是讲人生而显现的本然状态、本初状态。这种本然状态与本初状态不是天生就有的，也不是生而完具的，而是在后天的生活中随时显现出来的，是在人的每时每刻的生活中显现出来的。这种本然状态或者本初状态是以"自然"或者"自由"为特征的，或者说是以"空""虚"为特征的。

佛家的人性论与道家相比，更为系统，更为完备。中国佛家各宗各派都有自己完备的人性论体系，而且各具特色。虽然在佛家人性论中也有很多类似于上文所说的以本质属性和本来属性言人性的思想，但是佛家人性论最有特色的应该是"佛性平等"与"人性本净"的思想。"佛性平等"，也就"众生悉有佛性"，这可以说是中国佛家人性论的主流思想，大乘天台、华严、禅宗这三大宗派均主此义。什么是"佛性"呢？所谓"佛

① 徐复观：《中国人性论史》，台北，台湾商务印书馆有限股份公司，1990，第373～374页。

性"，正如方立天所言："佛性有两种意义，一是指佛陀的本性，二是指众生成佛的可能性、质地、原因、种子。"①"佛性平等"或者"众生悉有佛性"，就是说每个人都能成佛，无论是什么样的人，无论他多么邪恶，都具有成佛的可能性，都蕴藏着成佛的种子。换句话说，每个人都具有佛陀的本性，关键是看能不能悟到自己的这种本性，正如慧能所说的"自性若悟，众生是佛；自性若迷，佛是众生"（《坛经·付嘱品第十》）。换句话说，无论是佛陀，还是众生，都具有这种本性。现在的问题是，这种佛陀与众生都具有的本性是什么呢？这便是"人性本净"。"人性本净"就是人性本来清净。本来清净并不是说在生命的起点处很清净，只不过因为后天环境的熏染而变得污浊了，而是说在生命的当下本来是清净的，只不过因为种种杂念而变得污浊。所以，"人性本净"并不是在生命的起始处谈人性，而是在当下的生活实在中谈人性。正如净觉大师所说："真如妙体，不离生死之中；圣道玄微，还在色身之内。色身清净，寄住烦恼之间；生死性真，权住涅槃之处。故知众生与佛性，本来共同。以水况冰，体何有异？冰由质碍，喻众生之系缚；水性灵通，等佛性之圆净。"（《楞伽师资记·原序》）净觉的这段话，不仅表明清净的佛性不在别处，就在当下的色身之中，就在当下的烦恼之处，而且用水与冰的比喻，说明了佛性清净的本意。他将众生比喻为冰，而将佛比喻为水，冰与水本无差异，只不过冰质地坚硬，凝固不化，而水则柔顺畅然，灵通无滞。冰的凝固不化相当于众生的各种执着，这些执着成为众生生活中的重重障碍，而使得自己的心性不能流通无碍；而水的灵通无滞则相当于佛的清净圆明，因为没有分别心，没有计较心，所以任何事情都会在自己身上自然而然地流过，无所阻碍。如慧能所说："善知识，内外不住，去来自由，能除执心，通达无碍，能修此行，与《般若经》本无差别。"（《坛经·般若品第二》）所以，"人性本净"的真实本意便是"通达无碍"，便是道家的"无为"。

　　关于"人性本净"的一个重要问题是把中国大乘佛教尤其是禅宗思想的"人性本净"与印度部派佛教的"人性本净"区分开来。实际上，印度部派佛教早有关于"人性本净"的论述。例如，《阿毗达磨大毗婆沙论》便有这样的记载："有执心性本净，如分别论者。彼说心性本净，客尘烦恼所染污故，相不清净……"从表面上看，《阿毗达磨大毗婆沙论》中所说的分

① 方立天：《中国佛教哲学要义（上卷）》，北京，中国人民大学出版社，2005，第274～275页。

别论者的"心性本净"与慧能所谓"人性本净"并无不同，但是正如赖永海所说：分别论者所说的本净心性与客尘烦恼，有自体与外铄、本性与客性之分，认为烦恼是外铄的、附属的，只要除去尘垢烦恼，本性还自清净。慧能的心性本净说则不是这样，在对待本净心性与烦恼尘垢的关系上，慧能并不主张有主客之分，而更趋于二者一元。也就是说，所谓客尘烦恼，并不是独立于心性之外的东西，而是迷妄所致，只要离相无念，则自性本净。① 这也可以从慧能的得法偈中得到证明："菩提本无树，明镜亦非台；佛性常清净，何处有尘埃。"(《坛经·行由品第一》)在佛性之外，并不另有尘埃存在，烦恼与菩提本无二致。正如慧能所说："善知识，凡夫即佛，烦恼即菩提。前念迷即凡夫，后念悟即佛。前念著境即烦恼，后念离境即菩提"。(《坛经·般若品第二》)

四、小结

总体来看三种人性论视角。本质之性的人性论视角，重在强调人与他物的不同，尤其是人与动物的不同，也就是强调那些动物不具有，而只有人才具有的特点。例如，人是会思考问题的，是有理性的，而动物不会思考问题，没有理性；人与人之间的交流有一套系统的语言系统或者符号系统，而动物用以交流的是直接的信号系统，而没有具有象征性的语言与符号等。在本质之性的人性论视角的影响下，人们所研究的是人的高级属性，如思维、认知、记忆、语言等，而这不仅是在科学心理学诞生之前哲学心理学所主要研究的内容，也是科学心理学发展到成熟期的认知心理学所主要研究的内容，不过所使用的研究方法大相径庭。如果说本质之性的人性论视角，主要是研究人所明显不同于甚至是高于动物的属性，那么本来之性的人性论视角，主要研究的则是人与动物共同的、一致的属性。本来之性，就是本来就具有的、生而有之的属性，既包括饥而欲食、渴而欲饮等本来的欲望，也包括目辨白黑美恶等本来的能力。由于受到进化论的影响，研究者们认为许多动物所具有的属性，如攻击性、侵犯性，在人一生下来便具有。人类的攻击性、侵犯性就是从动物的攻击性与侵犯性所承继、进化而来的。因此，对于人的研究，便可以还原到对动物的研究；对于动物的研究，实际上就是对人的研究，因为人在本质上就是动物。本来之性的人性论视角对心理学的影响是巨大的，不仅影响到了弗洛伊德所倡导的精神分析学派，也影响到了机能

① 赖永海：《中国佛性论》，上海，上海人民出版社，1988，第186~187页。

心理学、行为主义等现代主流心理学流派，甚至可以说是影响到了整个心理学界。本然之性的人性论视角，既不强调人与动物的不同，也不强调人与动物的相同，而只是强调当前的本然所是；既不强调最本质的、最深刻的，也不强调最根源的、最开始的，而只是强调当下的、直接的、呈现于自心的。本然之性的人性论所强调的是原本具有的本然状态，以及如何重新找到、实现这种本然状态。因此，本然之性的人性论视角对于心理学的影响主要是在心理健康领域，如产生于日本的森田疗法、内观疗法等都深受其影响。总之，这三种人性论视角虽然并不矛盾与冲突，却大相径庭。

由上文可知，讨论心理学人性论，不外乎这三种理论视角要么以人区别于他物的本质特征为人性；要么以生命初始便具有的本来能力与欲望为人性；要么以当下的生命本然状态为人性。可以说，现在已知的影响较大的心理学人性论，无论形式上有多么复杂，总是能通过这样或那样的方式还原到这三种理论视角的规定中来。因为这三种理论视角，就是对人性进行定义的三个方向，人性，就是从这三个方向加以定义的。

然而，需要说明的是，很多心理学的人性理论都不能被单纯归结为其中的一个视角，而是在某些方面可以归结为一个视角，在其他方面则可以归结为另一个视角。例如，孟子的人性论，仁义礼智是人区别于其他动物的本质特征，从这个意义上说，孟子的人性论以本质特征作为理论视角；每个人从一生下来便都具有仁义礼智之端，只是需要在后天的生活中将这种"端"发扬显现出来，从这个意义上说，孟子的人性论又以本来属性作为理论视角；每个人的仁义礼智的本性在遇到具体的生活事件的时候，又都能表现为当下的恻隐之心、羞恶之心、辞让之心、是非之心，从这个意义上说，孟子的人性论也可以看作以本然状态作为理论视角。所以，心理学人性论不仅可以从这三个理论视角加以单独地界定，也可以综合考虑这三个维度加以综合地界定。所以，心理学中的人性论看似杂乱繁多，似乎充满了各种矛盾，但这并不意味着没有连贯的逻辑线索。当然，心理学人性论的逻辑线索并不只是一条，而是三条，甚至可能更多。而且这三条逻辑线索各有各的道理，各有各的价值，各有各的存在方式，这或许是心理学作为一门科学总是存在两种或者更多种看似互不相关的研究取向或研究方向的主要原因。这样分裂的事实，对于一门科学的发展来说，并没有理由可以被认为是毁灭性的打击，相反可能更是一种幸福的烦恼。面对这样的事实，关键不在于压制其中一条或者更多条线索，只让一条线索得以幸存，而在于将各种线索都充分发挥，使得每一条线索的价值都得到充分体现，这才是心理学作为一门科学的重任之所在。

第四节　心性疗法的人性论视角

本然状态的人性论视角，也就是将当下的本然状态作为人的本性，主张个体认识并维持自身的本然状态（本来面目），识本心，见本性，从而达到认知上的觉悟。心性疗法的核心理念与基本方法正是基于这种本然状态的人性论视角。

可以说，本然状态的人性论视角是产生于中国的一种独特的文化资源与理论资源。但是在中国传统文化中，更为人们所熟知的是人性本善论，《三字经》中的第一句便是"人之初，性本善"。但实际上，人性本善论与本然状态的人性论视角并没有什么不同，人性本善论也是一种形式的本然状态的人性论视角。

人性本善是指人的本性是善良的，是值得赞扬与发扬的，是值得追求与寻求的。而人们的现实状态则大多是背离了善良的本性，被各种妄念、欲求等所染污，迷失了自身的本性。因此，人们应该努力的方向是想方设法试图重新回到人的本性，重新发现善良的本性，也就是人的本来面目。人的本性是善良的，那么，善良的本性究竟是什么呢？事实上，就中国传统文化来说，人的本性并不如西方心理学那样，指生而完具的本来能力与本来欲望（虽然中国的荀子也持有此种思想，但并非主流），而是指人所具有的一种本然的生存状态。这种生存状态是人们本来就具有的，因此它是人的本性；这种生存状态是值得赞扬与追求的，因此它是善良的本性。事实上，无论是儒家、道家还是佛家，都将人的本然状态作为人的本性。

中国文化与西方文化的一个重要差异在于：西方文化重视的是直接观察；中国文化重视的是体验与体悟。直接观察的对象主要是外在的物理现象；体验体悟的对象主要是内在的生存状态。将欲望本能作为人的本性显然是对外在的动物现象进行直接观察的逻辑结果，而将本然状态作为人的本性则是对内在的生命状态进行体验与体悟的逻辑结果。因此，可以说本然状态的人性论视角是中国重视体验与体悟文化的必然会出现的理论结果。当然，反过来也可以说，正是由于本然状态的人性论文化，使得中国人非常重视对生命的体验与体悟。总之，本然状态的人性论视角是中国文化的一个独特的理论贡献。事实上，这种人性论视角也是中国文化在人性论上的一个理论总结与结晶。佛家的本来面目说与道家的自然、无为理论自不必说，即使是儒家的仁义礼智思想也多少含有本然状态的影子。儒家甚重礼仪，用礼仪来约束人们之间的关系，这通常被人们认为是一种束缚，是对人本性的人为扭曲。然而，儒家所倡导的礼，并不外在于人心，而在人心之内，是人心在自然状态下的本然流露，是人性的外在表现。因此儒家是用礼仪来维护的，而不是扭曲人们的本性。梁漱溟认为"礼者不是指仪节之礼，而为生命之礼""礼是在情感调和、心情柔和的时候的自然行为"。礼是"人情的自然要求""生命之恰到好处"①。礼，并不是对本然状态的某种束缚或者偏离，恰好相反，礼是对本然状态的一种恰当的说明，一种合理的描述。礼也并不是那些固定的规则、礼节，而是人的自然行为，是人在与父母、朋友、老师的交往中自然而然的行为，这种行为不是外在规范的，而是即刻涌现的，人自然就这么做了。实际上，儒家做礼仪，并不是要制定一种类似于法律一样外在的强加的规则、规范，而是在人们丧失礼仪、失却本然状态的时候，不得不拿这一套规范重新培养人们的自然气息，以使人们重新体验到"生命之恰到好处"。这也是中国的道德礼仪与西方的法律最大的不同，即法律是外在的，而礼仪是内在的，礼仪就在人心之内，人一生下来便有其"端"，只要加以扩充，便成为"从心所欲"的自然状态。

那么，本然状态的人性论视角在科学心理学的语境中有没有理论的价值呢？葛鲁嘉先生认为，心理学在研究与发展的过程中，出现了许多不同形态的心理学资源，如常识形态的心理学、哲学形态的心理学、宗教形态的心理学、类同形态的心理学、科学形态的心理学等。这些不同形态的心理学，都是心理学在发展中可资借鉴的学术资源与理论资源。关键是如何在科学心理学的语境中提取、利用它们，而不是否定、扬弃它们。② 很显然，本然状态的人性论视角也是一种可资借鉴与利用的理论资源。虽然它的某些神秘主义特征使得其无法为科学心理学所接受，但是它多次以不同的形式进入心理学理论中，如霍妮的"真实自我"、弗洛姆的"泰然状态"、马斯洛的"高峰体验"、积极心理学的"福乐"等概念，都与这种人性论视角有着直接的关系。因此，可以说科学心理学一方面不愿意接受与承认本然状态的人性论视角；另一方面又在许多方面不得不将这种人性论以改头换面的方式引入心理学。正是在这个意义上，本

①　柳友荣：《梁漱溟心理学思想研究》，合肥，安徽人民出版社，2004，第148～149页。

②　葛鲁嘉：《新心性心理学宣言——中国本土心理学原创性理论建构》，北京，人民出版社，2008，第12页、第40页。

然状态的人性论视角是一种十分有价值的理论资源，我们有必要对其进行详细的考查。

任何一套完整的心理学理论，都蕴含着一种系统的人性论思想；反过来，任何一种系统的人性论思想，都可以推演出整套完整的心理学理论。中国传统文化有着系统的人性论思想，因此，我们从中国传统文化中也必然能够推演出完整的心理学理论。接下来的章节将对本然状态的人性论视角，也就是心性疗法的人性假设进行详细的探讨。

第二章　本然状态

在第一章中，我们探讨了在中国传统文化中与人性相关的诸多概念与论题，并在此基础上梳理了中国传统文化中三种人性论的理论视角，分别为：以人之不同于他物的本质特征作为人的本性的本质之性；以人生而完具的本来能力和本能欲望作为人的本性的本来之性；以人当下生存的本然状态作为人的本性的本然之性。在这三种人性论视角中，前两种也是西方心理学所持有的主要人性论视角，而第三种人性论视角则为中国传统文化所特有的。基于中国传统心性学说的心性疗法正是以第三种人性论视角作为其人性假设，也就是将人当下生存的本然状态作为人的本性。为了进一步理解这种人性论视角，本章将对这种人性论的核心概念——本然状态——进行详细的探讨。

第一节　本然状态的本体含义

首先要探讨的，就是本然状态的本体论含义，也就是本然状态这个概念在真实的生活世界中的具体所指。毫无疑问，本然状态是一种生存状态，或者说是一种具备某些特点的心理与行为状态。其具备什么样的特点呢？如前所述，本然状态就是一种自然而然的状态，之所以说是自然而然，是因为这种状态之下的思维与行为是纯粹单纯的，是完全简单的，是自然而然地发生的，是自然而然地呈现的，不被任何经验所束缚，不被任何动机所支配。每一个思想，每一个行为似乎都是自然流露，不受任何阻滞。因此，本然状态的最大特点可以用一个字来形容，那就是"通"。事实上，这种以"通"为特点的本然状态无论是在儒家思想中，还是在道家、佛家思想中都有诸多论述，都在不同程度上提到了这种以"通"为核心特征的本然状态。

一、儒家思想中的本然状态

儒家思想便存在着以"通"为特点的本然状态。例如，孟子所说的恻隐之心、羞恶之心、辞让之心、是非之心都是人性的自然流露，都是对最简单、单纯的人际关系的写照，这在本质上其实就是一种本然状态。

如果一个人看到一个老太太跌倒，自然而然生起怜惜而欲救之心，这就是恻隐之心，就是本然状态的表现。但如果一个人在看到老太太跌倒时，一方面有怜惜而欲救之心，另一方面担心救了之后会有麻烦缠身而不敢施救，或想表现自己而迅速前往施救，这便不是本然状态，而是本然状态受到了阻滞；再如一个人和许多人共同分享一批食物，他一方面立刻会产生应该让家庭困难者多拿的辞让之心，这便是本然状态，另一方面也可能担心吃亏而拼命地抢，或为了博得人们的好感而拼命相让，这便不是本然状态，而是本然状态受到了干扰。在这样的情境中，个体一方面会产生孟子所谓恻隐之心与辞让之心，这证明这二心的确是人之本性所有，但另一方面这二心不能随意地流露，被其他社会之心所阻滞与替代。因此，本然状态便受到阻滞而不能自然呈现，这就是本性的迷失。而假如一个人在遇到相似的情境时，自然而然地生发出恻隐之心与辞让之心，既不会因为想表现自己而表现积极，也不会因为怕麻烦或吃亏而退避，而是自然而然地想其所想，自然而然地做其所做，那么这个人就处在一种本然状态。因此，本然状态的特点就是简单、单纯、无所阻滞。

事实上，儒家思想中有一个概念可以用来很好地描述本然状态的特点，那就是"中庸"。所谓"中庸"，"不偏之谓中，不易之谓庸。中者，天下之正道，庸者，天下之定理。"因此，不偏不易即中庸。不偏，就是不偏向任意一极；不易，就是不发生任何改变。最常见的解释，即中庸就是适度，中庸并不是选择最中间的，而是选择最合适的。那什么是最合适的呢？最合适的，就是最得心应手的、最自然而然的。正如锁和钥匙，钥匙不能太大，也不能太小，而是要刚好合适，才能打开锁。中庸也是一样的，最得心应手、最自然而然的便是中庸。就人的思想与行为来说，中庸往往并不是通过理想的计算选择唯一的黄金分割点，而是最简单、最纯粹、最自然、最得心应手、最通达无滞的思想与行为状态，这种状态就是中庸，也就是本然状态。因此，中庸也是人的本性之体现，孔子说的"君子中庸，小人反中庸"，便是此义。

二、道家思想中的本然状态

在道家思想中也有许多对本然状态的说明。老子用"自然""无为"的概念来描述人的本然状态，也就是本性。事实上，这两个概念在本质上并无不同，是同一个意思。对于道家来说，"性"是天道在物或在人身上的具体显现与承担，自然是天道在物上的具体显现与承担，故为物性；无为是天道在人身上的具体显现与承担，故为人性。因为天道是同一的，所以天道在物上的显现与在人身上的显现也是同一的，所以物性与人性也是同一的，所以自然与无为亦是同一的。那什么是无为呢？事实上，无为就是虚，就是静。"致虚极，守静笃……夫物芸芸，各复归其根。归根曰静，静曰复命。"（《老子·第十六章》）由此可见，要想回归根本、回归本性，就是要守静。这从另一方面说明了人的本性就是无为，就是静。从本体论的意义上讲，无为、静究竟是指一种什么样的状态呢？老子用婴儿来形容无为与静的状态。"常德不离，复归于婴儿。"（《老子·第二十八章》）"专气致柔，能婴儿乎？"《老子·第十章》老子还对婴儿状态进行了生动的描述："众人熙熙，如享太牢，如春登台。我独泊兮，其未兆；沌沌兮，如婴儿之未孩；傫傫兮若无所归"。（《老子·第二十章》）"熙熙"，纵情奔跃、兴高采烈的样子，河上公注："熙熙，淫放多情欲也。""如春登台"，好像在春天登台眺望。总的来说，老子认为大多数人都处于一种蠢蠢欲动、积极妄为的状态，兴高采烈，好像参加丰盛的筵席，又像在春天登台眺望景色。而圣人，则独自淡泊宁静，没有形迹，好像不知嬉笑的婴儿。因此，婴儿状态就是淡泊宁静、简单纯朴、浑厚自然的状态，不像成人那样因理智而思虑，因欲望而算计，而是保持像婴儿那样以最简单、自然的方式来呈现自己，来表达自己，想哭的时候则哭，想笑的时候则笑，没有任何掩饰，没有任何压抑，没有任何隐藏，每一时刻都让自己保持在最本真的状态，这就是老子所说的自然、无为，也就是每个人都有的，而可能已经迷失了的本然状态。

庄子对本然状态的描述与老子并无本质性的不同。庄子对本然状态的描述，是通过对至人、神人、圣人、真人这四种人的基本特征的说明而加以描述的。例如，庄子对至人的描述："至人神矣！大泽焚而不能热，河汉冱而不能寒，疾雷破山、飘风振海而不能惊。若然者，乘云气，骑日月，而游乎四海之外，死生无变于己，而况利害之端乎。"（《庄子·齐物论》）郭象注"至人神矣"一句说："无心而无不顺。"突出的是至人无心、无己，不为外物所动，随顺万物的境界。由此可知庄子对这种本然状态的描述主要可以概括为以下两点。

第一，顺应自然，逍遥自由。"疾雷破山、飘风振海而不能惊……乘云气，骑日月，而游乎四海之外。"（《庄子·齐物论》）" 之人也，物莫之伤，大浸稽天而不溺，大旱金石流土山焦而不热。"（《庄子·逍遥游》）"游乎尘垢之外"（《庄子·齐物论》）"万物无足以铙心"（《庄子·天道》）。这些描述实质上表达了一个意思：不为万物所扰，同时能随顺万物，顺其自然，能够使万物按照自己的本性自然发展。当然，如果一个人能完全接受万事万物，顺应万事万物，那么他自然不会因万事万物而困扰，自然能够超脱于万事万物。庄子用庖丁解牛的故事告诉人们如何发现自然，随顺自然，只有如此，才能万事万物随心所欲，游刃有余，才能实现庄子所谓逍遥、自由；才能实现孔子所谓"从心所欲不逾矩"。事实上，无论是庄子的逍遥、自由，还是孔子的"从心所欲不逾矩"，都有按照自然之道畅通无阻、通达无滞的意思，也就是"通"。而自然之道实质上就是本然状态。

第二，"虚静恬淡，寂漠无为"。庄子认为"死生无变于己""不以物为事"，"圣人不从事于务，不就利，不违害，不喜求，不缘道，无谓有谓，有谓无谓"（《庄子·齐物论》）。"圣人之心静乎！天地之鉴也，万物之镜也。夫虚静恬淡寂漠无为者，天地之平而道德之至，故帝王圣人休焉。"（《庄子·天道》）"圣人休休焉则平易矣，平易则恬淡矣。平易恬淡，则忧患不能入，邪气不能袭，故其德全而神不亏。"（《庄子·刻意》）"去知与故，循天之理。故无天灾，无物累，无人非，无鬼责。其生若浮，其死若休。不思虑，不豫谋。光矣而不耀，信矣而不期。其寝不梦，其觉无忧，其神纯粹，其魂不罢。虚无恬淡，乃合天德。"（《庄子·刻意》）"古之真人，其寝不梦，其觉无忧，其食不甘，其息深深。"（《庄子·大宗师》）"古之真人，不知说生，不知恶死。"（《庄子·大宗师》）"喜怒通四时。"（《庄子·大宗师》）这些描述实质上也是一个意思：虚静恬淡，不妄念，心静。事实上，一个人只有心灵充分宁静，才能去发现自然之道，才能随顺自然之道，才能超脱于万物。也就是说，一个人有首先超脱于自我，才能超脱于万物。如何超脱自我呢？就是庄子所说的"死生无变于己"。"不思虑，不豫谋""不知悦生，不知恶死""虚静恬淡，寂漠无为"。而这与儒家的中庸思想在本质上是相同的，也是人的本性的写照。这既是人的本来面目之所在，也是人们的理想人格之所求。这就是人的本然状态。

由上观之，道家对于人的本性的说明与儒家对本性的说明并没有实质性的矛盾，事实上根本就不存在矛盾，它们在内在的精神上是相通的。儒家与道家都主张人的本性就是自然而然、随心所欲、无所阻滞、无所掩饰的最本真的生存状态。这种最本真的生存状态对于儒家来说就是仁义礼智，对于道家来说就是自然、无为、虚静、恬淡。无论如何，这二者的共同点就是"通"。这个"通"在儒家来说被孔子形容为"从心所欲不逾矩"，在道家来说被庄子形容为逍遥、自由。无论如何，其真义便在于：通畅无阻，通达无滞。

三、佛家思想中的本然状态

最后再看佛家。佛家对本然状态的描述更为直接："不思善，不思恶……那个是明上座本来面目?"(《坛经·行由品》)这句话的意思是说，在佛家看来，不思善、不思恶的中道便是本然状态的特征。只要一个人没有妄念，超脱于这样的二元逻辑区分，那么他便发现了自己的本来面目，发现了自己的清净本性，也就是本来面目。而这种中道思想，与儒家的中庸思想及道家的虚静思想在本质上并没有不同，事实上，这种思想正是中国优秀传统文化的基本特征与核心要义所在。当然，谈佛家不得不涉及一个概念，那就是"空"。"空"也是对本来面目或本然状态的实质性的特征描述，那什么是"空"呢？这又不得不涉及佛家思想的另一个概念，那就是"缘"。"缘起性空"可以说是佛家思想的理论基石。"缘起论"是指任何事物都是由因缘和合而生成的，都不是单一的独立的存在，而是和其他事物相依相待。法相唯识宗所谓"依他起性"即此义。正因为任何事物都是由因缘和合而成的，所以有两种谈论法性的方式。第一种方式侧重于说"有"：按照人们日常所分类罗列出的种种事物与法，针对每一种事物与法，详细说明其如何通过其他事物和合而成，又如何为人们所认识，如法相唯识宗便是这种方式。第二种方式侧重于说"空"：因为任何事物都是由因缘和合而成的，所以任何事物都是刹那生灭、永远变化的，那也就没有任何恒常不变、始终保持常态的东西。因此并没有什么不变的本体、本性，或者说任何事物的本性均为空。因此可以按照人们日常所分罗列出的种种事物，依次说明每一种事物的本性均是空，均是"无常"，如般若宗。

事实上，无论是佛家的不立两端，还是缘起性空，在本质上都是一种"通"。佛家思想主张去除执着，去除妄念，其目的便在于达到一种来去自由、通达无滞的状态，因为正是各种执着、各种妄念才使得人们束缚于二元，执着于实有，才使人们丧失了自己的本来面目，丧失了自己的"通"的本然状态。

综合而言，中国传统文化中的人性论实质上是一种性善论，而性善论的真义在于主张人的本性是好的，是值得发扬与追求的，而不是像西方人性论那样认为人的本性是不好的，是需要发展与改变的。对于中国优秀传统文化来说，值得发扬与追求的本性并不是某种实体或理论化的特征，而毋宁说是一种生存状态，一种每个人都具有的最原始、最简单、最纯粹、最本真的生存状态。这也是每个人的本来面目之所在。只不过由于欲望的增长、社会化的成长，人们逐渐迷失了自己的本性，逐渐丧失了自己的本然状态。而回归本性，回归本来面目，回到那种最为纯真的自我，是中国优秀传统文化一种核心的价值诉求，无论是儒家的圣人，道家的真人，还是佛家的佛，都是具有这种本真自我的人，都是按照自己的本然状态生存的人。而本然状态最为基本的特征就是"通"。融会贯通、通畅无阻、通达无滞等都是对本然状态的一种描述，无论是儒家孔子所谓"从心所欲不逾矩"，道家庄子所谓逍遥、自由，还是佛家所谓随缘脱执，无不是在讲这种"通"性。

四、"通"——本然状态的本质特征之提示

如前文所述，"通"是本然状态的本质特征，那么什么是"通"呢？这里有必要对"通"这个概念或这种状态进行一个详细的说明。"通"在中国文化中有许多种意思。第一种意思是可以穿过，没有阻塞。例如，"通，达也"（《说文》）；"往来不穷谓之通"（《易·系辞》）；"坎为通"（《易·说卦》）；"道远难通"（《国语·晋语》）；"血脉欲其通也"（《吕氏春秋·达郁》）。第二种意思是连接，通往。例如，"指通豫南"（《列子·汤问》）；"道不通"（《史记·陈涉世家》）；"北通巫峡"（《岳阳楼记》）；"阡陌交通"（《桃花源记》）；"通流入海"（《明史》）。第三种意思是理解、了解、精通。例如，"因入京师，观太学，遂通五经贯六艺"（《后汉书·张衡传》）；"子厚少精敏，无不通达"（《柳子厚墓志铭》）；"不能通其意"（《杂说》）。除此之外，"通"还有其他意思，如流通、疏通、通知、传递等。总的来看，如果将"通"作为一种状态，那么至少包含两重意思：第一重意思是贯通、畅通，第二重意思是无所阻滞。事实上，这两种意思是同一的，只不过是从正反两方面来加以描述与说明。对于人来说，"通"的状态可以表现为三个方面。

第一个方面是身体之通。中国传统医学认为，人的身体最好、最健康的状态就是一种通畅的状态。在中国传统医学中，经络学说是基础理论之一。经，就是指经脉；络，就是指络脉。经脉和络脉是人体运行气血、联络脏腑、沟通内外、贯穿上下的通路。经脉和络脉把整个人体联系起来，成为一个统一的有机体。当经络二脉通畅无阻的时候，人体就处于一种健康的良好状态。而当经络二脉不通的时候，身体便会表现出各种疾病。治疗这些疾病，则要疏通经络、活气行血。例如，中医中常见的针灸、按摩与推拿等，都是以疏通经络作为最直接的治病目标。传统医学认为，人们身体的经络二脉本是畅通无阻的，只不过由于人们的

一些不良行为习惯而变得不通畅。例如，"以酒为浆，以妄为常，醉以入房，以欲竭其精，以耗散其真。不知持满，不时御神，务快其心，逆于生乐，起居无节，故半百而衰也。"（《黄帝内经·上古天真论》）因此，人身体的本然状态就是经络通畅无阻的状态。如果有人认为中国传统医学的经络概念过于玄奥而不易理解，那么我们也可以采用一种通俗易懂的方式来说明身体通畅的状态，事实上，在经络学说中，经脉与络脉是否真的存在并不重要，重要的是经络学说所主张的这种"通"的状态确实存在。我们可以将人的身体看作由许多器官组合而成的一个系统整体，正如许多零器件组合成一个机器一样，如人的眼睛、耳朵、骨骼、肺、心脏、肝脏、血管等是人体的重要组成部分。身体通畅的状态就是指每一个器官都以一种自然而然的、顺畅无比的方式运行，以一种负荷最少、没有阻滞的方式运行着，就像机器的每一个零器件、每一个齿轮都在顺畅无比地运行着一样。只有所有零器件都以顺畅自然的方式运行，这台机器的寿命才会越长。如果某一个零件或某一条齿轮在运行的时候不顺畅、有摩擦，刚开始的时候可能对整个机器的运行没有明显的影响，但持而久之，便会导致机器的其他零件也会出现摩擦损坏，直至最后机器崩溃。对于人的身体来说也是一样的，只有每一个器官都畅通无阻、自然而然地运行，才能保证身体一直处于健康通达的状态，人才能长命百岁。

那如何才能让身体的每一个器官都运行自如呢？与机器一样，只有经常使用、经常开动才能保持运行，而且也不能使用过度、开动过速。所以，中国传统文化中使用了许多方法来保持人身体的通畅状态，如太极拳就是很好的方法。中国传统文化中所主张的"动以养身"是有道理的。

第二个方面是情绪之通。前文已经述及身体的通达无滞状态，然而，对于一个人的健康来说，身体之通并不是唯一重要的，情绪之通也极为重要。什么样的情绪状态才是好的，值得提倡的？随着当代积极心理学的兴起与发展，越来越多的研究者主张积极的情绪与体验是对人的健康有益的情绪状态，如高兴、快乐、兴趣、满足、幸福等，认为这些情绪状态都是好的、理想的情绪状态，是值得提倡的。然而，中国传统文化对此则有不同的看法。中国传统文化认为，积极的情绪并不一定都对人的健康有利。例如，《黄帝内经》就明确指出"喜伤心"。"喜则气缓"（《黄帝内经·素问·举痛论》）；"喜则气下"（《黄帝内经·素问·调经论》）；"喜乐者，神惮散而不藏"（《黄帝内经·灵枢·本神》）。由此可见，积极情绪并不一定都是积极的。事实上，在现实生活中的确也不乏因为欢喜过度而致病甚至致死的情况。既然如此，那么中国传统文化认为什么样的情绪状态才是有利于健康的呢？在回答这个问题之前，我必须澄清一点，中国传统文化并不认为所有的喜都是不好的，事实上，只有暴喜、过度的喜才是有损于健康的，适度的喜是可以的，是值得提倡的，并不会对健康造成损害。当然，适度的悲、恐等情绪也不会对健康造成大的损害，甚至这些消极的情绪也有积极的功效。因此，中国传统文化所反对的并不是某一种具体的情绪状态，而是任何一种情绪的过度出现或不调不节。正如《黄帝内经》所说："暴怒伤阴，暴喜伤阳。厥气上逆，满脉去形，喜怒不节，寒暑过度，生乃不固。"（《黄帝内经·素问·阴阳应象大论》）由此可见，《黄帝内经》主张的是一种张弛有度、喜怒有常、自然而然、适度适中的情绪状态，也就是一种最本然、最纯朴的情绪状态。这种情绪状态并不是完全去除了所有的情绪，而是让每一种情绪都自然而然地表现，当喜则喜，当悲则悲，当恐则恐，无所掩饰，也无所做作，每一种情绪的表达都是简单的、自然的、由心而发的。而且，每一种情绪的表达都来去自如，无所顾忌，无所压抑，当起则起，当灭则灭。这才是最本然的情绪状态，才是最通达的情绪状态。事实上，人们随着年龄的增长逐渐丧失了这种本然的通达的情绪状态，学会了用理性来控制自己的情绪，来压抑自己的情绪，来改变自己的情绪。而诸多心理疾病，都是由于情绪不能得到顺畅地表达而导致的，这就是情绪的不通。因此，中国传统文化所提倡的既不是消极的情绪状态，也不是积极的情绪状态，而是一种自然的情绪状态。如果像积极心理学所宣称的那样，之前的心理学多关注的是诸如心理疾病等消极状态，因此是一种消极心理学；而积极心理学则关注的是诸如幸福、美德等积极状态。中国传统文化中的心理学关注的则是一种通达无滞的自然状态，因此中国传统文化中的心理学思想可以被称为"自然心理学"。

第三方面是思想之通，也可以说成是认知之通，描述的是思想或认知的本然状态。那什么是思想或认知的通呢？在日常生活中，人们经常有这样的说法：想开了，想通了，看开了，看透了，明白了，理解了，开悟了等，而所有这些说法中，都有一个共同的意思，那就是通。这说明人的思想或认知的确是存在着通的状态的。那么这种通，究竟是一种什么样的状态呢？从字面意思来讲，通就是无所阻塞，也就是在人的思想与认知中没有困惑、没有心结、没有执着、没有束缚。而要达到这种无所阻塞，有两种情况。第一种情况是没有任何想法，没有任何认知。没有任何想法，没有任何认知，自然也无所谓阻塞，无所谓困惑，无所谓束缚，也就自然是通的了。就好像一条河，河中没有水，自然无所谓阻塞，这条河自然也是通的了。这种情况虽然也是通，但是第二种通的情况才是最重要的、最常见的。那就是可以有很多想法，想法与想法之间是融会贯通、来去自如的，不会被任何一种想法所束缚与控制，不会执着于任何一种想法，任何一种想法都不会阻挡其他想法的产生。这种通就像一条涨满了水的河流，虽然有很多水，但是只要保证河道的通畅无阻，即使这条河再长，河水再多，也可以保证河流的通行无阻、流动不息。我们还可以举一些日常生活中经常出现的思想之通的例子。例如，"九点连线"问题，要求将成田字格排列的九个点，用首尾相连的直线一笔连成，这是心理学研究者经常用来研究顿悟或问题解决机制的一个问题。很多被试在刚开始时都无法成功，感到很困惑，这时候就属于思想或认知不通的状态；而后来如果提示他在连线的时候可以超出田字格的范围以外，那么被试便能很快地完成连线，这就是打开了思路或者想通了，属于思想或认知通的状态。这在心理学上也被称为顿悟的状态，常常伴随着的是一种"啊哈"效应，即一种豁然开朗的感觉。通过这个例子可以发现，人们在做"九点连线"问题时之所以不通，是因为思想与观念的不通，也就是被"必须要在田字格以内"诸如此类想法所束缚与阻碍。正如一道堤坝拦住了河水的流动一样，积累的压力会导致人们产生困惑或痛苦，然而假如人们一旦冲出这种束缚，正如河水冲开堤坝一样，便会立即出现一种豁然贯通的状态，也就是顿悟的状态。关于这个话题，科勒（Koller）在《人猿的智慧》一书中也对人猿有过类似的描述。他发现在人猿身上也存在着顿悟现象，而每一次顿悟的发生，都伴随着人猿对工具用途的扩展，如人猿将两根竹竿对接起来，组成一根更长的竹竿以够到远处的香蕉，或者将两个箱子叠放起来组成更高的箱子以够到高处的香蕉。事实上，这种顿悟与问题解决中的通与不通在人们的日常生活中到处都是。例如，人们觉得很痛苦或困惑，通常都源于被某种想法或观念所束缚，如过去的某种不好的经验、对自我的过分关注等，这些想法或观念影响着自己生活的方方面面而使人无法自拔，这就是不通的状态。而假如一个人通过努力化解了这些痛苦或困惑，不再被其所束缚和控制，能够以全新的姿态迎接与面对新出现的生活情境，那么他就破除了执着，实现了贯通的状态。这就是一种思想或认知上的通，也就是觉悟。在这个意义上，心理咨询的过程，实质上就是一个问题解决的过程，就是一个顿悟的过程。

事实上，要想实现真正的贯通，真正地不被任何观念所束缚，要么像婴儿一样不产生任何观念，要么像老人一样阅历丰富而融会贯通。事实上，只有对每一件事情（包括人的生死问题）都有着通透的理解，才能不被任何事情所束缚与控制。所以，关键还是要有一颗完全开放的心灵，只有人们拥有完全开放的心灵，才能全然地接受任何事情、任何观念，而不被束缚与控制。事实上，这才是真正的本然状态之描述，才是中国传统文化所主张的人之本性之所在，才是孔子"从心所欲不逾矩"、庄子逍遥自由、慧能无念为宗的真义之所在。这也是中国传统文化理想人格的最高追求。

第二节　本然状态的主要特点

如前所述，一个人的本然状态，就是在当下本来可以表现出来的一种自然而然、平衡舒适、通达无碍的生存状态。这种本然状态在中国传统文化中经常被作为人们所追求的最高的生命境界，这种境界是以"通"为核心特征的。很多人都因为社会习染而没有表现出这种本自具足的本然状态或生命境界，反而出现各种困惑烦恼。心性疗法的目的就是要让人们重新发现并回到本然状态。为了进一步理解心性疗法的基本理论，我们有必要深入分析本然状态的人性论视角所蕴含的诸多意义与特点。

一、人性的本体意义——本然状态

本然状态的人性论视角是以人的本然状态或本来面目论人性。这种人性论与传统的人性论相比有何特点呢？如前所述，传统人性论的一种视角是强调人与他物的不同，尤其是与动物的不同。例如，孟子就是将人异于禽兽的仁义礼智作为人的本性。在西方心理学乃至西方哲学中，这种强调人与他物之不同的人性论实为主流。从亚里士多德到康德，许多哲学家都认为人之所以不同于动物，是因为人具有理性，因此将人称为"理性的动物"；而卡西尔认为，人不同于动物的地方在于，人具有符号的机能或具有语言的机能，因此称人为"符号的动物"。无论如何，这些人性论传统的特点在于，强调人与他物的不同，强调只有人所特有的属性，并且借以提升人在世界上乃至在宇宙中的地位，将人从自然中独立出来、突出出来。当然，在进化论思想出现之后，西方的人性论传统以及大多数心理学流派都同时将人生而具有的本能作为人性的核心。因为受到进化论的影响，与其说人的本性是生而具有的本能，毋宁说是从动物身上遗留下来的本能，也就是进化不完全而遗留下来的本能，如攻击性等。当心理学以这些本能作为人性的时候，表面上看来好像是在强调人与动物的相同性，实质上是在强调人与动物的不同性，更加强调人比动物"高级"的地方。因为对这些进化不完全的本能的无奈与厌烦，正好显现出了对进化完全的"理性"的彰显与提倡。因此，西方的人性论传统，实质上是强调人与他物的不同，强调人比他物的高级之处，并将人从自然中独立出来、提升出来。

但是中国传统文化中的本然人性论，却与西方的人性论完全不同，甚至相反。不仅不强调将人从自然中突出出来，反而强调将人向自然中融合进去。中国传统哲学认为人性是"天命"或者"天道"在人身上的具体显现，"天命之谓性"即此义。例如，道家的人性论，便认为人性是"道"在人身上的现实显现，万物禀道而生，禀道而成。道在具体物上之彰显，即为"德"，"德"者，得也，即得自于道也。德内化于人，即为人之性。总之，中国的人性论传统是将人性看作"天命"或"天道"在人身上的现实显现。"天命"或"天道"若显现在人，则为人性；若显现在物，则为物性。因此，人性与物性在实质上是无差别的，因为人与他物所禀受的"天命"或"天道"是同一的。这种观点在佛家也是如此。佛家认为不仅人具有佛性，而且即使是木石这样的"无情"之物也具有佛性，也能成佛。佛性对于有情、无情都是平等的，佛家所讲的"无情有性"即此义。因此，中国传统的本然人性论，并不是特别强调人与物的差别，反而强调人与物的相同，因为人性与物性都是"天道"的现实显现。

中国传统文化中的本然人性论之所以走向这样的方向，与中国传统哲学对人与自然的关系的看法密切相关。中国哲学强调，人并不是独立于自然之外的，而是自然的一部分，正如动物、花草树木也是自然的一部分一样。因此，人不应该成为自然的主宰，而应成为自然的朋友。人应该努力地融入自然中，与自然和谐相处，达到一种平衡、共生的状态。而且，与西方哲学将人的理性作为最高标准与追求目标不一样，中国哲学将自然性作为最高标准及追求目标。因此，中国哲学所说的最高境界，都是以能够彻底地体悟自然，并完全融入自然为标准。"天人合一"便是这个含义。因此，中国传统文化中的本然人性论，并不特别强调人与他物的不同，反而强调人与他物的相同、与自然的相同。人所具有的本性，自然也应具有，因此人的本性被界定为"本然状态"或"自然状态"。而且，为了使人融入自然，为了所界定的人性同时也是自然性，对人性的界定甚至出现了抑制在西方人性论传统中所提倡的人所特有的理性的一面。例如，佛家禅宗典籍《坛经》，便明确地指出了"本然状态"或"本来面目"所具有的特征是无分别心，即没有分别意识，没有逻辑思维，不被理性所染污。

因此，本然状态的人性论视角的第一个特点是，不以人之所异于禽兽的本质特征为人的本性，也不以生而具有的本来属性为人的本性，而以生命的本然状态为人的本性。本然状态的人性论视角，不仅不强调人与他物的不同，反而强调人与他物的相同；不仅不强调将人从自然中独立出来，反而强调将人向自然融入进去。

二、人性的时间属性——当下生成

本然状态的人性论视角的第二个特点在于它的时间属性，即强调在当下谈人性，不是在过去，也不是在将来谈人性；并且，人性并不是静止不变的，而是当下生成的。

西方心理学的人性论如果按照时间属性来划分，可以分为三种。第一种是在生命的绝对起点处谈人性，即以生而具有的欲望或本能作为人性，如弗洛伊德以欲望谈人性，詹姆斯以本能谈人性，洛伦兹以遗传而来的生物性为人性。第二种是在生命的相对起点处谈人性，即认为人性不一定是在生命的初始阶段已经表现出来的属性，也可能是在生命的发展过程中必然会表现出来的属性。例如，到了一定的生命阶段，人必然会产生语言（有天生生理缺陷的不在讨论范围之内），必然会产生自我意识等。这正是发展心理学得以存在的理论前提，发展心理学所研究的就是每一个人在每一个生命阶段都会必然表现出来的属性，而不仅仅是在生命的开始处所具有的能力。第三种是在生命的终点处谈人性。当然，生命的终点不是指生命的绝对终点即死亡，而是指生命的目标、生活的目标。例如，人本主义心理学以"潜能"言人性。"潜能"这一概念具有两重意谓：第一，"潜能"是一开始便具有的；第二，"潜能"是指向将来的。换句话说，"潜能"便是在生命的起点处考量在生命的终点处可能达到的最好状态。总之，西方心理学在时间属性上谈人性，要么强调在过去的已经具有，要么强调在将来的可能具有。关于这一点，贺麟曾为"性"所做的定义颇得其要："性为代表一物之所以然及其所当然的本质，性为支配一物之一切变化与发展的本则或范型。凡物无论怎样活动发展，终逃不出其性之范围。但性一方面是一物所已具的本质，一方面又是一物须得实现的理想或范型。"[1]正好概括了传统人性论（包括中国与西方传统的人性论）定义的两大方向：一讲"所已具之本质"，强调已经具有或生而具

---

① 张学智：《心学论集》，北京，中国社会科学出版社，2006，第216页。

有，即"所以然"者，即唐君毅所说的"初性"；另一讲"须得实现之理想"，强调未来的理想性，即"所当然"者，即唐君毅所说的"终性"。换句话说，传统人性论所注重的，要么在于过去，即生之初始；要么在于未来，即生之将来。但唯独不讲现在，或者不强调现在，难道人性只存在于过去与将来，而独不存在于现在？

这显然是说不通的。当然，明清之际的王船山于传统之外另辟一径，讲人性"日生日成""已成可革"，讲人性每天都在形成，每天都在更新，而反对告子、荀子的"生而完具"，这确实是强调了现在，然而似乎又有点太过，以至于只有现在，没有过去、将来了。实际上，"性"既然是"天之就"，便不应该仅仅存在于生之初始或者终结，也不仅仅存在于现在而无历时的延承，而应该是绵延贯穿于人的整个生命中，时时刻刻都应有人性在发挥作用以规定人的行为和思想。

本然状态的人性论视角所着力的一个方向，便是将人性从对于过去与将来的幻想中拉回到现在，强调本性在当下的具体显现，强调在当下便能真实体悟，事实上，无论是对过去的记忆，还是对将来的幻想，都需要在当下的一念之中来承担。当然，这并不意味着在过去与将来就没有人性。只不过由于过去与将来在当前的自心中不能具体显现以及真实体悟，并且对于破除众生当前的迷执并无直接用处，因此不去关注而已。但是不关注并不代表没有。在慧能看来，人的本性就是生命的本然状态、"本来面目"。这种"本来面目"是在当下的自心中便能直接体悟到的。因此，慧能的人性论在时间属性上是强调当下的。当然，"本来面目"虽然是当下的，但并不是静止于当下的，它并不是静止于某个黑暗的角落，需要打开灯光去寻找的。实质上，我们不如说"本来面目"是在当下生成的。"本来面目"是一种状态，一种"本然状态"，是一种开悟的状态，一种去除了分别心、执着心的状态。"本来面目"并不是打开灯光之后去寻找的东西，而是打开灯光的明朗的状态。这种明朗的状态并不是静止的、已成的，而是能动的、生成的，是随着自心的开悟而随时生成的。

因此，本然状态的人性论视角的第二个特点是强调人性在当下的具体显现形式，以及在当下能直接体悟的可能性。并且，人性在当下的存在形式并不是静止存在的，而是随着主体自身的开悟心而随时生成的、显现的。

三、人性的价值取向——超越善恶

本然状态的人性论视角的第三个特点是其超越了善与恶的价值取向。

这种超越善恶的价值取向，既不同于传统的性善论与性恶论，也不同于传统的性可善可恶论与无善无恶论。实际上，本然状态的人性论视角与其说是超越善恶的中道人性论，不如说是一种超越善恶的性善论。因为本然状态的人性论视角在结论上是超越善恶的，但是在论述方式及描述语言上采取了性善论的论述方式和性善论的描述语言。

以佛家禅宗为例，慧能在《坛经》中说："不思善，不思恶，那个是明上座本来面目。"（《坛经·行由品第一》）这句话虽然不是直接说明"本来面目"的价值属性是超越善恶的，但是由此可见，慧能对善恶二元的划分非常谨慎，甚至持反对的态度，即主张消除二元对立的分别意识，也即消除分别心。这可以从慧能的另一句话中得到论证："犹如虚空，无有边畔，亦无方圆大小，亦非青黄赤白，亦无上下长短，亦无嗔无喜，无是无非，无善无恶，无有头尾，诸佛刹土，尽同虚空，世人妙性本空，无有一法可得，自性真空，亦复如是。"（《坛经·般若品第二》）因此，慧能不会以二元对立的思维为事物赋予价值属性，这同样适用于对待人性的方式，慧能不会以分离善恶为二元的方式来谈人的本性。在慧能的逻辑中，既不会以善或恶谈人性，也不会以可善可恶或不善不恶谈人性，总之不会以善恶言人性。因此，可以说慧能的人性论的价值取向是超越善恶的。

然而，慧能在对人性的描述上，却采用了一种性善论的描述语言；在对人性的论述上，却采用了一种性善论的论述方式。慧能用来描述人性的语言是"清净"。"清净"的意思虽然与"善"无关，是指无染污、无阻滞、无分别、无执着。但是"清净"在人们的心目中总是一种优良的品质，一种美好的特征，一种向上的善的内涵。因此，慧能用来描述人性的语言是接近于性善论的。再有，慧能对人性的论述方式也是接近于性善论的。通常对生而有之的人性是善还是恶的观点的不同，直接导致后天对人的教育培养方式的不同。如果人的本性是善良的，那么在后天的教育培养过程中，重要的便是如何显现、发扬、维持这种善良的本性；如果人的本性是邪恶的，那么在后天的教育培养过程中，重要的便是如何抑制、改正、消除这种邪恶的本性。因此，人性的善恶取向与后天的努力方向是密不可分的。如果人性是善的，那么后天的努力方向便是接近人性、归复人性；如果人性是恶的，那么后天的努力方向便是远离人性、修正人性。反过来，如果主张应该去接近、归复本性，那么其通常是认为人性本善的；如果主张应该远离、修正本性，那么其通常是认为人性本恶的。慧能显然是主张应该接近、归复、显现、发扬本性的，因此在这个意义上，慧能的人性论也可以说是一种性善论，因为他采取的论述方式是性善论的。

虽然如此，依然不能说慧能的人性论是一种性善论。因为慧能的核心思想是消除二元对立的分别意识，在它看来，真正的人性是无法、也不能用语言来形容的，"不立文字"便是此义。但是为了引导众生又必须使用语言来描述。在这种情况下，权宜之计，不妨采用一种积极的语言来描述人的本性。当然，采取一种消极的语言来描述也不是不可以，只不过性善论作为一种文化环境与思想背景，导致性善论的语言更易为人所接受；再者，用一种在人们心目中是向上的、积极的表达方式更易激发人们的积极性与自信心。因此，采用性善论的语言以及论述方式便是可以理解的了。

总之，本然状态的人性论视角的第三个特点为：从实质上来说，其人性论是超越善恶的，但是从形式上来说，其人性论又采取了性善论的描述方式。因此，可以说本然状态的人性论视角的价值取向是超越善恶的性善论。

四、人性的差别特征——整体差异

本然状态的人性论视角的第四个特点表现在其对"人性差异"的观点。西方心理学中所讲的人性差异，主要是部分的，是指某种能力或特点的差异；中国传统文化中所讲的人性差异，则是整体的，是指整个生活状态或者境界的差异。

如果从质的角度来看人性的有或无，那么人性是没有差异的，因为既然被称为人性，那么便是每个人都具有的；而如果从量的角度来看，人性便有差异，因为人性在每个人身上的发展程度是不一样的。举例来说，思维能力是每个人都具有的，这是人性的质的问题，是没有差异的；但是每个人的思维能力又是不一样的，有的人思维能力强一些，有的人思维能力弱一些，这是人性的量的问题，是有差异的。因此，人性的差别特征，不是指人性的质，而是指人性的量。

本然状态的人性论视角讲人性的差别特征，与西方心理学讲人性的差别特征有着巨大的不同。西方心理学对人性的划分是元素主义的、横向的。首先从作为一个整体的人性中抽离出不同的方面与侧面，如智力、气质、情绪，然后分别就这些不同的侧面谈人与人之间的差别。例如，就智力来说，有的人是天才，有的人天生愚钝；就气质来说，有的人外向，有的人内向；就情绪来说，有的人情绪稳定，有的人情绪暴躁。而且侧面与侧面之间并没有直接的关系，如智力的差别与气质的差别之间并没有直接的关系。总之，西方心理学谈人性的差异，是在一个很具体的点上谈人与人之间的差异，即人与人之间的差异，总是关于什么的差异，而不会笼统地说这个人与那个人不同。因此，西方心理学对人性的差别特征的看法是以对人性的横向划分为基础的。

而本然状态的人性论视角谈人性的差别特征与西方心理学则大不一样。本然状态的人性论视角对人性的划分并不是元素主义的、横向的，而是整体主义的、纵向的。本然状态的人性论视角中的人性差异，并不是讲不同的人在人性的某一侧面或方面的不同，而是讲不同的人在整个生活状态的不同，或生命境界的不同。例如，佛家唯识宗在讲"种姓"差异的时候，认为人是有"种姓"差异的。有的人能修成佛，即能达到佛的境界；有的人能修成菩萨，即能达到菩萨的境界；有的人能修成罗汉，即能达到罗汉的境界等。无论唯识宗讲"种姓"差异的初衷为何，他们总是认为人有生命境界的差异，有佛境界，有菩萨境界，还有罗汉境界。而且，这些境界的差异，并没有将人性抽象出不同的侧面，或划分为不同的部分，也没有单独就一个侧面或部分谈差异，而是直接将人的生命状态作为一个整体来谈人与人之间的差异。

以这种整体的生命状态或者境界谈人与人之间的差异，不仅出现于佛家思想，同时也出现于儒家、道家思想，因此成为中国传统人性论的一大特色。通常来讲，生命状态或者境界一般被区分为两个层次或者两个层级。第一个层次是平常的、普通的、世俗的，即大多数人所拥有的生命状态，可以被称为现实状态，或平常状态，或正常状态；第二个层次是神圣的、超越的、高尚的，即少数得道开悟的人所拥有的生命状态，可以被称为超越状态，或超然状态，或本然状态。这种超越状态被孔子描述为"从心所欲不逾矩"，被孟子描述为"万物皆备于我"，被庄子描述为"独与天地精神往来"，被慧能描述为"本来面目"或"开悟"，被现代新儒家描述为"天地境界"或"天人合一"。① 事实上，还应该有第三种状态，即病态的、不正常的、不健康的状态，也就是许多有心理疾病、心理困惑、心理困扰而无法自拔的人所具有的生命状态，可以被称为沉沦状态，或束缚状态，或阻滞状态。因此，中国的人性论传统所研究的内容为：考查这三种生命状态或境界各自的特征，形成方式、原因、机制，以及考查这三种状态或境界之间相互转化的方式、方法。而这与西方心理学的人性研究是大不一样的。由上观之，本然状态的人性论视角

① 程帆：《我听冯友兰讲中国哲学》，北京，中国致公出版社，2002，第30页。

的第四个特点是，强调人与人之间的整个生命状态的差异，或者生命境界的差异。

总之，本然状态的人性论视角是以本然状态作为人的本性的，而不是像西方传统心理学那样以人之不同于动物的可以作为人的本质特征的属性作为人的本性，也不主张以人生而具有的在进化历程中从动物身上遗留下来的本能、欲望作为人的本性。而且，本然状态的人性论视角既不主张在生命的起点处找寻人的本性，也不主张在生命的终点处找寻人的本性，而主张人的本性无时无刻不含藏于人们当下的日常生活中。因此，在当下的一念之间，便能找到本性的踪迹。另外，本然状态的人性论视角虽然是用了一种性善论的表达方式来描述，但究其实质，它并不是一种性善论，当然更不是一种性恶论，而是在超越善恶的意义上来谈人的本性。因此，本然状态的人性论视角与西方心理学现存的任何一种人性论系统都迥然不同。

第三节　本然状态的存在形态

如前所述，本然状态的人性论视角是以人当下本来具足的自然而然的生存状态作为人的本性的。这种人性论视角的一个特点在于：本然状态既是人生而本来就有的，同时也是人们尽力追求的目标。换句话说，本然状态既是生命的起点，同时也是人们追求的终点。在本然状态的人性论视角中，人们所追求的最高境界其实是回到生命最本源的地方。所以我们可以称其为"重回本来面目"。

由于许多西方研究者认为东方文化具有神秘主义色彩，因此对这种本然状态持有一种审慎的态度。但实际上，如果人们有足够的反省能力，便不难发现本然状态其实在每个人的生活中无处不在。这一节的内容便是挖掘本然状态在人们现实生活中的存在形态，其目的在于证明"本然状态"并不仅仅是一个语言层面的玄幻的概念，而是在人们的生活中也具有本体论意义上的具体所指。

一、本然状态的存在形态之一——理想人格

前面已经提到，每个人都有一种本然的生存状态，这种本然的生存状态是一种通畅自如、往来无阻的状态。在这种本然的生命状态中，无论是人的身体、情绪，还是思想都处于一种自然而然、通达无滞的状态。在这种本然的生命状态中，人们的所有活动——无论是生理的活动，还

是心理的活动，都处于一种全然贯通、毫无阻抗的状态中，就好像一台机器在完全没有摩擦力的情况下活动自如一样。当然，有的人可能会说，人不可能处于一种毫无阻抗、全然贯通的活动中，正如任何一台机器都不可能完全没有摩擦力而活动自如一样。那么，人究竟存不存在这样的本然状态呢？如果存在，都是在什么时候存在呢？或者说，本然状态都是以一种什么样的形态而存在的呢？在此，我们有必要说明本然状态的几种存在形态。首先，第一种存在形态可以被称为理想人格。

事实上，用理想人格这个概念，可能会引起一些误解。因为理想人格这个概念在当代心理学中有其特殊的含义。它是指一种完美的、成熟的人格特征或个性特征，其最终的立足点在于一个人的人格或个性，而与人的其他方面，如认知、情绪、身体并无直接的相关。但是，此处所说的理想人格，则并不仅仅是就人的人格或个性特征方面来说的，还包括一个人的认知方式、情绪表达方式、身体活动方式等。总之，此处所说的理想人格，是就与人的生存相关的方方面面来说的。它是指一种理想的、完美的、成熟的生活方式，或生存状态。这里所说的理想人格，与当代心理学中作为一个特定概念的理想人格最大的不同在于：此处的理想人格不完全是心理意义上的，它还包括人的身体方面。事实上，越来越多的研究者开始相信，身体状态的好坏与心理状态的好坏是相辅相成、直接相关的。一个人具有完美的、理想的身体状态，他便极有可能也具备完美的、理想的心理状态；一个人具有完美的、理想的心理状态，他也极有可能具备完美的、理想的身体状态。反过来，一个人的身体状态处于一种极差的情形，那么他的心理状态也不太可能处于一种完美的理想状态；同样，一个人的情绪状况总是很差，那么他的身体状况也不太可能一直处于完美的理想状态（越来越多的心身疾病证明了这一点）。因此，一个人具有完美的、理想的生存状态，一定既包括了心理上的，也包括了身体上的。因此，此处所说的理想人格，是指一个人的生存状态（包括身体状态与心理状态）长时间处于一种完美的、理想的状态，也就是处于一种自然而然、通达无滞的本然状态，处于一种全然贯通、毫无阻抗的状态。之所以要说是理想人格而不是其他，一方面是指这种自然而然、通达无滞的生存状态（或生活状态）已经内化为一种类似于人格的固定的生存方式；另一方面是指这种生活方式一经形成便是长期的、固定的、很难改变的，就像个性、习惯一样。如果一个人长期处于一种本然的生存状态，或长期按照本来面目活着，那么就可以说这个人具有了理想人格。像儒家所说的圣人，道家所说的真人，以及佛家所说的佛，无疑都是具有了理想人格的人。

　　这种具有理想人格的人到底具有什么样的特征呢？首先，具有理想人格的人应具有良好的生活习惯。从物理学上来说，物体保持一种惯性的运动是最不需要耗费动力与能量的，要使物体改变之前的惯性状态，则需要耗费额外的动力与能量。对人们的生活方式来说，也是一样的。如果一个人一直按照一种习惯的生活方式生活，应该日出而作，日落而息，那么他的生活状态是自然轻松的，是不需要花费精力来适应的。而假如一个人时常需要变换新的生活环境，时常需要改变刚刚建立起来的生活习惯，那么他便需要花费大量的精力来应对这种改变。因此，这种生活状态便是非自然的，是充满了阻抗的。正因为如此，那些经常改变生活环境的职业，比那些不经常改变生活环境的职业，更易诱发适应性的问题或疾病。当然，按照惯性来生活，并不意味着一成不变、保守固执，恰好相反，人们可以根据条件的改变适时做出恰当的改变。事实上，按照惯性来生活，其实质是指保持良好的生活习惯。例如，晚上几点钟开始睡觉，早上几点钟起床，什么时候就餐，一天之内什么时间段应该做什么，都应有一种好的规律。并且，这种生活规律应与人的生理节律保持一致，生活规律不应违背生理节律。例如，人们应保证充足的睡眠时间，保证充分的身体运动量，等等。同时，生活规律还应与自然节气保持一致，生活规律不应违背自然节气，日出而作，日落而息，万物皆静我亦静，万物皆动我亦动，天寒则加衣，天热则减衣，等等。因此，生活状态包括三个层面：第一个层面是自然规律，第二个层面是人的生理节律，第三个层面是人的生活规律。而理想的生活状态就是这三个层面和谐一致，融为一体。只有充分符合自然规律与生理节律的生活状态，才是自然而然的生活状态，才是本然的生存状态，而这也是人的本性应当之所在。一个人具有理想人格，就意味着他一直处于这样一种和谐一致、融会贯通的生活状态之中，一直处于这种"天人合一"的生活状态之中。

　　其次，具有理想人格的人在为人处事方面充满了真诚与坦然。很显然，说谎比讲真话更耗费心理能量，因为讲真话通常是将记忆中的东西提取出来并说出来就可以，而说谎则首先要将记忆中的东西提取出来，然后还不能将其表达出来，必须将其压抑，之后再编造一些与之不符的内容表达出来，由此可见，说谎是一个更复杂的心理过程，需要耗费更多的心理能量。然而，说谎还远不止如此复杂，为什么需要说谎？说谎有什么目的？说谎之后如何能让别人信服？如何解释自己的谎言？等等。

这一切想法，都会出现在说谎的心理过程中。同时，真诚是一种自然而然、通达无滞的过程，而说谎则是一种充满了阻抗的过程。真诚是人本应具有的本然的生存状态，因为它是最自然而然的，最简单质朴的，而说谎与虚伪则是一种异化了的生存状态，是需要人接受很大程度的社会环境熏染，并且理智水平发展到一定程度之后才会出现的一种生存状态。真诚的人，会一直保持一种开放的、坦然的、通畅的心理状态。而虚伪的人，每说一次谎，他的心灵深处便会增加一层压抑，久而久之，压抑越来越多，压力也越来越大。因此，虚伪的人比真诚的人更容易患上身心疾病。当然，真诚并不只是表现在为人方面，也表现在处事方面。在处事方面，真诚是指做每一件事情都全身心地投入，哪怕是吃饭、走路这些所谓日常琐事。事实上，当一个人全身心地投入一件事情（无论是什么事情）中，忘记了自己的存在，忘记了时间的存在，忘记了周围世界的存在，唯一具有的，就是他与正在从事的事情融为一体，当一个人做每一件事情都能如此投入的时候，他反而是轻松的，毫不劳累。因为当他如此全身心投入的时候，他的动作与行为都是自动化的，是毫无阻抗的，是全然畅通的。而这正是本然状态之所在，是人的本性之所在。一个具有理想人格的人，无论是对人，还是对事，他都是完全真诚的。他会真诚地对待每一个人，真诚地投入每一件事情。像这样，他的整个心灵便会处于一种完全放开、完全坦然、完全畅通的状态，也就是一直处于本然的生存状态之中。

最后，具有理想人格的人在认知观念中处于一种开放无执的状态。事实上，绝大多数的人都生活在自己的世界中，都按照自己对周围世界的理解而生存。在这个世界中，无论做什么，人们都无法摆脱头脑中对于这个世界的先在的理解。在这些先在的理解中，人们不自觉地对世界有了主客的区分，哪些是我的，哪些不是我的；哪些是与我密切的，哪些是与我疏远的。人们不自觉地对世界有了二元或者两极的区分，什么是好的，什么是坏的；什么是必须做的，什么是必须摆脱的。于是，人们将自己束缚于这些人为的区别与观念中，自觉地将这些区分与观念当成永恒不变的、理所当然的准则。于是便用这些准则去衡量周围的世界，衡量自己的生活，无法改变，无法摆脱。于是，人们生活的世界便是一个分裂了的、充满了斗争的世界。另外，还有绝大多数人要么生活在无法解脱的过去，要么生活在无法释怀的将来，沉溺于过去的悲苦或灿烂，沉溺于将来的期待与幻想，唯独无法全身心地接受现在、正视现在、生存于现在。而具有理想人格的人，则全然不同。在他们的观念中，没有什么一成不变的准则，没有二元分离的执着，有的只是全身心的接受、开放。他们能够全身心地接受周围的世界，而不会刻意地区分我与非我；他们能够全然地接受、面对、正视当前，而不会沉溺于对过去的回忆或对将来的幻想。具有理想人格的人，他们对周围的世界、对自己的人生都有非常通透的认识，因此他们处理任何事情都会游刃有余、得心应手，正如庄子所描述的庖丁解牛一样。他们能够将自己头脑中的观念、想法融会贯通，因此不会执着于任何一种观念或想法，也正因为如此，他们的认知与观念处于一种通达无滞、自然而然的状态。这也是人们应当具有的本然状态，是人的本性之所在。事实上，只有保证认知与观念的通畅，才能保证情绪的通畅，才能保证身体的通畅。具有理想人格的人，在每一方面都处于一种通畅无阻的状态。

由上可知，理想人格具有以下几个特征：①起居有常，饮食有节，具有合乎规律的生活习惯；②待人接物真诚坦然，不虚伪；③全身心地投入每一项工作，哪怕是吃饭、走路这样的小事；④情绪通畅，不会压抑自己的情绪，也不会放纵自己的情绪，完全是自然地表达；⑤没有执着的观念，没有主客分离或二元区分，生活在纯粹的世界中，或者与世界最本源在一起；⑥坦然地面对与接受当下，不沉溺于过去或未来。

二、本然状态的存在形态之二——高峰体验

如果说理想人格是一个人长时间地处于本然状态，那么高峰体验则是指一个人在一段时间之内处于本然状态。换句话说，理想人格是一个人已经固定地拥有本然状态，已经发现并实践了自己的本来面目，而高峰体验则是指一个人偶然发现自己的本然状态，偶然经历并体验到本然状态，但尚未完全拥有它。虽然尚未完全拥有，但是在生活中不时地发现并体验本然状态的存在，也是心性治疗的一个重要的目标。

事实上，在西方心理学中，有许多的研究者都十分重视高峰体验，并对高峰体验进行了详细的描述与总结。马斯洛这样描述高峰体验："这种体验可能是瞬间产生的、压倒一切的敬畏情绪，也可能是转眼即逝的极度强烈的幸福感，或甚至是欣喜若狂、如醉如痴、欢乐至极的感觉。在这短暂的时刻里，他们沉浸在一片纯净而完善的幸福之中，摆脱了一切怀疑、恐惧、压抑、紧张和怯懦。他们的自我意识也悄然消逝。他们不再感到自己与世界之间存在着任何距离而相互隔绝，相反，他们觉得自己已经与世界紧紧相连融为一体。他们感到自己是真正属于这一世界，

而不是站在世界之外的旁观者。"①马斯洛指出，这种体验并不仅仅为那些在特殊的优雅环境中深居简出的人所专有，如僧人、圣徒、瑜伽信徒、禅佛教徒、东方人等。而是在任何行业中的任何人都可能在生活中得到这种体验。正如禅宗所说的，"无物特殊"，或者"众生平等"，或者"人人皆有佛性"。② 马斯洛承认，他对高峰体验的体会是"重新激发起对道家学说和禅宗教义的兴趣（总的来说，我相信我的这些发现与佛教禅宗和道家哲学更吻合，远远超过其他任何宗教神秘主义。）"③。弗洛姆在与铃木大拙合著的《禅与心理分析》一书中也对类似于马斯洛高峰体验的"泰然状态"或开悟状态进行了描述。在弗洛姆看来，开悟不是心智的变态，不是一种神志恍惚的状态，而是一种正常的状态，"在这种状态中，人完全和他外在的真实及内在的真实一致，他对于那真实充分认知，并且充分了解。""对世界是开放的，有回应的，而他之所以能够开放和回应，是因为他不再把它自己当作一个物来执着，因此他变得空虚，而准备着接受。开悟的意思是整个人格对于真实的充分觉醒。"④积极心理学家本森（H. Benson）、奇克森特米哈伊（M. Csikszentmihalyi）等人在各自的著作中曾多次应用佛教有关涅槃的观点来说明"幸福感""福乐"（flow）的概念。⑤ 这与马斯洛的高峰体验、弗洛姆的"泰然状态"在本质上是同一的。"福乐"是由奇克森特米哈伊首先引入心理学的一个概念，是指对某一活动或事物表现出浓厚的兴趣并能推动个体完全投入某项活动或事务中的一种情绪体验。它具有以下一些特征：个体强烈地把注意力集中在当前从事的活动上；意识与正在从事的活动合二为一；自我意识暂时失去，如一个人忘记了自己的社会身份；能认识到自己有能力掌控自己当前所做的行为活动；出现暂时性体验失真，如觉得时间过得比通常情况下快；活动体验本身成为活动的内在动机，通常情况下完成活动就是进行活动的最好理由。⑥

---

① 〔美〕马斯洛等：《人的潜能和价值——人本主义心理学译文集》，北京，华夏出版社，1987，第366页。
② 〔美〕马斯洛等：《人的潜能和价值——人本主义心理学译文集》，北京，华夏出版社，1987，第370页。
③ 〔美〕马斯洛等：《人的潜能和价值——人本主义心理学译文集》，北京，华夏出版社，1987，第373页。
④ 〔日〕铃木大拙、〔美〕弗洛姆：《禅与心理分析》，孟祥森译，北京，中国民间文艺出版社，1986，第128页、第177页、第147页。
⑤ 任俊：《积极心理学》，上海，上海教育出版社，2006，第52页。
⑥ 任俊：《积极心理学》，上海，上海教育出版社，2006，第158页。

总的来看，高峰体验具有以下几个特征：

第一，它是偶然出现的，并且持续的时间并不长。高峰体验并不是一种生活的常态，它只是本然状态在一些时间段的偶然呈现。

第二，在高峰体验之前，或者说诱使高峰体验产生的，常常是全身心地投入某件事情，并且所从事的事情已经不需要耗费更多的精力去考虑，或者说进入一种自动化的过程。例如，文学名著《安娜·卡列尼娜》中的作者托尔斯泰对主人公列文割草情节的描写便是一种这样的状态。列文全身心地投入割草活动中，头脑中什么也不想，整个人与割草活动融为一体，忘记了时间的流动，忘记了自我的存在。[1] 这就是一种本然状态的描述。

第三，在高峰体验中，主体的注意力高度集中在当前所从事的活动之中，心无旁骛，整个身心都融入一件事情之中。

第四，在高峰体验中，主体会出现时间意识的失真，完全感受不到时间的存在，只是在结束的时候才恍然大悟："时间怎么过得这么快！"事实上，时间是人的理性对世界的一种标注，时间意识的前提是主客分离，是人将流动的世界作为一个客体，然后用时间的标尺对世界的流动进行标注。人在标注的时候，或者说在为世界赋予时间的时候，人们假设自己是不动的，假设自己是永恒的。就好像只有自己相对静止的时候才能测量旁边一个运动物体的速度一样，而如果自己与旁边的物体都是以一种同样的速度向相同的方向运动，那么自己是没有办法测量物体的运动速度的。然而，人与世界并不是分离的，人是世界的一部分，人与世界是以同样的速度向前流动的。因此，只要有时间意识，那么主体便是和世界分开的，只有忘记了时间的流动，与世界融为一体，与世界共同流动，才是一种与世界同在的本然的存在。因此，本然状态的一个重要特征便是没有时间意识。

第五，在高峰体验中，主体的自我意识会消融，会忘记了自我的存在。同样，当具有自我意识的时候，人们是将主我与客我分离开来的，只有将"我"的一部分分离出去放在眼前，才能产生自我意识。而事实上，人是一体的，人只有在全身心地投入一件事情的时候，人的自我才能重新整合为一个整体，才能忘记自我的存在。而只有这个时刻，才是本然的生存状态，才是本来面目的显示。

---

[1] 〔俄〕列夫·托尔斯泰：《安娜·卡列尼娜》，高惠群、石国生译，上海，上海译文出版社，2006。

第六，在高峰体验中，任何一种观念和行为都是畅通无阻的。这种状态是一种真正的游刃有余、得心应手。所有的观念与行为都是自动化的，都是自然而然的，好像是自动地向前流动的，无须导引，也无所阻碍。

第七，高峰体验的结束，通常是以阻碍的突然出现而结束。例如，突然遇到了一个无法解决的难题而中断了活动的进行，或者出现了新的刺激改变了活动的环境，或者主体身体某些部位突然出现不适转移了自己的注意力。通常来说，在高峰体验结束的时候，人们有一种恍然醒过来的感觉，通常会说："哦，原来我在做这个事情。"或者"时间过得太快了，我都不知道怎么过来的。"

总之，高峰体验的主要特征就是本然状态的核心特征：通。也就是通达而无滞。事实上，自我意识或时间意识常常作为阻滞力量而出现。如果一个人在从事一件事情的时候过分关注自我，过分关注时间，那么他是不可能全身心地投入活动中的，是不可能出现高峰体验的。许多有自卑性格的人之所以在团队活动中表现不佳，就是因为在团队活动中他太过注重自我的形象而无法完全投入；而当他独立做一件事情的时候能做得很好，这是因为他在独立活动的时候无须注重自我的形象，能够全身心地投入。因此，心性治疗的一个主张就是鼓励来访者放下自我，忘却时间，全身心地投入每一件工作、每一项活动、每一件事情中。这样，他便能经常体验到高峰体验，便能经常发现自己的本来面目。

三、本然状态的存在形态之三——顿悟

如前文所述，理想人格是本然状态在一个人身上长时期具有的存在形态；而高峰体验是本然状态在一个人身上一段时间后具有的存在形态。那么在此处所说的顿悟，则是本然状态在一个人身上瞬间出现的存在形态。本然状态并不总是伴随着每一个人长期存在，事实上，更多的时候只是瞬间呈现。虽然只是一瞬间，但这并不意味着它不重要。只有经常出现本然状态的瞬间，才能慢慢地转变为短时间的存在，才能最终转变为长时期的存在。因此，关注本然状态的瞬间呈现，也是心性治疗的最初目标之一。

此处所说的顿悟，是指一种突然畅通的体验。事实上，在不同的文化传统中，顿悟具有十分不同的含义。在现代心理学中，顿悟是一个非常重要的专有概念，是指在问题解决过程中的一种认知现象，是一种突然的顿悟。格式塔心理学家认为人类解决问题的过程就是顿悟的过程。

苛勒等人还用黑猩猩作为研究对象研究了问题解决过程中的顿悟现象。①
当代中国心理学研究者还讨论了顿悟的大脑机制。总之，在心理学中，
顿悟是一个问题解决过程中的心理现象，是当人们对问题百思不得其解
时，突然看出问题情境中的各种关系并产生了顿悟和了解，有一种恍然
大悟的感觉，也就是所谓"啊哈效应"。然而，在中国传统文化中，顿悟
则有着十分不同的含义，尤其是在禅宗文化中，顿悟甚至是一种佛教的
修行方法，与渐修的修行方法相对应。总体而言，顿悟在中国传统文化
中的含义要更宽泛得多，它不仅是指问题解决过程中的突然领悟，更重
要的是对人生、对生命、对世界的认识的一种突然的领悟。用佛教的话
说就是"迷闻经累劫，悟则刹那间""一刹那间妄念俱灭""顿见真如本性"
"顿悟菩提"等，也就是立即发现自己的本来面目。

　　这两种顿悟有所不同，心理学中的顿悟针对的是问题解决中的难题，
禅宗文化中的顿悟针对的是思想的迷茫与妄念；心理学中顿悟的发生是
发现新的关系和新的属性，禅宗文化中顿悟的发生是放下执着，除却妄
念。然而，虽有这些差异，但这两种顿悟还是具有共同的特征：无论哪
一种顿悟，都是一种冲破阻碍、顿现通流的状态。

　　第一，在顿悟之前有一个相当长时间的阻滞的状态。在问题解决的
过程中，这种阻滞表现为对难题的百思不得其解；在禅宗文化中，这种
阻滞表现为迷失妄念。但无论如何，都有一个明显的阻滞过程，而且，
导致阻滞的原因也非常相似，准确地说只有一个原因，那就是执着，也
就是执着于过往的经验，执着于自我，执着于过往的行为习惯或思维习
惯，然而，过往的经验并不足以解决当前的问题，因此导致了阻滞。

　　第二，顿悟的过程是一个冲破阻滞、冲出束缚、放弃执着的过程。
在问题解决的过程中，顿悟就是放弃原有的思维习惯或者思维定势，发
现新的思维路径的过程。在禅宗文化中，顿悟就是放下执着、放下自我
的过程，无论如何，都是一个放下的过程。

　　第三，顿悟之后是一个畅通无滞、自然而然的过程。一旦顿悟，无
论是行为，还是思维会马上进入一种自动化的、自然而然的、畅通无滞
的运行状态。而这种状态就是一种近似于高峰体验的状态，也就是本然
的生存状态。因此，顿悟就是本然状态的瞬间呈现。

　　事实上，此处的顿悟概念远不止是认知角度的概念，还包括情绪上

---

① 〔德〕沃尔夫冈·苛勒(Kohler, W.)：《人猿的智慧》，陈汝懋译，杭州，浙江教育出版社，
2003。

的顿悟、身体上的顿悟等。例如，情绪上的顿悟是指，一个人长时期地处于一种消极、低落的情绪状态之中，在这种状态之中，人们通常有一种堵塞的或者压抑的感觉，也就是一种阻滞的感觉，这种阻滞是情绪的阻滞，是情绪不能得到通畅自如的表达。而一旦因为某些特别的原因，如突然出现喜讯，或一直担心的事情突然消失了，那么人的情绪就会马上出现一种豁然开朗、豁然贯通的状态，而这时候，情绪便又回到了那种自然而然、收放自如的本然状态。再如，身体上的顿悟，一个人的身体长时期处于一种压抑、疲劳、病痛的状态，如因受伤而被禁止运动，这也是一种身体的阻滞状态。而一旦病痛解除，人的身体也会立即出现一种豁然贯通、兴奋活跃的状态。正如一台机器的齿轮一直被一个小物体卡住，那么它便一直处于一种阻塞的运行方式，而一旦将这个卡住的物体取出，机器就会立即恢复到一种轻松自然的运行状态，而这就是本然的状态。

由上观之，此处所讲的顿悟，既不是现代心理学问题解决领域中的顿悟概念，也不是传统禅宗文化中的与渐修相对应的顿悟概念，而是一个宽泛得多的概念。不仅包括认知方面的顿悟，还包括思想方面的顿悟、情绪方面的顿悟，以及身体方面的顿悟。但无论是哪一方面的顿悟，它都有一个共同的核心特征，那就是去除执着、豁然贯通。它是一种从执着到贯通的转变状态，是一种疏通的状态。这也是本然状态的瞬间呈现。

总之，本然状态的核心特征是"通"，通达无滞、豁然贯通、无所阻碍。如果一个人在一直处于一种"通"的状态，那么他便一直处于本然状态之中，他便具有理想人格；如果一个人在一段时间处于"通"的状态，那么他便在这一段时间处于本然状态，在这一段时间拥有高峰体验；如果一个人瞬间处于"通"的状态，那么他便在这一瞬间处于本然状态，在这一瞬间实现了顿悟。心性治疗，首先是要鼓励来访者体验瞬间的通，然后再是一段时间的"通"，最后是长时性的"通"。这也是心性治疗的三个阶段：首先是顿悟，其次是高峰体验，最后是理想人格。

第四节　本然状态的迷失机制

在前面的章节中，我们详细探讨了本然状态的基本含义、主要特点以及存在形态。不可否认的一点是，本然状态在人们的生活中并不经常出现，甚至极少出现。大多数人在大多数时候都并没有处于一种本然状态，而是处在一种实然状态。现在的问题在于，既然本然状态才是人们最本真的、最本源的生存状态，那么为什么大多数人都没有表现出本然状态呢？或者本然状态是如何迷失，如何沉沦到实然状态的呢？如能厘清这个问题，对于理解心性疗法对心理疾病的看法大有助益。因此，这部分的目的便是探讨本然状态与实然状态的转化机制。

一、本然状态的沉沦与复归

心性疗法的人性论思想是在自身、在当下的一念之间来谈人性，认为人性并不是逻辑思维与理性幻想推理、归纳的结果，而是就当前的现实生存中体验与体悟的结果。人的本性，就是当下生命的本然状态、原初状态、本来面目。但是人们经常不能识见自己的本性，不能识见自己的本来面目。因此，心性疗法的人性论实际上预设了两种生存状态。一种是作为本性的本然状态，另一种是作为现实表现的实然状态。本然状态就是人们原本具有并且本该具有的天真无邪、无执着、无迷失的生存状态；而实然状态就是人们在现实生活中为各种执着所扰、为各种问题所惑的生存状态。道家和禅宗认为，人们最初的生存状态就是一种天真无邪、无忧无虑的本然状态，但是随着年龄的增长，阅历的增加，琐事的累积，理性的发展，人们越来越远离了这种天真无邪、无忧无虑的本性。这就是本然状态的沉沦或本性的迷失。但是现在已经迷失了本性的人们，依然可以采取某种方式使自己重新认识到自己的本来面目，重新复归到自己的本性。这就是本然状态的还原或本性的复归。可以说，佛家思想在很大程度上就是在讲本性如何迷失与本性如何复归。

二、本性的迷失

本性是如何迷失的呢？或者说本然状态是如何沉沦的呢？佛家认为，正是执着导致了人们本性的迷失。何谓执着？简单地说，执着就是紧紧地把捉某种东西而不愿意放下。就好像一个小孩得到了一个梦寐以求的玩具，便整天紧紧地拿着它，生怕被别人拿走，或者生怕不见了，不愿意交给别人保管，甚至连放在桌子上一小会儿的时间也不行。当然，执着绝不是像这种行为上的把持这么简单，执着主要是指心理上的执着或认识上的执着，也就是指在心理上或认识上执着于某一观念、某一想法、某一原则而无法放下，使得自己的生命被这些观念、想法、原则所左右，无法自由通行，就好像在广阔无垠的生命广场中凭空竖立了许多观念之墙，从而构成了一个生命的"逻辑"迷宫。人们的日常生活便时时被自己所坚持的生活"逻辑"所左右，而只能在自己的"逻辑"迷宫中七绕八拐。

假如执着不太多，迷宫不太复杂，人们还可能经常为走出迷宫而欣然自得；而假如执着太多，使得迷宫没有出路，人们便会因为左右为难而产生巨大的烦恼，从而导致心理疾病。因此，人的本性或者本然状态，就是有一颗清净的心灵，无所记挂，通流无滞。而当这颗清净的心灵因为执着而充满了各种观念、各种想法、各种逻辑的时候，人们就丧失了自己原本具有的清净的本性了。事实上，在佛家哲学中有许多对于执着的描述。例如，唯识宗用"遍计所执性"来描述执着。"遍计所执"就是指，以名言来表示种种因缘和合而生起的本无实体的存在，并执着为实有，而实际上，这是把无实体的执着为有实体的，这样所得的认识是不实在的、错误的。① 换句话说，执着就是不知道我、事物、观念都是在诸多因缘条件下集起而成的，从而忽略了一切作为背景的因缘条件，而只是将外显的我、事物、观念这些概念提取出来，抛弃了这些概念周围附着的一切因缘条件。从而将我或事物执着为永恒常在的实在的实体，或者将某些观念执着为永恒不变的绝对真理。禅宗认为执着，尤其是我执的心理，是种种烦恼、心理苦痛产生的根源。如方立天所说："人并没有实体，只是可变的诸蕴时刻在变化，如水涓涓，如灯焰焰，念念生灭，相续无穷。但是世俗的人……在身体、情感、意志、认识各个方面生起贪著，把人执着为实在的我体，产生我的观念，热衷于自他彼此的差别，产生和增长贪欲、瞋恚、愚痴，形成各种烦恼……所以我执是万恶之本、痛苦之源，必须全力破除。"②

三、本性的复归

本性又当如何复归？或者说本然状态应该如何还原呢？正如前文所说，执着是本性迷失的根源，那么要还原人的本性，就是要破除执着，也就是"破执"，也就是慧能所谓"明心见性"。"明心见性"也就是"明真心""见本性""识自本心""见自本性"。事实上，"明真心"与"见本性"在实质上是一样的，过程相同，结果也相同。因此，从这个意义上说，"真心"就是"本性"，"本性"就是"真心"。如何"明心见性"呢？或者如何识见"本来面目"？因为"本来面目"不在身外，而在身内；不在过去将来，而在当下现在。因此，"明心见性"也应在身内求，在现在求，在当下的一念之间求。具体来讲，就是去除二元对立的分别意识，即去除"分别心"；

---

① 方立天：《佛教哲学》，北京，中国人民大学出版社，2006，第330页。
② 方立天：《佛教哲学》，北京，中国人民大学出版社，2006，第84页。

以及去除执着束缚的迷妄之心，即去除"执着心"。首先是去除分别心。慧能在为惠明说法时说："不思善，不思恶，正与么时，那个是明（惠明）上座本来面目。"（《坛经·行由品第一》）"本来面目"是超越善恶二分的，甚至是超越一切对立的，是没有分别意识的。"犹如虚空，无有边畔，亦无方圆大小，亦非青黄赤白，亦无上下长短，亦无嗔无喜、无是无非、无善无恶、无有头尾。诸佛刹土，尽同虚空，世人妙性本空，无有一法可得，自性真空，亦复如是。"（《坛经·般若品第二》）慧能主张，佛法是不二之法，佛性是无二之性。佛性"非常非无常""非善非不善"（《坛经·行由品第一》）。换句话说，"本来面目"是不生分别意识，是原始地、自然而然地和世界打成一片的，而不是站在世界的对面，用自己的理性对世界进行切割、归类的。慧能在最后嘱咐弟子，在教导人们的时候，如果有人问佛法大意，便"问有将无对，问无将有对，问凡以圣对，问圣以凡对，二道相因，生中道义。如一问一对，余问一依此作，即不失理也。设有人问，何名为暗？答云明是因，暗是缘，明没即暗，以明显暗，以暗显明。来去相因，成中道义。余问悉皆如此"（《坛经·付嘱品第十》）。关于这一点，吴言生也持有相同的观点，他认为不思善、不思恶是重现"本来面目"的前提和途径，即消除二元对立的思维习惯，抛弃一切相对知识，并认为"本来面目"与庄子的"混沌"概念、与海德格尔的"存在"概念有相似之处，都是"把逻辑思维暂时悬搁起来，从而直面事物本身"①。其次是去除执着心，也就是通达自由。什么是通达自由？就是"念念自见，万法无滞"（《坛经·行由品第一》）；就是"去来自由，心体无滞"（《坛经·般若品第二》）；就是"内外不住，去来自由，能除执心，通达无碍"（《坛经·般若品第二》）。换句话说，就是不执着于任何一物，不执着于任何一念。慧能主张自己的法门应立"无念"为宗，什么是"无念"？无念并不是消除一切念头，并不是头脑中什么也不要想，而是不要执着于任何一个念头。慧能说："何名无念？若见一切法，心不染著，是为无念。用即遍一切处，亦不著一切处，但净本心，使六识出六门，于六尘中无染无杂。来去自由，通用无滞，即是般若三昧。自在解脱，名无念行。若百物不思，当令念绝，即是法缚，即名边见。"（《坛经·般若品第二》）换句话说：如果百物不思，执意消除一切思想，这反而是执着于一"空"念，而不是无念了。真正的无念是不执着，不阻挡，不系缚。蒙培元关于这一点也有相似的观点，他认为，真正的无念并不是不起念或断

---

① 吴言生：《论禅宗所谓"本来面目"》，《晋阳学刊》1999 年第 3 期。

除一切念，并不是百物不思，一切断除。真正的无念，应该是"于念而不念"，即不是停留或执着在一切念上，念而无住，无所执着，这才是人的本性、自性。[①]

总之，本然状态的人性论视角的理论核心在于：预设了两种不同的生存状态，一种是无分别心、无执着心、无妄念、无烦恼的本然的生存状态；另一种是有分别心、有执着心、有妄念、有烦恼的现实的生存状态。前一种本然状态是人们本来具有并且本该具有的，是为本性。随着生命的进行，人们逐渐生起了分别心与执着心，而逐渐迷失了自己的本来面目，迷失了自己的本性。如果要重见本来面目，复归本性，人们只需要在当下的一念之间去除分别与执着，就能当下立见本来面目。因此，我们可以将心性疗法的人性论要义归结为四点：第一，存在两种生存状态，一为本然状态，二为实然状态；第二，以本然状态作为人的本性；第三，本然状态是清净的、无污染的，因执着而沉沦为实然状态；第四，在当下的一念之间去除分别心与执着心，就能马上重见本来面目，复归本性。

四、本然状态沉沦的共时机制——拮抗

如前所述，在基于中国传统文化的心性治疗中，本然状态既是人的本性之规定，亦是心性治疗的目标之设定。因此，心性治疗的方法核心便在于如何发现并培养本然状态。本然状态既然是人的本性与本来面目之所在，那它是怎样消失与沉沦的呢？人们当前的生存状态为何不再是本然的生存状态呢？事实上，这个问题包含两个层面，第一个是共时的层面，也就是立足于当前，当前的本然状态（如正在经历的高峰体验）是如何转变为实然状态的；第二个是历时的层面，也就是立足于历史，人的本性（本然状态）是如何随着年龄的增长慢慢消失的。接下来，我们将分别阐述这两个问题。

首先来看本然状态沉沦的共时机制。前文中已经说过，本然状态是一种通畅自如、无所阻滞的自然状态。既然如此，本然状态的消失实质上就是这种通畅自如、无所阻滞的自然状态受到了阻滞，可以将这个阻滞的过程称为"拮抗"。拮抗，就是指一种自动运行的活动受到了阻力与障碍，因此不再自动运行。我们可以用物理学上的例子来描述存在于人类活动中的拮抗。比如，一个物体在完全没有外力参与下一定处于一种

---

① 蒙培元：《禅宗心性论试析》，《中国社会科学院研究生院学报》1989年第3期。

平衡的状态，要么静止，要么匀速直线运动，这种状态是一种自然的状态，是一种最不消耗能量的状态，是一种自由轻松的状态，是一种自足的状态，可以类比为人类活动的本然状态，当人们处于高峰体验中时，也会经历一种类似于物理学中的平衡状态。而假如这个正在进行匀速直线运动的平衡的物体突然遭遇到了一种摩擦力，那么它的平衡状态就会瞬间被打破，转而出现一种需要外力参与、耗费能量、被阻滞的非平衡状态，这个过程就是一种拮抗的过程。事实上，人们的生活在多数时候都处于这样一种需要耗费精力的拮抗状态，这样的状态出现得越多，人们的精力消耗得越大，人们越感到疲乏、劳累，对人们的身心损耗越多，自然寿命也就越短。尤其是在当代社会，人们面临的社会环境日益复杂，人们追求的欲望日益繁多，人们可能一直处于一种拮抗的生活状态，劳心劳力，疲乏衰老，因此容易患上各种身心疾病而影响健康。心性治疗的最终目标，就是使人们摆脱这种拮抗的生存状态，重归本然的生存状态，重归那种自然的、平衡的、轻松自在的、不耗费精力的存在状态。只有这种生存状态，才是完美的、健康的生存状态。

那么拮抗是如何发生的呢？拮抗的过程，由两个因素参与。第一个因素：拮抗的是什么？很显然，拮抗的或者阻滞的是本然状态的自如通流。具体来说，阻滞的是一个正在自动运行的行为模式或思维模式，或者是一种自动运行的生存模式。在这儿，我们不妨借用皮亚杰的一个概念——图式①，一种生存图式。而这种正在运行的生存图式是人本身具有的，或者是人作为一种动物本来就具有的一种行为模式，或者是人作为社会成员在过往经验中自动形成的一种思维模式，又或者是二者的结合。总之，这种生存模式一旦开启，便是自动运行的，无须意识的参与，无须欲望的推动，无须理智的导引。例如，托尔斯泰在《安娜·卡列尼娜》中对列文割草活动的描写就属于这种生存图式；又如一个人正在专心致志地完成一件简单的工作也属于这种生存图式；再如许多佛教徒正在专心致志地打坐或冥想，也属于这种生存图式。这种自动运行的生存图式是拮抗过程的第一个因素。

拮抗的第二个因素：是什么在拮抗？也就是说，阻碍生存图式继续自动运行的究竟是什么？关于这一点，需要更多的分析。我们可以将阻滞生存图式自动运行的诱因分为以下几种类别。

第一类，生存环境的变换。很显然，一个特定的生存图式，是与一

---

① 〔瑞士〕皮亚杰(Jean Piaget)：《发生认识论原理》，王宪钿等译，北京，商务印书馆，1981。

种特定的生存环境密切融合的。甚至可以说，特定的生存环境就是特定的生存图式的一部分。因此，当生存环境突然发生改变的时候，生存图式也会马上消失或改变。在这种情况下，原有的生存图式便受到了阻滞或抵抗。例如，在《安娜·卡列尼娜》中，列文的割草模式一直在自动地运行着，列文全身心地投入了割草活动中，忘记了时间，忘记了自我，但是当前面的地形突然出现了变化，出现了一个小土包时，列文马上就恍然"醒"了过来，意识到自己原来正在割草。[①] 在这个过程中，小土包的出现，作为一种新的环境因素阻滞了列文之前的割草图式继续自动运行。再举一个例子，一个司机正在宽阔的高速公路上开车行驶，路上完全没有别的车辆，路又很直，在这种情况下，司机便很容易出现一种自动化的驾驶模式。在这种模式中，司机全神贯注，甚至忘记了自己在干什么，体验不到时间的存在，而如果此时，前方突然出现一个障碍物，司机便会马上恍然"醒"过来，意识到自己正在开车。因此前面自动运行的驾车模式便因受到了阻滞而消失。在这个过程中，突然出现的障碍物作为一种变换的环境因素阻滞了之前的驾车模式自动运行。从这个意义上说，复杂多变的环境对人类的身心健康并不见得是有益的，甚至是有害的。因为复杂多变的环境经常作为一种阻碍人们全身心投入一件工作的因素，阻碍人们本然状态的持续运行。事实上，在复杂多变的环境中，人们势必要花费大量的精力与能量来应对环境的变换。可以说，在越复杂的环境中生活，人们生存起来也会越觉得疲惫，便是这种原因。这也是人们一到简单的、自然的、无须耗费精力来应对变化的自然环境中，如大海、草原等简单空旷的自然风景区，便会心旷神怡、流连忘返的原因。因此，心性治疗也十分主张生活环境的重要性，在那种简单自然或者简单规律的环境中生存，有利于病情的好转。

第二类，主体理性的分离。所谓分离，就是将自我从一个统一的整体中分离出来。在本然的生存状态中，我与世界是融为一体的，是完全共生的，因此会感受不到自我的存在。例如，当一个人和一群人作为一个和谐的整体在做一件事的时候，每个人都具有的是一种群体的意识，是一种"我们"的意识，而一旦产生了理性的分离，便不再是"我们"了，而是"我"与"他们"。在这个时候，我与周围的人便不再是以一种共生的姿态存在着，而是以一种对立的观察姿态呈现着。同样，当我与世界之间产生了理性的分离时，我与世界便不是以一种共生的姿态存在着，不

---

① 〔俄〕列夫·托尔斯泰：《安娜·卡列尼娜》，上海，上海译文出版社，2006。

再是"我与世界共同存在"或"生存在世界之中"，而是以一种对立的观察的姿态存在着，世界站在我的对面，是我的观察对象，也正是在这个时候，人们才会产生时间的意识，才会将自我作为一个"恒常"的参照点，用时间的标尺去度量世界的流动。同样，这种理性的分离还可以出现在自我身上。人们将自我也分离开来，一是客我，二是主我，将客我摆放在前面，以一种观察或审视的姿态存在着，因此便有了自我意识。事实上，很难说时间意识与自我意识是本然状态产生拮抗的原因还是结果。说是原因，这是有道理的，正是因为挥之不去的时间意识与自我意识，才导致了人们很难进入本然的生存状态。一个人太在乎时间，太在乎自我，是很难全身心地投入一项工作中的。例如，当有巨大的时间压力时，如最后期限即将来临，人们是很难专心地投入工作的，只有在没有时间压力、轻松的氛围下人们才容易全身心地投入工作；再如，一个太在乎自己的形象的人，或一个异常自卑的人是很难在众人面前全身心地投入一项工作的，只有在人少的时候，自我相对安全的时候，他才能全身心地投入工作。总之，当一个人具有非常强烈的时间意识和自我意识的时候，他是很难进入那种自然而然、通达无滞、轻松自在的本然状态。因此，从这个意义上说，时间意识与自我意识本身就是本然状态自动运行的一种拮抗诱因。心性治疗主张在本然状态中生存，因此也鼓励来访者放下时间的压力，放下自我的压力，全身心地拥抱自然，接纳世界，全身心地投入每一项活动中。这样才能经常出现自己的本来面目，体验自己的本然状态。事实上，心性治疗的主要方法与技术，就是在探讨如何放下时间的压力与自我的压力。

　　如前所说，将时间意识与自我意识作为本然状态遭遇拮抗的原因是有道理的，但是反过来，将时间意识与自我意识作为本然状态遭遇拮抗的结果也不无道理。前面已经提及，在本然状态中，人们由于太过于专注而意识不到时间与自我的存在，或者说没有时间意识与自我意识，因此一旦本然状态遭受拮抗，人们会立即恍然"醒"过来。"醒"过来的意思就是指重新具有了时间意识与自我意识，正如睡觉醒过来也是指重新具有了时间意识与自我意识。因此，在这个意义上，时间意识与自我意识也是本然状态遭受拮抗的结果。在某种意义上，拮抗正是意识产生的源头，无论何种形式的意识，一定是伴随着某种形式的拮抗，甚至可以说，意识本身就是一种拮抗。一个人睁开眼睛，假如他的视线不受任何东西阻碍，那么他便什么也看不见，而假如前方一个红色的物体阻碍了他的视线，那么他便看到了红色的物体。如果一个人一生下来，世界就与他合为一体，就好像世界被他穿在身上一样，无论他做什么动作，穿在他身上的世界都会做出相应的改变，他翻一下身，世界也会随他翻一下身，没有任何阻碍，没有任何拮抗，那么直到死去，这个人也不会产生自我意识，就好像地球也在转动，人也在以相同的速度相同的方向转动，而人在地球上却意识不到自己的转动一样。因此，意识也是需要参照点的。意识就是相对于参照点的运动或位移，而这就是一种拮抗。而意识的参照点，就是人的本然状态，就是本来面目，当本然状态发生了拮抗，那么便产生了意识。正如一个人的身体，如果一直处于自然的、平衡的状态，那么他很少会产生关于身体的意识，而一旦身体哪个部位出现拮抗，出现变化，马上就会产生关于该部位的意识。人们对于自我的意识也是一样的，人们之所以产生自我意识，是因为自我受到了拮抗。也正因为如此，人们在一个较顺畅的、简单的、没有阻碍的活动中运行时，很少产生关于自我的意识，而如果在一个较坎坷、复杂、充满了阻碍的活动中运行时，人们便经常产生关于自我的意识。因此，在心性治疗中，我们主张通过参加简单的活动中，全身心地投入较为顺畅的活动，以此来体验自己的本然状态，以此来放下自我，消除我执，从而促进人们的身心健康。

总之，本然状态的消失与沉沦，其根源在于各种形式的拮抗，而拮抗的根源，一方面来源于环境的变换，另一方面来源于主体理性的分离。因此，要想一直保持本然状态的运行，一方面要保证环境的简单化与规律性，另一方面更重要的是放下时间与自我的束缚，放下理性的分离，全身心地投入活动中，与活动融为一体。

五、本然状态沉沦的历时机制

前面所探讨的，只是正在运行的本然状态如何消失或沉沦，但是本然状态的沉沦机制还有另外一个层面需要探讨，那就是历时层面的机制。换句话说，人生之初，本来是处于一种本然状态的生存模式中的，为何随着年龄的增大本然状态逐渐消失呢？总结起来看，至少有以下几个方面的因素。

第一，语言能力增强，使得人们具备了一种理性分离的能力。在没有语言能力或符号功能之前，人们对于世界的应对方法，是一种完全融入的应对，是和世界打成一片，完全共生的应对，因为这时候人们还没有办法将我与世界在理性的层面上分开，对世界万物的认识，还是一种朦胧整体的认识。而随着语言的出现，人们对世界的认识出现了巨大的变化。首先，人们用语言将我与世界分离开来了；其次，人们用语言将世界分成了一块一块的，于是，世界便不再是一个统一的整体，而是由一件一件能够用不同的语词语句表述的物体与事件组合而成的；最后，人们甚至用语言将自我也分离开来，人们能够将用语言代表的自我呈现在我的头脑之中，能够审视观察。事实上，语言在人类社会向前进化，走向文明的进程中起到了至关重要的作用，甚至可以说，没有语言，就没有人类社会。然而，语言带给人们的困惑也是毋庸置疑的，可以说，绝大多数的心理疾病都与语言有密不可分的关系，在人们头脑中许多不良的认知，许多阻碍创新的执着，都是以语言的形式存在着的。因此，语言既是人类社会走向文明的重要功臣，却也是人类社会进一步向前发展的最大障碍。人类本然状态的迷失，也与语言具有密切的关系，因为正是语言使人们具有了分离主客、二元思维的能力，而正如前面所说，分离主客、二元思维正是导致本然状态消失的一种拮抗因素。也正因为如此，在心性治疗中，非常重要的一种治疗方法就是语言分析，就是要使来访者能彻底明白语言对自己的意义，以及如何导致自己现在的问题，并在系统的语言分析过程中，一步一步看清语言对于自己的束缚，一步一步冲破语言的迷执，透过语言，直面世界本身，重新回到大自然的怀抱中，重新回归自己的本来面目。

第二，社会化进程的增强，使人们习得越来越多的生存图式；同时，社会经历的增多，使外在环境的变换越来越复杂。换句话说，人们所具有的生存图式是在逐渐增加的；同时，人们所处生活环境的复杂性也是在逐渐增加的。有必要指出的是，此处的生活环境并不是指客观的自然环境，而主要是指人们对生活环境的看法与理解。事实上，哪怕周围的生活环境一直不变，人们对它的看法与理解也不断地由简单变得复杂，更何况周围的环境也确实在变化。因此，人们的生存图式与生存环境都在正向地增加或复杂化。但是，生存图式的增加是跟不上环境的变化的。当然，这主要是指成年之前的学习阶段。因此，在这个阶段经常出现的情况是已有的生存图式并不足以应付周围环境的变化，因此出现了冲突，出现了拮抗。也正因为如此，需要应对环境变化最为复杂的青少年时期会遭受到最多的冲突与拮抗，也由此会感受到最多的压力与疲劳，所以青少年时期是容易产生心理疾患的时期之一。事实上，中年及以后的时期出现的绝大多数心理疾患，也都是早在青少年时期就已经埋下根源，只不过在中年以后才会明显地表现出来。同样，对于人们的身体疾患也是一样的，在青少年时期，尤其是青年时期，生存图式与环境变化的矛盾与冲突达到了顶峰，这一时期对人的身体损耗也是最为严重的。所以，许多身体疾患也正是在这一时期埋下了祸根，只不过可能在当时并没有表现出来，而是在中老年时期才明显地表现出来。因此，青少年是非常需要进行心理调适与心理辅导的。当然，在成年以后，人们所学习到的生存图式已经足够多，而对所面临环境的了解也已足够透彻，在这一时期，人们的生存图式已经足以能够面对环境的转换，人们倒不会出现许多冲突与拮抗。所以，中老年人在处理许多事情时便不再像青少年那样冲动、偏激，而是显得沉着、冷静。因为对每一种类型的环境变化，他们都有足够的生存图式去应对，所以不会有太多的冲突与拮抗出现。而在这个时期，人们可能会出现一种融会贯通的体验，也就是人们平常所说的对一切都看得很透，看得很开。当然，并不是说每一个人都能达到这种融会贯通的状态。如果一个人过于执着，总是执着于自己已经具有的少数几种生存图式、行为模式或思维模式，而不愿意接纳新的事物，不愿意谦逊地学习新的图式，那么他即使已经经历了太多的事情，也同样因为生存图式过少而达不到融会贯通的状态，同样会出现各种冲突与拮抗，同样会出现各种身心疾患。因此，问题的关键在于有一种谦逊、接纳、包容、善于学习的态度。心性治疗的一个思想就是主张放下以前的生存图式或执着，以一种全新的眼光来看待与对待每一件事物；主张采取一种谦逊、接纳、包容、学习的态度来看待与对待身边的每一个人。

由上观之，本然状态的沉沦与消失，对于每一个人来说都是一个必然的历程，都会随着语言能力的增强、社会化进程的增多而必然经历。因此，问题的关键便在于如何重新发现与实现本然状态，如何回归自己的本来面目，也就是老子所说的如何复归于婴儿。

第三章　执　着

　　前面的章节对本然状态的人性论视角进行了详细的阐释，包括本然状态的本体论含义、本然状态的基本特征、本然状态的存在形态，以及本然状态的转化机制。心性疗法关于人性的基本假设为：每个人都有一种本来就有的自然的、平衡的、健康的生存状态，也就是本然状态，但是大多数人由于各种原因而迷失了这种本然状态，因而经常处于一种不自然、不平衡、不健康的生存状态。正因为如此，才会导致各种困惑与疾病的产生。心性疗法的目的就是要让人们发现并重新回到这种本然状态。因此，本书的最主要目的就是探查各种能够帮助人们重回本然状态的方法。

　　事实上，要想找到从实然状态转化或回归到本然状态的方法，我们要明白本然状态转化为实然状态的机制，也就是心理疾病或心理问题的致病机理。值得注意的是，很多人都将致病原因与致病机理这两个概念混淆了。在心理咨询与治疗中，很多人都重视对致病原因的分析，而忽略了对致病机理的分析。其实，对任何病症的分析，都应该包括两个方面，一是引发病症的原因，二是病症发作的机理。通常人们对心理疾病的分析，只是做到了对原因的分析，如分析其社会原因、性格原因、童年经历，但这是远远不够的，还必须分析其具体的发病机理，才能够"对症下药"。例如，生理医学中对感冒病因的分析，通过病因分析可以发现感冒的原因在于天气突然的转变、偶然的生活事件（如洗冷水澡）、身体免疫力的下降等。这些都是对引发病症的影响因素的分析。对影响因素的分析虽是必不可少的，但是其对治疗病症并无直接作用。真正有效的是分析感冒病症的发病机理，如咳嗽、流鼻涕、发烧，这些病症发生的生理机制是什么，到底感染了哪种病毒。当人们知道了自己究竟感染了哪种病毒的时候，再针对该病毒选择适当的药物，便达到了治病的目的。针对心理疾病也是一样的，只分析原因是远远不够的，还得分析病症的具体心理机制，这在以往的心理咨询与治疗实践中，经常为心理咨询师所忽略。

　　本章的内容，正是要详细分析心性疗法中关于心理疾病的致病机理的基本观念。通过第三章对本然状态的沉沦与迷失机制的分析，已经得出了一个结论，那就是本然状态的迷失与人们的执着有关。因此，本章的目的就是要详细探讨执着究竟如何引发了各种心理疾病。

第一节 执着——本然状态的迷失根源

儿童心理学家皮亚杰提出了图式、同化与顺应的概念。他提出，儿童已经具有的行为模式或思维模式就是先在的图式，假如儿童所遇到的新的环境刺激符合先在的图式，那么儿童便直接将新的环境刺激整合到已有的图式之中，这就是同化的过程。而假如新的环境刺激与已有的图式不相符合，那么儿童便会改变已有的图式以适应新的环境刺激，这就是顺应的过程。[①] 皮亚杰的这个思想已被大多数研究者所接受，但是有一个事实不能忽略，那就是同化的过程总是一种很顺利的、顺畅的、无须耗费精力的过程。但是顺应的过程并不像字面上那么"顺"。事实上，人们要改变原有的图式以适应新的环境刺激总是很艰难的，很不情愿的，因为这是一个充满了冲突、拮抗、紧张、压力的过程。人们总是希望自己原有的经验与图式能够解释与应对所有的情境，即使遇到与经验、图式不相符合的情境，人们首先想到的也不是要马上就改变自己的经验与图式，而是想方设法地试图同化，哪怕歪曲与否认新的环境刺激。只有到了压抑的能量足够大，矛盾冲突足够激化的情况下，人们才会毫不情愿、被迫无奈地改变原有的图式。因此，皮亚杰所说的顺应概念并不是想象中那么"顺"，而是充满了冲突与拮抗。那么问题便在于：这是为什么呢？人们为什么总是不愿意改变之前的经验、图式、观念、想法、行为习惯、思维习惯呢？这就要探讨心性疗法中一个尤其重要的概念，那就是执着。

一、何谓执着？

什么是执着呢？事实上，执着是一个佛教用语，之所以在此处选用执着这个概念，是因为此处执着的含义与佛教用语中执着的含义在本质上是相近的，没有必要再新发明一个概念。在佛教中，执着是指将一切观念、事物执着为实有、永恒不变的，也就是将过去的图式执着为实有，永恒不变的。为了说明执着的含义，我们有必要先说明佛家缘起性空思想的含义。

---

① 〔瑞士〕皮亚杰(Jean Piaget)：《发生认识论原理》，王宪钿等译，北京，商务印书馆，1981。

　　什么是缘起性空呢？所谓"缘起"，就是说世界上没有独存性的东西，没有常住不变的东西，一切都是因缘和合所生起的；所谓"性空"，就是指因缘和合所生的是假有，其本性则是空的。对于佛教来说，缘起性空是宇宙人生的真理，世界上的森罗万象，如山河大地、花草树木、一人一物都是因缘和合而生的，也都将随着因缘分散而灭。因此，人们眼睛所看到的一切现象"有"，都是缘起而有；由于缘起而有，因此它的本性是"空"。对于一个人来说，其生存的方方面面都是因缘和合而成的，身体是父母给的，吃的粮食是农民种的，穿的衣服是纺织工人织的，住的房屋是建筑工人修的，用的家具都是别人做的，看的电视节目是许多演员演出并由工作人员制作而成的，即使那些被宣称是自己的钱也是银行印刷辗转无数人手而到了自己手上的，甚至是人的每一个思想、想法、观念也是在以前某个偶然的时刻，处于某个偶然的环境，见到了某些偶然的人或事物后偶然形成的。因此，人的所有一切，无论是自己的身体，还是自己的思想都不是天生就有的，而是在一定的因缘条件之下和合而生成的，而这些已经生成的东西也并不是永远存在，恒常不变的，它们会因为另一些因缘条件的和合而消失散去。一个人的身体会在某些时候患上意想不到的疾病，一个人的想法会因某些人或事的出现而发生改变，人的生命最终也会消失。因此，没有任何东西是与生俱来的，没有任何东西是恒常不变的。也正因为如此，人们所看到、想到的每一件事物都没有恒常不变的本性，因此本性为空。

　　而执着，就是人们不了解缘起性空的道理，把自己所看到、所想到的东西看作实有，看作恒常不变的，因此紧紧地把捉它而不愿意放下。例如，强行占有某种东西而不愿舍弃，强迫执行某种观念而不愿放下。事实上，执着在本质上也是一种抗拒或滞留。当一个人说他看到了某物或意识到了某物，实际上就是将其从时间的流动中抽离出来固定在自己的眼前或意识中审察的结果。因此，每一种执着的形成都遵循这样一种顺序：首先将某些因缘从时间的流动中抽离出来，也就是使其停滞；其次在自己的头脑中意识到它、审察它；最后是将其看作实有、恒常不变的而不愿改变、舍弃、放下。这种滞留往往与语言有密不可分的关系。因为这些因缘事件从时间的流动中被抽离出来之后，往往是以语言或者符号的形式而存在的，人们在头脑中意识到、审察的也是这些语言或符号，而最终将其看作实有、恒常不变的，也是以语言表述的形式而存在的。事实上，语言本身就有一种滞留的功能，当人们一旦用语言将一件事实描述出来的时候，这件事实就已经被滞留、固化下来了。所以，从某种意义上来说，语言是导致执着的根本原因之一。

物理学家说世界是一个四维的空间，除了视觉上的三维空间还有时间的维度。但是很可惜，人们认识能力的限制导致他们看不到时间的流动，只能看到一个三维的停滞的空间。因此人们看到的是一个个停滞的物体。也因为如此，人们习惯了用一种停滞的眼光来看待任何事物，用停滞的语言来描画任何事物，包括自己的观念、想法，人们在看待每一种事物时，总是将其滞留下来，忘却了时间的流动。所以，人们才会将其看作实有，当作恒常不变的。就这样，执着便产生了。从这个意义上来说，执着实际上是一种因人本身的生理与认知的限度而导致的认知本能，是无法逃避的。

二、佛家思想中的执着

佛家思想认为，人有诸多苦难，并有"八苦"之说。"八苦"之说认为人生有八种苦难：生苦、老苦、病苦、死苦、爱别离苦、怨憎会苦、求不得苦、五取蕴苦。其中，爱别离苦是指亲密的人始终要生死别离，喜爱的事物也难免要分离放弃，而导致的烦恼痛苦；怨憎会苦是指怨恨的人狭路相逢，憎恶的事纷至沓来，而导致的烦恼痛苦；求不得苦是指人们的要求、欲望、喜爱往往得不到满足，求之而不能得，而导致的烦恼痛苦；五取蕴苦是一切痛苦的汇合点，也是一切痛苦的产生根源。"取"是指一种固执的欲望、执着贪爱；"五蕴"是指色、受、想、行、识五种人身的组成成分。五取蕴苦就是指一旦生起执着，产生贪欲，就会产生一切苦，包括生、老、病、死、爱别离、怨憎会、所求不得。由上观之，佛家哲学实将"取"或执着作为一切苦的根源。

佛家的十二因缘说也表明了执着是烦恼苦难的根源。佛家哲学的缘起论认为，一切事物和现象，自然也包括苦难与烦恼，都是由一定的因缘、条件集合而成的。因此，按照发展的过程，佛家哲学提出了十二因缘说。十二因缘：无明（对于空寂本性的无知、愚昧），行（行为意图、意志活动），识（心识、精神活动），名色（精神与肉体），六入（眼、耳、鼻、舌、身、意），触（感官与外界的接触），受（各种感受），爱（盲目的占有欲），取（执着追求），有（由于执取而有种种思想行为），生（迷执和所造的业必导致来世的再生），老死（有生必有老死）。由此可见，十二因缘排在最初的、最根源的即"无明"，在佛家禅宗中也就是对清净本性的无知，也就是迷执，将"我"执着为永恒不变的实体。正是由于无明与迷执，才导致了一切苦难与烦恼的产生。因此，佛家哲学将迷执作为一切苦难与烦恼产生的根源。心性疗法也继承了这一看法，认为人的本性是清净的，甚至当下的自性也是清净的。只不过由于当前自心的无明与执着，从而不能识见自身的本性，从而产生种种思虑、欲求。思虑不清、欲求不得从而产生种种烦恼。

三、西方心理学中的执着

事实上，西方许多心理学流派也将执着作为心理疾病产生的根源，只不过没有明确地使用执着这一概念。例如，精神分析学派就认为精神障碍的产生根源就在于个体在生命的早期阶段出现了一些遭遇，这些遭遇以挥之不去的方式进入个体的潜意识中并对当前的行为方式与思维方式产生影响。换句话说，个体之所以出现精神障碍，就是因为一直被束缚、笼罩在早期的遭遇阴影中。而假如他在精神分析师的帮助下能够坦然地面对一切，能够毫无顾忌地将其宣泄出来，能够放下，那么他的精神障碍便会出现好转甚至痊愈。很显然，精神分析学派中的早期遭遇以潜意识情结的方式对当前生活造成影响，从本质上来说这就是执着的一种形式。再如认知疗法也认为人之所以出现心理困惑，就在于个体在过往经验中形成了某种不良的认知，如"我是没用的人"。而这种不良的认知如果极难改变，并一直影响着个体的行为方式与思维方式，那么这个人就可能成为一个自卑、消极、抑郁的人。而假如有一天通过某件成功的事情能够让他彻底放下"我是没用的人"这个观念，那么他可能就会变得自信、积极、乐观一些。显然，认知心理学也将对某种不良观念的执着作为心理疾病产生的根源。行为主义也认为，人们的行为问题是由于人们执着于某种在过往经验中习得的不良行为习惯，而这种行为习惯并不能适应当前的环境。人们要想解决这些行为问题，本质上就是要破除对以往不良行为习惯的执着，重新习得新的行为习惯。由此可见，以执着作为心理疾病产生的根源绝不是心性疗法的一种独创，而是一种普遍性总结。这种普遍性总结的要点在于：第一，人们的心理疾病的产生都是历时性地形成的，都与个体的过往经验有着密不可分的关系；第二，不良遭遇并不是心理疾病产生的根源，对不良遭遇产生的执着才是心理疾病产生的根源。

由上观之，执着就是不能了解缘起性空的本性，而将世间万物看作实有的、恒常不变的。当然，有的人可能会说，既然执着是这样一种人人都不能避免的认知本能，那佛家为什么还要竭力反对执着？心性治疗为什么还要主张破除执着呢？事实上，关键的问题并不在于人们将事物、观念执着为实有的，执着为恒常不变的，关键的问题在于其引申的含义：因为将其看作实有、恒常不变的，所以不愿改变、不愿舍弃、不愿放下。因此，执着的核心意义在于：不愿意改变已经形成的看法，不愿意放弃已经形成的看法。这种不愿意，不仅包括认知上的不愿意、情绪上的不愿意，还包括生理上的不愿意。因此，这种不愿意是全身心的，是整体的。而这种不愿意放弃和改变就导致一种结果，那就是将适用于过去的行为图式或思想观念投射并应用到现在及将来的情境，将适用于某一个人或一件事的行为图式或思想观念投射并应用到其他人或其他事上。这和心理学中的“功能固着”概念有相通的地方。

因此，也可以说执着是一种投射的过程，即将熟知的经验图式投射到未知的事物或领域，这在本质上是一种隐喻的过程。很显然，人们最为熟知的永远都是与自我密切相关的，因此投射的方向基本上是同一的。那就是由自我投射向其他，由过去的经历投射到当前，以理解与应对当前的情境；由自己的观念与想法投射到他人，以理解他人的观念与想法。因此，最常出现的执着就是与自我有关的执着，就是我执。

当然，可能还有人会说，执着是一种投射的过程，但是这种已知向未知的投射，过去向将来的投射，有利于人们适应社会，也有利于人们适应新的环境，那为什么还要破除呢？事实上，执着的最深层的含义还远不止投射，而在于投射的结果。实际上，与投射过程相辅相成，伴随着投射过程的是另一种过程——收摄。人们在逐渐将自我的观念投射到他人以理解他人的过程中，也在一点一点地更加强化、肯定、固化自我的观念。将自我的观念投射向他人并成功地理解他人一次，那么人们对自我的观念便会加强固化一点，如果投射的次数越多，那么强化的程度、不愿意放弃的程度便会越强；不愿意放弃的程度越强，便会导致更多的投射，而更多的投射，又会导致更不愿意放弃。由此形成一种循环加强。假如这种用来投射的观念正好契合被投射的对象，那么即使出现再多的投射、再多的执着，也不会导致太严重的问题，而假如用来投射的观念与被投射的对象并不相契合，那么投射一次便会遇到一次冲突与拮抗，如果人们还不愿意改变已有的观念，于是继续投射，投射的次数越多，出现冲突与拮抗的次数也越多，产生的压力和紧张也会越大，久而久之，就会产生严重的心理问题。而这时候，就需要破除执着了。因此，如果以治疗心理疾病为目的，并不是所有的执着观念都需要破除，只需破除那些并不契合新环境、新对象因而产生冲突与压力的执着观念即可；但如果以追求完美境界为目的，则所有的执着观念都需破除，不执着于任何一念而让每一念都不受束缚而自由流通，这样才能以一种完全开放的心态面对每一个全新的时刻。

由此，我们可以总结一下执着形成的整个过程：首先，执着是一种停滞的认知本能，人们总是将万事万物，甚至是人的思想观念看作某种静止的、凝固的、恒常不变的事物，并将其呈现于自己的眼前或意识中。其次，人们总是用已经成型的事物或观念来应对新出现的事物或别人的观念，也就是将熟知的印象与观念投射到其他事物或人身上；然后，在一次次的投射过程中，一次次地强化之前的印象与观念，使之越来越固化，人们越来越不愿意将其改变、放下。至此，执着已经形成，无法改变。因此，越执着的人，常常也是越固执的人，也是越以自我为中心的人，也越不能理解别人，也越不能接受别人。他们往往生活在自我的束缚之中，无法冲破。对于他们来说，心理治疗的最终目的，就是要让他们冲破自我的束缚，放下自我的执着。

第二节　冲突——心理疾病的发生机制

如前所述，按照本然状态的人性论，人的生存状态至少可以分为两种，一种是融会贯通的本然状态，另一种是执着迷失的实然状态。而烦恼、困惑、心理疾病都存在于执着迷失的实然状态。因此，对于心性疗法来说，所有的心理疾病都有着共同的本质，那就是对于本然状态的背离。也正因为如此，心性疗法并不像传统心理疗法那样根据不同症状的表现，将心理疾病区分为抑郁症、焦虑症、强迫症、恐惧症等各种类型的疾病，而是在更一般的意义上谈论心理疾病。因此，心性疗法对于心理疾病成因的解释，并不是对某一种具体的疾病，如抑郁症、焦虑症、强迫症等的解释，而是一种一般性的解释，即对为什么会背离本然状态的理论解释。

另外，对心理疾病的成因的解释并不同于对心理疾病的机制的解释。成因是历时性的，是对心理疾病为何产生而做出解释；机制是共时性的，是对心理疾病如何产生而做出解释。例如，在生理医学中，疾病的成因就可能包括生活习惯的不规律、饮食的不健康等，这是在过往经验中形成的，是历时性的因素；而疾病的机制则可能是某种元素的缺失，如维生素的缺失、某种器官功能的紊乱等，这是当前的发病机制，是共时性的因素。因此，心理疾病的病因理论，也包括这两个部分，即心理疾病的历时性根源的理论和共时性机制的理论。在心性疗法中，心理疾病的历时性根源就是执着，而心理疾病的共时性机制则是冲突。

按照本然状态的人性论视角来说，执着是产生心理疾病的根源。然而，人们对一个问题尚存疑问，那就是，世人大多数都具有各种执着，为什么得心理疾病的只是少数呢？为什么有执着的人不一定全得心理疾病呢？因此，用执着这个概念并不足以解释心理疾病的发生。当然，存在着一种理论的可能性，那就是大多数人有执着但并未产生心理疾病，只是因为他们的执着尚不严重，并没有达到产生心理疾病的程度。而假如一个人有足够多并且足够严重的执着，那么他便很有可能产生心理疾病了。换句话说，如果一个人的头脑中只有为数不多并且不太固执的原则，那么这并不会影响到他的日常生活，但假如一个人的头脑中充满了大量并且非常固执的原则、观念，一旦这些执着的原则、观念之间发生冲突与矛盾，那么这个人便极有可能心烦意乱、困惑、崩溃，以至于产生各种身心疾病。事实上，这正是问题的关键之所在。执着之间的冲突正是心理疾病的共时性发病机制。举个例子来说，"我是没用的人"这个观念与想法之所以会导致人们产生消极与抑郁的情绪，是因为在这个观念中隐含着一种冲突或者矛盾。这种冲突或者矛盾就在于：这个人在说"我是没用的人"的同时，内心潜在的想法其实是并不想成为一个没用的人，他可能极度渴望自己是一个有用之才甚至是天才；然而，现实中的各种失败时时冲撞并打击着他自己的这种期望，他只能不甘情愿地说自己是一个没用的人，事实上，他对自己成为一个有用之才的渴望越大，那么"我是个没用的人"这句话对他自己的伤害也就越大。如果这种情况持续下去，那么他就极有可能破罐子破摔而成为一个消极、抑郁的人。再如，强迫症中的强迫洗手也包含了一种冲突与矛盾，那就是患者一方面十分厌恶自己洗手的行为，另一方面又控制不住、情不自禁地要洗手，这才导致他出现心理痛苦与困惑，才能成为一种病症。而假如他并不厌恶自己洗手的这种行为，反而自得其乐，那么他无数次的洗手并不能导致他内心的痛苦与困惑，因此也就无所谓心理疾病了。因此，冲突不仅包括两种执着观念之间的冲突，也包括一种执着观念与现实生活之间的冲突。

事实上，很多西方心理学家也用冲突来解释心理疾病的发生。例如，霍妮便认为现实自我与理想自我的冲突导致了神经症的产生。现实自我，就是指存在于现实中实际的自我形象；理想自我，就是指存在于理想中期待的自我形象。霍妮认为，正是因为存在于现实中实际的自我形象与存在于理想中期待的自我形象之间的冲突，导致了人们出现压力、焦虑而导致神经症的产生。① 再如费斯廷格（L. Festinger）的认知失调理论认为，压力的产生来源于认知的冲突与矛盾。② 由此可见，冲突确实能够用来阐释心理疾病的发生。事实上，任何一种形式的心理困惑、烦恼、压力、焦虑、抑郁，究其实质都是某种形式的冲突、矛盾或阻抗。从任何一种心理疾病中，我们都能发现冲突、矛盾与阻抗的成分。

我们可以借用皮亚杰（J. Piaget）的同化与顺应理论来说明冲突与执着的概念以及二者之间的关系。皮亚杰认为在人们的头脑中存在着原本的认知图式，这些图式或是经由先天遗传而得的，或是经由后天经验而得的。人们在面对一个新的刺激的时候，如果新刺激与原有图式之间相符合，不存在冲突，那么便会将新刺激纳入原有的图式中，这就是同化；而假如新刺激与原有图式不相符合，存在冲突，那么个体便会尝试着改变原有的图式以顺应新的刺激，这就是顺应。③ 我们可以将人们头脑中原有的观念、想法、看法类比为皮亚杰所说的图式，而将新出现的生活事件类比为皮亚杰所说的新刺激。当一个人面对新的事件的时候，如果新的事件与他原有的观念与看法相符合，那么不存在任何问题；而如果新事件与原有观念、看法不相符合，那么就产生了冲突、矛盾或者阻抗。当产生冲突、矛盾或阻抗的时候，人们如果能立即改变原有的观念与看法，也不存在任何问题。但是问题的关键在于，人们是很难改变原有的观念与看法的，就好像很难改变原有的习惯一样。而这种很难改变就是执着。执着就是将某种事物、某种观念执着为恒常不变的实体，而不理解它们是由一定的因缘条件和合而成的，是没有绝对的本性的。以偏概全、自我中心等这些不良认知都是执着的不同形式。由此可见，正是执着，正是对某种观念与看法的不愿意改变才导致了冲突的产生。因此，执着与冲突是相辅相成的，没有执着，自然就没有冲突；而只要有冲突，必然具有某种执着。

总之，从心性疗法的人性论假设来看，执着导致人们迷失了自己的本性，盖覆了自己的本来面目。执着是人们产生各种心理疾病的根源。执着导致人们产生各种心理疾病的机制就是冲突。从基于中国传统文化的心性疗法看来，心理疾病的基本形态就是心理冲突。而只要是冲突，

---

①　Morvay Z. : "Horney, Zen, and the real self: Theoretical and historical connections", *American Journal of Psychoanalysis*, 1999(1): 25-35.

②　〔美〕利昂·费斯汀格（Festinger, L.）：《认知失调理论》，郑全全译，杭州，浙江教育出版社，1999，第11页。

③　〔瑞士〕皮亚杰（Jean Piaget）：《发生认识论原理》，王宪钿等译，北京，商务印书馆，1981，第25页。

则必然是两方或者多方的冲突，因为如果只有一方，是构不成冲突的。构成两方的，往往是一些不愿意改变的观念，因为如果愿意改变，当刚开始形成冲突的时候，就改变原有的观念了，而原有的观念一改变，则心理冲突自然就消失了。所以，形成冲突的观念，往往是执着的观念，执着得越深，冲突所导致的压力也就越大，也越难以消除。当然，构成心理冲突的两方并不一定都是执着的观念，也有可能一方是执着的观念，另一方是当前的环境或生活现实。心性疗法认为，心理疾病的治疗过程在本质上就是心理冲突的消解过程，心理冲突的消解，往往需要破除一方或者两方的执着的观念。而如前所述，执着的观念的形成，往往与语言有关，一方面，任何一种执着的观念，都是以语言的形式存在的；另一方面，语言的滞留功能是导致人们产生执着的根本原因之一。所以，要破除执着，需要进行语言的分析与还原。因此，心性疗法的基本思路为：首先，找到心理疾病背后的心理冲突；其次，分析构成心理冲突的执着观念；最后，通过语言的分析来破除执着，以最终消解心理冲突，治愈心理疾病。

第三节　自我——基本执着与基本冲突

一、心理疾病的类型

目前对于心理疾病的分类标准主要有两类，一类是纵向的标准，另一类是横向的标准。纵向的标准是按照心理疾病的严重程度来分类的，如将心理疾病分为一般心理问题、严重心理问题等；横向的标准是按照心理症状的不同表现来分类的，如将心理疾病区分为焦虑症、抑郁症、强迫症、恐惧症等。这种对于心理疾病的区分虽然是主流，但也存在诸多问题。存在的问题至少包括以下两个。第一，心理疾病分类背后的文化背景。人们越来越发现，不同于生理疾病，不同的文化背景下心理疾病的表现形式是不一样的。在西方文化中，很多心理问题都来自个人，与个人的自主、自由、选择有关，所以西方的很多心理疗法都注重个人的自我改进、自我成长、自我悦纳、自我整合等；而在东方文化中，很多心理问题则来自关系，往往与亲子关系、夫妻关系、同事关系等密切相关。然而，当前无论是心理疾病的主流分类标准还是心理疾病的主流治疗方法都来自西方文化，在其他文化中使用这些分类标准和治疗方法便存在着文化契合性的问题。第二，对心理疾病进行分类这个行为本身可能存在问题。人们越来越发现，对于心理疾病的分类很像是一个贴标签的行为，这种贴标签式的分类在很多时候不但没有厘清已经存在的心理症状，反而可能塑造了本不存在的心理症状。例如，当一个来访者被诊断为焦虑症之后，这个人便有可能对照着焦虑症的诊断标准来塑造自己的思想与行为，以使自己看起来的确是一个焦虑症患者。然而事实上，这个人的思想与行为可能只是一部分符合焦虑症（即使是一大部分），还有一部分可能达不到焦虑症的标准，或者超出了焦虑症的标准。但是一旦他被诊断为焦虑症之后，无论是来访者本身，还是心理咨询师都可能有意或无意地忽略或者遗漏掉那些达不到或者超出焦虑症的思想与行为（即使只是很少一部分）。因此，心理疾病的分类是一个值得慎重对待的问题。

心性疗法所说的心理疾病，是一个一般性的概念。它并不区分出焦虑症、抑郁症、强迫症等这些特殊的心理疾病类型，而是在一般意义上使用心理疾病这个概念，甚至根本不使用这个概念。那么是否可以认为心性疗法对于心理疾病没有任何类型的划分呢？答案是否定的。事实上，心性疗法也对心理疾病进行了不同类型的划分，只不过心性疗法的划分方式与西方心理学的划分方式不一样。西方心理学对心理疾病类型的划分主要是横向的，是按照症状的不同而划分出不同的心理疾病类型，如焦虑症、抑郁症、强迫症等；心性疗法对心理疾病的划分则不是横向的，而是纵向的。但这种纵向的划分也不是按照严重程度的不同来划分的，而是按照重要性的不同、在生命中地位的不同而划分出不同的心理问题。具体来说，心性疗法是将心理疾病划分为表层心理问题和深层心理问题。表层心理问题源自表层的执着与表层的冲突；深层心理问题源自深层（基本）的执着与深层（基本）的冲突。这两类心理问题的关系在于：表层心理问题是深层心理问题的外在表现。人们的心理问题可能会有很多不同的外在表现形式，如焦虑的不良情绪、抑郁的不良情绪、亲子之间的矛盾关系、夫妻之间的矛盾关系等。然而，这些形形色色的表层心理问题的背后，往往存在着某种根本性的问题，正是根本性的问题，才导致了形形色色的表层心理问题。因此，要想彻底解决表层心理问题，必须彻底解决根本性的问题，反过来，如果解决了根本性的问题，那些形形色色的表层心理问题也就迎刃而解了。心性疗法认为，这种根本性的心理问题确实存在，而这种根本性的心理问题来自某种基本执着与某种基本冲突。这种基本执着就是关于自我的执着，这种基本冲突就是关于生死的困惑。心性疗法认为，几乎所有的心理问题都与自我的执着和生死的困惑有关，只要一个人彻底破除了自我的执着，彻底看透了生死的困惑，那么便是彻底开悟了，无论什么心理疾病也都不成为问题，迎刃而解了。

二、自我的执着

自我的执着，对于佛家来说就是我执，也就是对自我的执着，或者执着于自我，不能放下自我，不能忘记自我，以自我为中心。自我的执着是个体几乎所有的行为与思维都指向自我的一种生存状态，或者说几乎所有的行为与思维都笼罩着自我的阴影的生存状态。而之所以出现这种指向自我的状态，其根源就在于个体将自我从周围的世界中突出出来，并将其视为恒常不变的实体。按照佛家思想来说，我执可以区分为两种类型，一种为"俱生我执"，另一种为"自觉我执"。"俱生我执"就是指与生俱来的对我与非我的区分和执持。例如，婴儿在个体活动中将自我的身体与外界他物区分开来，以及在成长中逐渐意识到自我，逐渐认识到自我与他人的不同，认识到自我的特点并对自我产生期待等。因此，"俱生我执"是一种每个人都具有的为适应环境而必不可少的认知能力或生理本能。而"自觉我执"则是指将自我视为世界的中心，任何事情都是围绕着自我而运转，或者将自我以前具有的某些特点视为恒常不变的。总之是将自我视为恒常的实体，而认识不到自己是自然的一部分，认识不到无论是自我的性格、气质、能力，还是观念、想法等都是各种环境条件、经验经历等因缘和合而成的。心性疗法认为，正是这种对于自我的执着，才导致了人们产生各种贪欲、瞋恚、愚痴。而很多心理问题，如抑郁、焦虑等都是由于太执着于自我，不能正确地认识自我而导致的。因此，从这个意义上说，我执是各种烦恼、痛苦的根源。正如方立天所说："我执是万恶之本，痛苦之源，必须加以破除。"①

三、生死的困惑

可以说，生死问题是整个人类历史的基本问题之一。有史以来，无数的哲学家、科学家、宗教学家、艺术家都对生死问题进行了严肃地思考并提供了各种理论解说，生死问题是人类的基本困惑之一。许多宗教都着力设想人在死后的生活形式，如轮回转世等，并以灵魂作为死后的存在形态，这些理论构想与尝试表达了人们普遍具有的不死的渴望。而这种不死的渴望也可以有一种正面的表达，那就是求生的本能。弗洛伊

---

① 方立天：《佛教哲学》，北京，中国人民大学出版社，2006，第111页。

德的理论就认为人们普遍具有的那种对于快乐的欲求以及对于繁衍种族的需要都是出于这样一种生的本能。事实上，人们在日常生活中对于事业的奋斗、对于名利的追求往往都是出于一种想要证明自己存在的生的本能，人们希望自己能够青史留名或者期望自己的后代能够传衍百世，这些往往都是出于一种不死的渴望。因此，可以说每个人的大半生（从有死亡意识的时候开始）都在生死问题之中，都一直在面对着死亡的问题。只不过大部分人都将死亡作为一种看似与自己无关的"科学知识"悬搁于教科书中，不愿意去体认它、接近它，而是漠视它、否定它。然而，这反过来证明了人们对于不死的渴望。因此，可以说生的本能或者不死的渴望是人们的基本欲求，也正是这种基本欲求才导致了或者促使了我执的产生。因为正是对自我的突出与执着，才能使个体产生足够的存在感体验。也正是因为如此，在禅宗思想中，破除我执的过程与看透生死的过程是一而二、二而一的，只要看透了生死问题，也就不再会执着于自我了。在中国传统文化中，看透生死问题，就是要明白"生死有命"或"生死无常"的道理，就是要明白生与死都是在一定因缘条件之下和合而成的（即使是生病而死或意外而死也是一定因缘条件的和合）。

由上观之，心性疗法对于心理疾病的划分并不是横向的，而是纵向的。人们的表层心理疾病或表层心理困惑的背后都隐含着一些基本的心理困惑，如对于自我的执着以及对于生死的困惑。因此，心性疗法在治疗方法上便是一种层级式或者递进式的进程。首先要解决的是一般的困惑，也就是一般的执着与冲突；其次要解决的是基本的困惑，也就是基本的执着与冲突。如果只有第一层级的治疗，那么只能帮助人们缓解或者消除外显的病症，但是并不能使人们达到一种完全健康的状态，或者仅仅让人们归复到正常的现实状态而并没有归复到清净的本然状态。只有彻底破除了我执，解决了生死困惑，人们才能达到全面健康，才能真正归复到原来的本然状态，才能回到自己的本来面目。而对于完全健康的主张与提倡，正是心性疗法最为重要的特点。

第四章　语　言

　　第四章详细探讨了心性疗法对于心理疾病的致病机理的假设，可知分析心理疾病的发生原因，远不如探讨心理疾病的致病机理重要。而心性疗法主张执着与冲突在心理疾病的致病机理中极为重要：人们在过往的生活经历中积累了诸多观念或者行为图式，在面对新的生活情境的时候，人们总是习惯性地用过往积累的观念或行为图式来面对和处理问题，但是很多时候这种面对和处理的方式只能带来很多冲突，不断积累的冲突便会引发程度不同的心理疾病。

　　正因为执着与冲突在心理疾病的致病机理中极为重要，所以心性疗法的核心便是破除执着，消解冲突。但是在更深入地阐释心性疗法的基本方法之前，我们有必要先厘清另一个问题，那就是与语言和隐喻有关的问题。这是因为语言和隐喻不仅涉及后面的基本方法，同时也与前面的致病机理有密不可分的关系。可以说，在某种程度上正是语言导致了各种执着，而对于语言的分析也是心性疗法的核心。因此，这一章将主要探讨与语言有关的问题。

第一节　语言作为认知诱因

　　语言之所以在心理咨询中占有极为重要的地位，这是因为：第一，绝大多数的来访者都是用语言将自己的心理问题陈述出来；第二，心理咨询师的咨询过程，在大多数时候究其实质来说都是一种与来访者之间的语言交流的过程。心性疗法甚至主张：人们的很多心理疾病都与语言的误用有关，在某种程度上，正是语言导致了人们的执着。因此，我们可以通过语言分析而实现心理疾病的治疗。

一、语言在心理学中的本质

　　现代一些语言学家(如索绪尔)将语言看作由能指与所指——声音的音响形象与概念——构成的整体。[①] 这是对的，却是不好的，因为它忽

_____

① 参见索绪尔：《普通语言学教程》，北京，商务印书馆，1980。

略或者掩盖了很多事实。通常，人们会隐喻地把语言——由能指与所指构成的整体——看作这样一种实体：容器及其内容物。将语言看作由能指与所指缝合而成的整体，然而在将能指与所指缝合到一起的时候，它们之间的关系便被包裹在了最深处，而无法厘清。当然可以说能指与所指之间的关系是任意的，但是这仅仅描述了关系的性质，而并没有说明关系本身。要说明关系本身，只能把能指与所指拆分开来，一个放在一端，另一个放在另一端，然后把它们之间的联系线条一一整理清楚。

于是，人们可以仅仅将语言看作一些声音或者一些笔画（能指），而所谓意义的那些东西（所指）不在这些声音或笔画之中，而在它们之后。根据行为主义的观点，可以将语言作为一种刺激，而它的意义则是一种反应。语言是一些声音或一些笔画，其意义并不是这些声音或笔画所含有的，而是为它们所产生的。在某种程度上，语言的能指与所指之间的关系，是一种刺激和反应的关系。

当人们听到"太阳"这样的声音或看到这样的笔画时，脑子里面便会马上浮现出一个表象——圆的、光亮的、发热的、黄色的。同时还可能会产生一些观念，诸如光明、君主、温暖……在这个简单的语言活动中，那些声音或笔画充当了刺激的角色；而脑海中浮现的表象、冒出来的观念——它们的共同载体，是一些神经生理事件，这些神经生理事件则充当了反应的角色。每当这些神经生理事件发生，则那样的表象便会发生，那样的观念便会发生。当然，充当刺激的声音或者笔画与充当反应的那些神经生理事件，它们之间的联结是在学习及使用的过程中形成的。

语言如何能使以前发生过的神经生理事件重新发生呢？当我们仔细观看一朵花的时候，同时说"这是花"。于是，与观看那朵花相对应的神经生理活动，便与说出"花"这个语言活动有关的一些神经生理活动连通在了一起，两个活动便合二为一了。正如两个以前独立的电路网络被连在了一起便成为一个整体电路网络一样。于是在第二天，我们无意中看见了"花"这个字，脑海中便顿时浮现出昨天看到的那朵花来，这正如与"花"这个语词有关的那些电路被通了电，则整个电路网络都被通了电一样。

很显然，语言并不是一种简单的刺激，而毋宁说它是一种认知诱因。不仅语言可以作为一种认知诱因，大自然中的很多事物都可以作为认知诱因。例如，箱子里的一颗纽扣可能使我们想起小时候的一件特别有意义的衣服；一缕长发可能会将我们牵引到曾经青春年少的年代；一道伤痕可能使思绪回到一次惨痛的经历，所有这些——纽扣、长发、伤痕——都是一种认知诱因。

语言与其他类型的认知诱因最大的不同在于：语言是人们可以随意控制的，至少看起来是如此的。人们可以随时将自己的思绪带回以前生活经历的任何一个时期，只需要说出"我的童年""我的中学""我的大学"这些语词即可。而自然界中的其他认知诱因，则多少带有一些偶然性。如果那颗纽扣不小心丢了，我们便可能永远也不会想起那件有特别意义的衣服了；如果那缕长发不小心被火烧了，我们便可能永远也不会想起那个懵懂的青春时期了；如果那个伤痕是被印在自己看不见的地方，我们便可能永远也不会再回忆那件惨痛的经历了。至于其他动物，它们或许也有回忆，也有想象。但是它们无法控制自己的想象与回忆，它们的想象与回忆都是被动的，都是偶然性赐予它们的。因为它们不像人类那样能够随意控制语言。

二、作为认知诱因的语言

究竟什么是认知诱因呢？认知诱因经常与记忆、回忆、想象等心理现象有着密不可分的关系。记忆、回忆、想象发生的时候，即一些表象、观念、事情在大脑意识中浮现的时候。这些表象、观念并不像一些实体，储存在一些化学分子里面，它们仅仅是一些在神经生理事件发生的时候，被"挤"到意识之中的一部分。某些表象、观念在人们的意识中重复出现，则意味着负载它们的那些神经生理事件也在某种程度上重新发生了。

例如，在昨天，一个人偶尔听到一首很好听的歌，他一听便喜欢上了，于是买来磁带美美地享受了几遍，自己也会哼几句。由于它的旋律实在太美了，以至于他在工作之余大脑一有空闲时，如吃饭、睡觉之前，便不知不觉哼起了这首音乐。那股冲动如此强烈，以至于在不想哼唱、紧紧地闭上嘴的时候，它依然浮现在他的脑海里。在这个情景里，伴随着在脑海里反复出现的那些音响形象的，是一些神经生理事件的重复发生。每当这些神经生理事件发生一次，那些音乐形象便在脑海里面浮现一次，因为，它们本来就是同一件事实。

同时，这些神经生理事件的重复发生，并不需要外在的刺激，它们是自动发生的，自动激活的。它们之所以可以自动被激活、自动发生，乃是由于它们在人们的脑海中的印象实在太深刻了——相当于刺激阈限值太低了，以至于只要大脑一有空闲——没有有意识地想其他的事，只要有一点点剩余能量，它们便自然而然地发生了。

然而，对于很久以前发生的事情，人们需要一些外部刺激，才能把深埋在意识中的那些表象与观念诱导出来。例如，还是那首很动人的歌，不过这首歌是一个人在几年之前听过的，同样听过很多次，会唱得出来，但是很长一段时间后他都已经忘记这首歌的存在了，过了很久，突然有一天听到某些声音或看到一些文字致使他突然想起那首歌来。于是，当年如何为这首歌着迷，如何心潮澎湃地一连听了几十遍，这些情形全都清清楚楚地浮现到脑海中来了。在这一情境中，我们可将那些诱发一切表象或观念的声音或文字称为诱因。之所以这些诱因可以激发起那些表象与观念，是因为它们之间存在着十分密切的关系——或许这些声音就是那首歌的旋律中的一部分，那些文字或许就是题目或者歌词。也可以这样说：诱因对应的神经生理事件，即那些表象与观念所对应的神经生理事件的一部分。部分发生，则整体也跟着发生，如部分电路通电，则整个电路网络都能通电一样。

因此可以这样说，记忆不是一些储存在化学物质中的实体，而是一种潜力，一种使以前曾经发生过的事件，再重新发生的潜力。

语言作为认知诱因——使以前发生过的事件重新发生——对人类所做出的贡献不可忽视。如果没有语言，人们的记忆、回忆、想象全都是被动的，只有偶然听到一些声音，看到一些事物，才能回想起与之相关的情境。要回想起以前住过的一座老屋，没有语言的帮忙，除非重新回到那座老屋所在之地，或者重新看到与老屋有关的物件（如相片等），否则很难随心所欲地想起来。而如果借助语言，则只需要"老屋"这样的书写笔画，便可以在任何地方任何时刻随意地回想起那座老屋来。动物或许也有回忆，也有想象，不过即使有，也是全然被动的，它们无法控制自己的回忆与想象。而人类的回忆与想象则多少带有主动性的色彩，他们可以主动地使用语言。例如，那些伟大的作家就是主动使用语言的能手。

很多人有这样的经验：长时间地盯着一朵花，那朵花很鲜艳，很美丽。然后你突然闭上眼睛，在闭上眼睛之后的几秒之内眼前依然浮现着那朵花的表象，同样鲜艳、同样美丽。这就是心理学中所说的视觉后效。

为什么会这样呢？其实，人们看那朵花，不仅仅是用眼睛在看，而是用整个视觉系统（包括视神经、外侧膝状体、大脑视觉皮层等），甚至是用整个身体在看。当闭上眼睛的时候，人们仅仅屏蔽了外在的刺激。然而，人们整个视觉系统的神经生理活动——关于那朵花的——依然在继续，于是，依然能够"看见"那朵花，与刚才一样，仅仅在视网膜上少了一些刺激而已。

　　可以想一想，如果闭上眼睛之后，视觉系统的那些神经生理活动不能继续发生，而是在过了一段时间之后重新发生，那么人们是否依然可以"看见"那朵花呢？答案是肯定的。

　　但是那些神经生理活动，凭什么重新发生了呢？要知道，其第一次发生，是由于眼前那朵真实的花诱发的。当然，那些神经生理活动不一定依赖于其他刺激，它们完全可以自然而然地重新发生，只要它们在生活中占有极其重要的位置，使人印象特别深刻，以至于在大脑空闲下来的时候，只要有剩余能量，它们便比其他神经生理活动更容易被自然地激活。

　　当然，更多的时候，那些神经生理活动的重新发生，是需要其他刺激诱发的。如果没有刺激诱发，而它们又不会自然发生，那么便会被永远地埋藏在时间的坟墓里。

　　因此，我们可以将记忆理解为一种潜力，一种使以前曾经发生过的事件重新发生的潜力。而使那些事件——神经生理事件——重新发生的刺激，即被称为诱因，也就是认知诱因，而语言就是最为重要的认知诱因。

三、语言也是一种反应

　　虽如前文所说，人们在使用语言的过程中能够显示出一定的主动性，但是细究起来，却有诸多可疑。诚然，人们在对语言的使用过程中，确实透漏出主动性来，但是这种主动性来源于自己可以随心所欲地说出一些语词吗？抑或还有另一些来源，这些语词只不过是由自己发出的，即自己对其拥有，便对其具有主动性？换句话说，到底是可以说出语词，还是可以主动说出语词，成就了主动性的出现？要回答这个问题，关键在于，发出某些语词是否需要某些外在于自己的原因。

　　其实生活中，在某一特定情境中，并不是所有的语言都很适合。例如，当我们参加一个葬礼时，"恭喜"之类的话语便不太适合，除非是别有用心。因此，某些话语并不一定适合于某一特定情境。换句话说：人们似乎为某一特定情境设定了某一类话语以适应这个情境，诸如设定了哀悼、安慰之类的话语适合于葬礼这一情境。换句话说，某一特定情境，似乎设定了人们倾向于激活的话语，如葬礼的情境倾向于激活哀悼、安慰之类的话语；而同时，又设定了其避免激活的话语——当画一条界线以突出倾向于激活一边的时候，同时便将界限另一边突出为避免激活的了。当然，"某一特定情境设定了其倾向于激活的话语"这句话，反过来说同样有效，即某些话语似乎也设定了倾向于激活它的情境。换句话说，话语应当有特定的情境激活。情境是刺激，话语是反应。值得注意的是，这里的情境并不仅仅指外部的环境，也包括话语发出者的性格、气质、先前经验等。

如果把语言带回生活情境中，便不难发现，人们说出一些语言，其实并不是凭空产生的，而是由此时此地的特定情境所激发的。换句话说，说出语言，其本身也是一种反应，是情境刺激在人身上所激发的一种反应。但语言反应并不是情境刺激所激发的唯一反应，而是诸多机体反应的一部分。例如，当人们遇到恐怖情境时，会不由自主地说："哇！好恐怖。"显然，机体的反应并不仅仅只是说出这么一句话来，同时还伴随着身体的其他反应，可能还会血压升高、心跳加速、瞳孔放大等。这些身体的反应，都与说出"哇！好恐怖"这样的语言反应是并列的，即不仅仅是嘴在说"哇！好恐怖"，而是整个身体都在说"哇！好恐怖"，只不过不同的器官用不同的方式在说。但由于用嘴说出的话语比用机体其他部位"说出的话语"无论是在空间上还是时间上都更加具有延展性，用嘴说出的话语总是处于一种凸显的位置，它可以代表与其并列发生的身体的反应——在某种程度上也可以说是标明了其性质，但它仅仅是代表，而不是全部。

因此，语言活动便扎根于整个生活情境中。其中包括语言活动本身、引起语言活动的情境刺激、语言引起的机体反应，还有与语言活动并列发生的其他机体活动。语言，仅仅是整个生活情境中的一小部分，是凸显出来的一部分。于是，分析一句语言，实际上是在分析一个生活情境。语言的意义始终只能来源于与此语言有关的生活情境。不可能在与语言毫不相关的地方来寻找它的意义。因此，心性疗法对于语言的分析，非常重要的一点就是将语言还原到具体的生活情境中。

如前所述，语言是生活情境的一部分。人们并不是仅仅用嘴在说话，而是用身体在说话。当一个人说"我好痛苦"的时候，他并不只是用嘴在表达，身体的其他部位都在休息，而是用整个身体在表达这样一句话。

语言活动似乎总是很突出，很重要，以至于从其背后的整体行为中凸显出来。在语言情境中，不仅包括说出某句话的语言活动，还包括与此同时发生的机体的其他活动，如与说话相伴发生的肢体活动。

通常，人们自足于对语言活动进行孤立的研究，而忽略了与之同时发生的其他机体活动，也就是说，把语言活动从语言情境中凸显了出来。但实际上，人们不仅仅是用嘴在说话，而是用整个机体在说话。

一个刚会说话的儿童说"我要糖",同时,他通常会伸出一只手来,使用稚气的语气,做出欲哭的表情,眼睛盯着柜台,同时带着躁动不安的挣扎。此时,可以说这个儿童不仅是用嘴在说"我要糖"这句话,而且还在用手、语气、表情、眼睛说话,甚至用他的整个身体说这句话。只不过用嘴说出来的,更具有代表性而已。当然,如果这个婴儿极其平静,平静的语气,平静的表情,平静的眼神,没有任何附加动作,然后说"我要糖"。这样的孩子通常会被认为是早熟。而与此相反,如果某个成年人在说出"我要糖"的同时,伸出一只手,使用稚气的语气,做出欲哭的表情,眼睛死死盯着柜台,带着躁动不安的挣扎,则会毫不客气地被认为是有精神问题。因此,成年人在说话的时候带有较少的其他机体活动是很正常的,就像婴儿在说话的时候带有较多的其他机体活动一样。

这意味着:随着年龄的增长,语言活动越来越脱离开其他的机体活动而独立化。然而,这并不意味着人们在年龄增长后,就只有语言活动而没有其他机体活动了,事实上,其他的机体活动照样在发生,只不过以一种隐蔽的姿态在发生。例如,一个婴儿说"我打你",同时他会将右手高高举起,带着愤怒的表情。而一个成人说"我打你",即使带着愤怒的表情,也完全可以不必高高地举起手。当然,他没有举起手,只是外在的表现,在一种隐蔽的层面上或者在神经生理的层面上,他早已举起了手。

所以,在语言情境中,其他机体活动常常处于一种倾向性的发生状态。但即使没有外在的表现,这种发生绝不可忽略。而语言活动,往往成了语言场的火车头,绝不仅仅只有火车头,在火车头后面,其实带有长长的车厢长龙。

进行语言分析,特别是通过语言来分析人们的心理过程的时候,考察不能简单地限于凸显出来的语言本身,而应该深入语言背后那些支持着它的东西。正如不应该将花从滋养它的枝叶中摘下来观摩它,而是应该让它继续留在绿叶之间,保持着生命力一样。

第二节 名称与赋予身份

一些语词总是和一些观念根深蒂固地联结在一起,以至于每当我们遇到这些语词时,便也会同时遇到那些根深蒂固的观念。它们总是和语词捆绑在一起,附着在一起,同时发生。

譬如:"贼"这个语词,总是和"躲开""坏蛋""蔑视"等观念联系在一起；"痛苦"这个词语，总是与"不对""回避"这些类似的观念附着在一起。这些语词总是逃脱不了这些观念的联系，它们总是一同显现，一同消逝，形影不离。这些观念也是语言情境的一部分，而且是语言情境中不变的那一部分，一个语词可能在许多不同的情境中出现，与它捆绑在一起的那些观念，总是伴随着它在不同的语言情境中重复出现。

这些不变的部分究竟有何作用呢？一个人说"那个人是张三"和一个人说"那个人是贼"，这二者是不同的。前者只是赋予名称，而后者则是赋予身份。在赋予名称的时候，人们只是将其与一个语词在观念上联结在一起，而在赋予身份的时候，人们则除了将其与一个语词相连之外，还与一些观念、态度相连。这些观念、态度实质上是与那个语词紧密相连的。

与对事物赋予身份一样，人们也可为事实赋予身份，即将事实与某一语词在观念上互相联结，同时，与这个语词披附在一起的那些观念、态度联结在一起。将一个事实与"痛苦"联结在一起，这与将一个人与"贼"联结在一起在本质上是一样的，都是在赋予身份。

有的时候，语言是在赋予名称，有的时候语言是在赋予身份。赋予名称就是在语词与事物（事实）之间建立联系，如将一个人叫作"张三"；赋予身份就是在赋予的名称中含有人为的含义，如将一个人叫作"贼"。"张三"只是一个名称，而"贼"是一个身份。

名称只可提及，而身份可以谈论。名称是特殊性的，而身份则是普遍性的。一旦事物获得了某种身份，它便丧失了其特殊性。身份中含有人为的信息，名称中则不含有人为的信息。

事物（事实）只有穿上身份的外衣，才能进入人的世界。身份及其所蕴含的人为特征，如主观态度与评价，均不是事物本身所固有的，它们都是根据自己的经验或者社会大众的经验，主观赋予的。

我们可以在事实本身与对事实的主观态度、评价之间画一条线，通过这条线，把它们各自限定在应该在的范围之内，不让它们互相缠绕。然而，在现实中，人们对事实的态度与评价却常常偷偷地越过限定的范围，与事实附着在一起，成为它的组成部分，黏附于事实，成为黏附在事实表面上的一层有色玻璃。这层有色玻璃常常成为人们看见或者看清事实本身的障碍。人们对事实的主观态度与评价，常常被压缩在对事实赋予的身份中，以身份的形式黏附于事实。

根据身份中人为特征的影响，我们可以把身份分为两类：一类是感情色彩倾向于褒扬，倾向于产生正情绪；另一类是感情色彩倾向于贬抑，倾向于产生负情绪。当然，还有一些身份同事实本身一样，既不包含正向色彩（正值），也不包含负向色彩（负值）。

人们对事实赋予什么样的值，它便会对人们产生什么样的影响；对事实赋予多大程度的值，它便会对人们产生多大程度的影响。赋予的值越小，便越接近事实，值越大，便越远离事实。事实本身不会对人们产生任何影响，事实通过人们对其所赋予身份中的情感值而对人们产生影响。事实本身不会使人们哀痛，使人们哀痛的是对事实所赋予的哀痛值。正如认知疗法所主张的，伤害人们的并不是事实本身，而是人们对事实的看法。

对事实赋予身份或者赋值，完成的只是最后一击，绝大部分工作是由社会文化完成的。社会文化早已把主观态度与评价等这些人为特征赋予了身份，而现在所做的仅仅是把装满了主观态度与评价的身份与身边的事实进行配对。以至于与其说人们在进行自我欺骗，还不如说人们在受社会文化的欺骗。人们总是心满意足地踩着社会文化预留的脚印踏步向前。

世界通过命名而进入人们的世界。在人们的世界中，不容许没有身份的事物。人们无法谈论世界本身，只能谈论其身份。事物的身份，不仅包括它的名称，还包括它的名称所蕴含的东西——诸如人们对它的评价或者态度。名称是特殊性的，身份是普遍性的，一旦事物获得了一种身份，它便丧失了特殊性。当事物获得身份后，在几乎所有的情况下，身份便取代了事物本身。这是一种越俎代庖的取代。

赋予名称是纯粹的命名，给予身份是在命名的基础上增加了额外的东西。给予身份不是单纯的语言活动，它包括整个机体在说出言语时的全部活动。赋予名称仅仅是其中外显的一部分，也是有标志性的一部分。当说一个人是"贼"的时候，并不仅仅是用嘴在说这句话，而是用整个身体，用自己的态度、情绪在说这句话。给予身份的活动从来都是整体发生的。它所投射在大脑中的神经生理事件——不仅包括说出一个人是贼这句话所对应的，还包括在说出时整个机体活动所对应的——也是作为整体发生的。

给予身份，常常成为自我束缚的绳索。在茂密的丛林中，有一个狭长的区域，是用石子堆砌而成的，人们将其称为小径。假如有一个人在丛林中穿行，恰好遇上了这条小径。他惊叹道："哦！这是条路。"于是，他便将路这个身份给予了这个狭长的区域。虽然这仅仅是一个极其平常的惊叹，但它对这个人造成了某种束缚。当他发出"哦！这是条路"的惊叹时,他不仅仅在用嘴说出,而且在用整个身体说出,说出话的同时,他便有顺着这条路走下去的倾向。换一种情境,假如此人不进行给予身份的活动,不将其看作一条路,而是将其看作与丛林中其他地方没有任何差别的地方。那么这时候的路就不限于这一条,丛林的所有地方都是路。

把一个人称为"偷东西的人"和把他称作"贼"是不一样的。人们在身份中所赋予的态度、评价或者知识,都不是身份本身所固有的,它们都是根据人们自己的经验或者社会大众的经验,主观赋予的。身份也不是事物本身所固有的,而是人们根据经验,主观赋予的。

也可以把身份看成是在广阔的空间中一块一块划定的区域。这些区域中,堆满了人们赋予它的情感态度与评价。对事实赋予身份,就是在事实连续体中切下来一块,把它放到某个划定的区域中,然后通过区域中堆满的情感态度与评价对人们产生影响,而那些情感态度与评价,是由人们自己堆进去的。

其中,某些区域的界限是明晰的,另一些则是模糊的,是不可证伪的,即人们不知什么时候把事实错误地放进去。当人们把某个事实错误地放进去时,对其只可证实,而不可证伪。人们对错误不能自知,认为这是理所当然的。虽然区域界限是模糊的,但其中的人为特征则依然明晰,它依然会对人们产生影响。然而,这些影响是不必需的,是自我欺骗的。对某些事实赋予身份是没有必要的。检验对某件事实赋予身份是否必要,即检验此身份的确定是否可以被证伪。对于那些只可证实、不可证伪的身份,都是没有必要的。某个区域的可证伪性,即可以明确地知道什么时候不属于这个区域,意即此区域有明确的界限。区域的不可证伪性,意即此区域没有明确的界限。

人们可以把身份看成是社会大众为事实量身定做的而又远离事实的外套。身份外套留在人间,事实远离人间,人们通过对事实穿上身份的外套而把事实带到了人间。有些外套是合身的,有些外套是不合身的。

一件事实,它可以保持原样,静静地待在原处,也可以被赋予语言的形式,进入人间。人们似乎总是有一种将一切都说出来的冲动,即使面对那些不可说的,那些神秘的,也总是竭力搜索,搜索一些语词与事实联系起来。当人们把事实用语言说出来的时候,事实便不再保持它的原样,它被与说出它的那些语词黏在一起的观念玷污了。当事实通过语言进入观念,它便不会继续留在平衡的位置,它会发生偏离。这些偏离使人们再也看不见事实的本来面目。人们是在用语言看身边发生的一切,然而，语言却是戴上了一层有色眼镜在看，看到的事实早已不是事实本身了，事实早已被染上了一层观念的色彩。然而，人们却是不自知的，人们依然认为自己看到的理所当然就是事实本身。

将一件事实仅仅看作一件事实与将它看作一件痛苦的事实是不一样的。正如将一个人仅仅看作一个人与将他看作一个贼是很不一样的。对事实赋予身份，在很多时候是人们产生心理困惑的原因，而让事实保持原样，保持它原初的淳朴，则是一件很好的事情。

第三节　语言的意义与本质

一个语词，通常可以出现在两种情境中：第一，正常使用的情境，如"嘿，瞧那太阳"；第二，简单提及的情境，如"太阳这个词语"。前者类似于一台正在正常工作的机器；后者类似于一台并未正常工作而只是在空转的机器。

当追问一个语词的意义时，这个被追问的语词便处于简单提及的情境而非正常使用的情境。当追问"太阳这个词语的意义是什么"的时候，"太阳"这个词语并未被正常使用，而只是被简单提及。然而，语言只有在正常使用而不是简单提及的时候才有生命力，才有价值。正如机器只有在正常工作而不是在空转的时候才有生命力，才有价值一样。

用惯了抽象、智慧、思维一类的概念，而当人们停下来思索其真义时，却又觉得它们是那样若即若离，使人感到迷茫遥远。语言本身没有意义，只有使用才能体现其价值。当人们说"语言的意义"时，只不过是一种面临 A 而透视 A 的观察姿态，正如人们站在一堵围墙面前不仅仅是盯着围墙，而且还有一种看清围墙之后事物的冲动。抽象并不是一种独立的心理活动，它常常缠绕在人们的知觉活动与语言活动中。

语言如同其他符号一样，它的一大功能是将流动的、整体的自然世界进行固定、切割，以便人们去捕捉、觉察、认识。在某种程度上，人们的生理结构决定了人们所感知到的世界，人们的语言符号决定了人们所认识到的世界。从本质上来说，人们所看到的颜色，只不过是光波中的粒子和人的视网膜相互作用的结果；人们所听到的声音，只不过是空气中的振动和人的耳膜相互作用的结果；人们所认识到的世界，实际上是用一个又一个的单词对世界进行切割命名然后再排列整合的结果。

当然，能够感知这个世界，并不意味着便能认识这个世界。动物能感知这个世界，但却不能认识这个世界，动物对于这个美丽的世界只能是"视而不见"。因为它们是与客观世界的飞速的自然之流同步行进的，它们本身也是这个自然之流的一部分，它们没有办法去抓住这样飞速的自然之流的一部分，不能让它们停下来，仔细地看看它们到底是什么。动物只能眼睁睁地看着这样美丽的自然之流，连同自己一起飞逝而去，一去而不复返。然而，人类却能够借助语言、符号，将自然之流的一部分捕捉下来，保留下来，然后仔细地端详。

因此，人们所留下的，并不是自然之流本身，而只是能够指代自然之流的语言或其他符号。人们正是通过语言将这个原本与人毫无关联的世界，变成了具有人性的可以认识的世界。人们是通过语言将它们保存在自己的记忆中的，时时刻刻都可以拿出来端详。然而，当语言符号将自在的世界变成人为的世界的时候，世界本身已经发生了某些方面的改变。

语言将一个连续的、流动的世界，变成了一个断续的、片断的世界，人们对于那样一个连续流动的、混沌的整体是无能为力的。例如，桌子上有一个杯子，杯子里面装满了水。如果没有任何语言符号的介入，人们只是纯粹地去看这个场景，那么这个场景其实是一个整体，而不是三种事物。一旦语言符号介入进来，那么这个场景就是一张桌子、一个杯子、一些水。人们总是习惯于将自己的注意力集中到这三者中的一个，而不是这三者构成的整体。而人们的语言，可以表达那张桌子、那个杯子、那些水，也可以说"那杯水"或"那只装满水的杯子"，或者"桌子、杯子和水"。无论是哪一种表达，都将一个原本的整体割裂开来。人们甚至很难找到一个词语能够将这个场景不做任何割裂地表达出来。人们看见的，不是一个整体，而是两个、三个东西。再如，当人们漫步于茂密的森林时，所看到的往往是一棵又一棵的树，一只又一只的鸟，看见的是无数个东西，而不是一个连续的整体。人们看到的，只是从周围的环境中隔离、凸显出来的断断续续的个体。

然而，语言符号也只是对这些从周围的环境中凸现出来的断续的个体才有意义。因为符号本身就是利用自身与符号系统中的其他符号的差异，将它所要指代的事物从那个混沌的整体中区分出来。人们将玻璃做的、透明的、能够装水的东西叫作"杯子"，不仅要表达这个东西是杯子，而且要表达这个东西周围的那些与之毫不相似的东西都不是杯子。在这个意义上，索绪尔把语言的本质理解为差异是完全准确的。①

---

① 〔瑞士〕费尔迪南·德·索绪尔：《普通语言学教程》，高名凯译，北京，商务印书馆，1980。

当然，语言符号的这种差异功能，得益于人们的"注意"机制。注意力使人们的视野摆脱了弥散的状态，它总是指向一个点，指向一个物体，正是这种指向，便把所指向的那个事物从它周围的环境中凸显、分离出来了。在茫茫的人海之中，人们突然发现一个非常熟悉的人，立即，他便看不见周围的其他人了。注意的这种功能，正好与语言符号的功能不谋而合，当然，与其说是不谋而合，还不如说这两种功能在本质上是同一的。

但语言绝不仅仅是差异。我们都不会否认这样一个事实：这个世界上的每一样东西都是有差异的，正如"世界上没有两片完全相同的树叶"。因此，如果人们用各不相同的语言符号来指称世界上的每一个东西，这样的工程不仅是无比巨大的，而且几乎是不可能实现的。即使是可能的，人们对于这样纷繁复杂的语言系统也是无能为力的。于是，语言在关注差异之外，还关心相似，把那些大致相似的归于同一个符号，这便是分类。所以，语言关注的不仅是大致的差异，还关注大致的相似。所以，语言的本质便不应该仅仅理解为差异了，还应该理解为相似。但是，正因为如此，人们对那些相似事物之间的微小而又很重要的差异漠不关心，也对那些不同事物之间微小而又很重要的相似漠不关心。当人们用一个可指代其他很多同类事物的语言符号来指代某一个特殊的事物的时候，这个事物的特殊性便丧失了。而当人们用一个特殊的仅仅指代一个特殊事物的语言符号来指代这个事物的时候，这个事物与其他事物的联系与相似，也便被语言符号给抹杀了。

语言不仅在空间中打破了世界的绵延连续，在时间维度上也是如此。人们不仅经历了过去，还滞留了过去。人们将过去变换了一种方式，将它的影像滞留到了现在，以至于即使是现在，很多人还是活在对过去的深切怀念中。然而，人们不仅是滞留了过去，还将过去翻了一个身，将它镜像成为将来，以至于自己也生活在了将来的虚幻中。于是，现在不仅是现在，它是过去、现在，还有将来的奇怪的融合体。

小结

一方面，语言与外显的其他行为，如举手投足具有相同的客观地位；另一方面，相比于其他外显行为，语言更接近于人的心灵。人们的心灵从一而终贯穿在语言从内到外的发生通道中。语言是心灵在身体外的延伸。一方面，语言是主体的重要组成部分，语言中，充满了人的幽灵；另一方面，语言又是客观世界的组成部分，语言中，凝缩了世界的信息。

语言，是人与世界的最贴切的黏合方式。语言，也是解开人类困惑的钥匙。

总之，语言是一种认知诱因，通过一些声音、笔画，在脑海中激发一些表象、一些观念。同一个语词，在每个人的脑海中所激发的表象和观念可能是不一样的，但总是有相同的部分。这些相同的部分就是这些语词的意义。语词的意义，为生活在这一种语言环境中的每一个人共享。正是这些意义使得每一个人可以相互理解、相互交流。而那些激发的不同的部分，又使得人们不可能相互之间完全理解、完全交流。人们正是在这种理解与不完全理解之间，体验着生活的乐趣与悲哀。

语言作为认知诱因，对人类的影响是巨大的。人们可以通过控制自己的语言，而控制自己的想象。人们可以随时随地将以前积累的宝贵经验，通过语言把它们带到意识中来，以应对随时出现的难题。

语言，是凸显在意识中的一朵鲜花，这朵鲜花的背后，是深厚的默默滋养着它的沃土——语言情境。我们应该把语言还原到滋养它的情境中去，应该将"用嘴说话"还原到"用身体说话"。

一些人为的观念、态度，总是与一些词语形影不离，粘在一起。当人们把这些词语赋予某件事实或某个事物时，人们也在将那些甩不掉的观念与态度赋予这些事实与事物。它们成了人们在观照事实与事物本身时所戴上的一层有色眼镜，使人们看到的不再是事实本身，人们会为自己赋予事实的那些观念而激动不已或悲伤忧郁。

人们只有充分认识了这一点，才能打破语言的囚笼，跳出来，直观地面对发生在身边的一切，静静地聆听那优雅美丽的生活交响乐。而打破语言的束缚，直接面对事件本身，直接面对自己的本来面目，正是心性疗法对于语言分析的基本方向。

第五章 隐 喻

前面详细探讨了语言的相关问题，我们可以知道，在某种程度上，正是语言导致人们不能直面事物本身，正是语言导致人们失却了本来面目。因此，心性疗法的一个基本方向是主张来访者通过语言直接面对本来面目。但是除了语言导致人们不能直面事实本身之外，还有一个心理现象也起到了同样的作用，那就是隐喻。从某种意义上说，隐喻是执着的心理机制，执着就是通过隐喻而发生的。在心性疗法中，无论是用执着来解释心理疾病的发生机制，还是用语言分析来解决心理疾病中的问题，都与隐喻有着密不可分的关系。

第一节 何为隐喻

隐喻是一种语言现象，一种修辞现象，同时也是一种认知现象，一种思维现象。莱苛夫（G. Lakoff）说：“隐喻普遍存在于日常生活当中，不但存在于我们的思想和行为中。我们赖以生存的思维和行动的一般概念系统，从根本上讲是隐喻式的。”[①]总的来说，隐喻就是凭借已知、成形、清晰具体的事物，去认识、理解与思维那些未知、未成形、模糊抽象的事物的基本方式[②]。无论是在国内，还是在国外，人们对于隐喻的重要性日益重视，越来越多的学者都在探讨隐喻对于自己的学科领域所具有的独特的理论意义。

一、按照显现环境对隐喻的三种界定

不同的研究者都对隐喻的内涵进行了不同的理解，即使同一个研究者，在不同的时间、不同的地方对隐喻的理解也不尽相同。例如，按照隐喻的显现环境，人们对于隐喻便有三种不同的理解。第一种是将隐喻看作一种语言现象，第二种是将隐喻看作一种行为现象，第三种是将隐喻看作一种认知现象。

---

① 束定芳：《隐喻学研究》，上海，上海外语教育出版社，2000，第29页。
② 熊韦锐、于璐：《心理学中的隐喻以及隐喻对于心理学的启发》，《理论月刊》2012年第5期。

第一，将隐喻看作一种语言现象。人类最初对隐喻的发现，就是在语言当中。当人们对自己的语言感到惊奇，并试图对其进行考查的时候，隐喻便进入了研究的视野。人们最容易将隐喻看作一种语言现象。隐喻研究的历史也表明，绝大部分的时间（从古希腊甚至更远至人类诞生之时直到20世纪初期）隐喻都作为一种语言现象进入研究者的视野。

语言现象中的隐喻，有几种不同的形态。第一种形态认为隐喻是一种词语替换或者词语转移①，认为隐喻就是在语言中出于某种表达的需要，用一个词语来替代另一个词语。当然一般是通过那些用来表达比较熟悉、容易理解的事物的词语，来替代那些用来表达不熟悉、不容易理解的事物的词语。例如，"萨利是一块冰"（本义为"萨利很冷漠很孤傲"），这个比喻句，就是用"冰"这个"触手可及"的词语来替代"冷漠""孤傲"之类较为抽象、感知不可达及的词语。亚里士多德（Aristotle）便持有这样的观点，他在《诗学》一书中这样界定隐喻：隐喻是一种名词性的转移。第二种形态认为隐喻是一种"范畴错置"或者"语言误用"。② 一些逻辑学家从逻辑的角度出发，认为隐喻是语言中不合逻辑的表达，是范畴错置，因为在实际的意义上，"萨里"是一个人，而"冰"是一个物体，人们说"萨利是冰"，实际上是在说"人是物体"，这显然是不合逻辑的，是典型的范畴错置。而一些语言学家则从语法语义的角度认为隐喻是语言中合理不合法的语言误用。有些学者，如霍布斯（T. Hobbes）认为人类混乱的心智正是来源于这些逻辑混乱或者语言误用。而另一些学者，如亚里士多德则认为善于使用隐喻是天才的标志。③ 第三种形态是将隐喻看作一种简单的语言修饰，这种看法主导了大部分的隐喻研究历史，或许只是到了20世纪30年代这种看法才逐渐引退让位。隐喻是对语言的修饰，即认为隐喻并不改变语言的意义，而只是改变对意义的表达，隐喻不能使意义更加明确，只能使意义表达得更加美丽漂亮。莱布尼兹（G. W. Leibniz）曾说过：隐喻只能使真理感动人，而不能使真理更加明白。④ 当然，现代的隐喻研究推翻了这一说法，有很多语言的意义只能用隐喻来表达，很多语言的意义也只能在隐喻中才能显现出来。

第二，将隐喻作为一种行为现象。如果说将隐喻作为语言现象，是在人类认知成品的层面上来说的，那么行为现象的隐喻，则是在人类认

---

① 严世清：《隐喻理论史探》，《外国语》1995年第5期。
② 〔英〕霍布斯：《利维坦》，黎思复、黎廷弼译，北京，商务印书馆，1985，第20页。
③ 张沛：《隐喻的生命》，北京，北京大学出版社，2004，第21页。
④ 〔德〕莱布尼兹：《人类理智新论》，北京，商务印书馆，1982，第385页、第397页。

知过程的层面上来说的。如果说隐喻是一种动作，那么这是在行为现象中讨论隐喻。而如果说隐喻是动作的结果，那么这是在语言现象中讨论隐喻。人类的行为在本质上是隐喻的，可以说，人类行为的延续性、记忆性、重复性的基础便在于隐喻。因为在隐喻的定义中，有一种迁移、转移、滞留、延续的意思，正是这种迁移、转移、滞留、延续保证了人类行为的延续性，也保证了人类自我意识的延续性。所以，越来越多的学者开始不满足于只是将隐喻作为一种语言现象来研究，而将其扩展到了人类的行为层面，乃至认知层面。

人类的行为，可以大致分为两类：语言行为，以及非语言行为的一般行为。首先，语言行为，即听、说、读、写等话语行为，相当于索绪尔所说的言语。与语言不同，言语是一种动作、一种行为、一种过程，而语言只不过是这种动作、行为、过程的结果、成品。将隐喻作为一种行为现象，首先就是将隐喻看作一种语言行为现象。隐喻不仅显现在落在纸上的文字篇章中，也显现在人们已经说出的短语句子中，还显现在人们说出语言的这种行为中。可以说，隐喻在本源上首先是言语行为的性质，然后才是派生的语言成品的性质。也就是说，首先是有隐喻的说话方式，然后才有隐喻的说话结果，即隐喻的语言。就好像我们浇铸一个三角形的模具，这个模具的三角形形状，确实是模具成品的形状，但它首先是浇铸过程中模型的形状，然后才是模具的形状。模型是过程，模具是成品。其次，非语言行为的一般行为。隐喻不仅在语言行为中显现，而且也在非语言的一般行为中显现。例如，心理定势，其实质就是同样的行为动作或者情感态度在跨越时间的意义上，在一个相同或者相似的情境中再次发生；再如范畴化行为，其实质就是用一个典型的标签将一系列相同或者相似的事物归纳在一起。在这些行为中，相同点或者相似点是奠基性的最为重要的特性，而相同点或者相似点正是用来定义隐喻的基本特征，可以说隐喻的实质便是相同或者相似。所以，隐喻不仅显现在语言中，也显现在人们最为日常的行为中。所以，隐喻也不仅单纯地只是被定义为一种语言行为现象，而且也被定义为一种在最广泛意义上的行为现象。

第三，将隐喻作为一种认知现象。如上所说，将隐喻定义为一种语言现象，是在成品的层面上来说的，将隐喻定义为一种行为现象，是在制造成品的行为层面上来说的，那么现在所要谈论的认知现象中的隐喻，则是在发端这种行为的动因层面上来说的，也是在起始这种行为的原料层面上来说的。隐喻不仅显现在人类外显的行为层面中，也显现在内隐的思维、认知层面中。

现在,越来越多的学者开始把隐喻作为一种认知现象来研究。这主要表现在两个方面。其一,将隐喻看作一种认知、思维倾向,即认为认知、思维具有隐喻的本性。哲学家德谟克里特曾说过:人类不能两次踏进同一条河流;世界上没有两片相同的树叶。在客观的意义上,在辩证的意义上,这些话是千真万确的。然而在人类的认知层面上,在大脑认识的根底处,却总是欲求把两条不同的河流"看作"一样的河流,总是欲求把两片树叶"看作"相同的树叶。总是在寻求某种相似,寻求相似可以说是人类认知的一种本能。心理学中的"原型"理论正好印证了这种观点。当人们看到一个新的事物,总是欲求把它与认知系统中的某种原型加以比较、匹配、符合,总是预期在自己的经验中有某个现成的与之相似的原型可以用来解释它,然后加以判断、推断。这是人类认知的本性,是在进化的历程中累积遗传下来的一种本能。正是这种寻求相似的本能常常被隐喻学家定义为一种隐喻。其二,将隐喻看作认知行为的原材料。隐喻学家们不仅将符合原型的这种倾向称为隐喻,有时候也将原型本身也称为隐喻。例如,"意象图式"理论、"模型"理论、"世界假说"理论,都是如此。"意象图式"理论是说在人类认知的深处充满了各种不同的意象图式,它们相当于认知的框架、思维的结构。人类认识事物,就是在这些意象图式的框架下来认识的,就是用这种框架去为杂乱的感性材料塑形的。① 学者们发现的意象图式有很多种,如"内—外"图示、"中心—边缘"图示,"上—下"图示等。人们对理论的建构就按照这些基本的意象图式的架构来建构的。意象图式就好像一幢大厦的结构图,对理论的建构就按照这张结构图来添砖加瓦。"模型"理论与"原型"理论类似,认为在人类的认知系统中,储存了很多的模型,如树的模型、花的模型。人类认知新的事物,都是在符合、纳入那些已有的模型,就是用那些已有的模型来匹配、印证当前的事物。"世界假说"理论是隐喻学大师布莱克的理论,他认为人类(实质上特指西方)科学的发展实际上是人类隐含的"世界假说"的发展。"世界假说"即人类对于世界的基本看法、基本想象,也就是基本的世界观,将世界在原本的意义上看成是什么样子的。在人类历史上,至少有四种世界假说:"形式论",将世界的本质看作像柏拉图所说的理念一样的形式;"机械论",将世界看作像机器一样的实体,"机体论",将世界看作像有机体那样有自身发展自身进化特性的机体;

---

① 赵艳芳:《认知语言学概论》,上海,上海外语教育出版社,2001,第68~71页。

"环境论"，将世界看作个体—环境结构，以个体为中心，环境为外围，可以实现内外的相互作用。总之，把隐喻定义为一种认知现象，是将隐喻的概念引向人类心灵的最深层，也将隐喻的概念引向心理学。

二、按照显现形态对隐喻的两种视角

除了在显现环境的视角下理解隐喻之外，在显现形态的理论视角，也出现了两种关于隐喻的研究视角。一是静态的视角，二是动态的视角。

静态的视角。也就是名词性定义，即将隐喻定义为一种事物或者一种事实，是以静态的方式来理解隐喻，将其看作呈现在眼前的固定成形的事物性现象，是具有某些特征特点的标本。静态的隐喻定义，可以整理出两种视野，整体的视野与分析的视野。整体的视野，是指在整体观念的层面上，将隐喻定义为整体的语言现象，不分析现象整体的组成部分、构成机制、运作原理，而直接将具有某种特性的现象整体定义为隐喻。例如，将隐喻定义为一种修辞格，一种不合逻辑的范畴错置，一种不合语法的语言误用。而分析的视野，则是在对某种现象的机理分析的基础上，将这种现象中最为重要的或者核心的领域部分定义为隐喻。很多隐喻研究者都将隐喻划分为两个重要的部分或两个领域，其一为目标域，即正在考查、认知的对象事物；其二为源域，即用来比喻、用来类比的基础。源域这一部分可称为隐喻现象的核心，一部分隐喻学家便将这一部分定义为隐喻。例如，将隐喻定义为一种意象图式、一种原型或者集体潜意识。

动态的视角，也就是动词性定义，是在动作行为的层面上对隐喻进行定义，认为隐喻首先并不是一种静态的事物或者事实，不是固定成型的标本，而是一种动作，一种行进中的过程，一种相互的作用。隐喻是一种看的方式，而不仅仅是以这种方式看到的事物。如果说名词性的定义关注的是看到的事物和用来看的事物，那么动词性的定义所关注的则是这个看的过程。隐喻的动词性定义也有两种视野，其一是语言的视野，其二为认知的视野。语言的视野是将隐喻作为一种普遍存在于语言中的比较、类比、互动的过程。这主要是在人们对语言的理解中，尤其是在使用了比喻修辞手法的语言的理解中。人们认为修辞，当然也包括作为修辞手法的隐喻，只存在于语言的意义中，存在于人类对语言的理解中，而不可能存在于脱离了人类理解活动的冷冰冰的语句中。例如，"阿喀琉斯在作战的时候是一头狮子"这个语句，说它是一个隐喻句，是在对它进行理解的基础上说的，并不是对其本身说的。说它是一个隐喻现象，是在某种"在先"理解的基础上才这么说的。隐喻学史上，隐喻的动词性定义最著名的理论便是互动理论。互动理论认为隐喻的理解过程，实际上就是主旨（本体）与载体（喻体）之间的互动过程。① 具体来说，首先在理解的过程中会出现一个有关主旨（阿喀琉斯）的意义意象域，以及一个关于载体（狮子）的意义意象域，然后这两个意义意象域相互作用相互融合，便形成了整个语句的意义意象域。整个语句意义形成的过程，是一个互动的过程，这整个互动的过程，就是隐喻。当然，隐喻的视野并不是单指对语言的理解，也涉及对事物的理解。实际上，对事物的理解和对语言的理解具有相同的认知过程，因为语言指称事物，对语言的理解，实质上是对事物的间接认知，这个认知的核心过程是同一的。

另外，布莱克也强调隐喻不仅能够表达相似性，而且具有创造相似性的能力②，这就涉及了隐喻动词性定义的第二种视野，即认知的视野。隐喻不仅显现在语言的理解中，也显现在语言的创造中，甚至显现在观念、意象的创造中。意思就是说，隐喻不仅是一种对现有事物的理解过程，也是一种对未有事物的创造过程。这种创造过程，是发生在认知活动中，发生在隐喻活动中，发生在有意无意将两件或者更多件熟悉的事物进行比较、互动、融合的过程中，也发生在将获得的事物、经验转移或者迁移到新环境的过程中。这种互动、迁移就是隐喻学家们所说的隐喻。当然，互动在本质上是一种迁移，是一种互相迁移。而迁移在某种程度上也是一种互动，迁移并不是纯粹的单方向。当把旧有的事物与事件迁移到新环境中时，实质上是在暗暗地将新环境披附到旧有的环境中去，既包含一种反向的迁移，也是一种互相迁移即互动。其实，绝大多数的人类认知活动中，如思维、想象、推理，到处充满了互动，到处充满了互相迁移，到处充满了隐喻。

三、按照显现机理对隐喻的不同分类

如果前面提到的按照显现环境、显现形态对隐喻的内涵理解进行分类，是在没有分析隐喻的机理的基础上进行的，那么按照显现机理的分类则是在对隐喻的发生机理进行分析的基础上划分的。当然，对隐喻的显现机理有不同的分析，则对隐喻有不同的定义、不同的理解、不同的解释。而学界对隐喻运作机制的理解纷繁复杂，所以对隐喻的定义也纷

---

① 胡壮麟：《认知隐喻学》，北京，北京大学出版社，2004，第36页。
② 胡壮麟：《认知隐喻学》，北京，北京大学出版社，2004，第49页。

繁复杂，没有统一的标准，可以这样说：每一个隐喻学家对于隐喻的理解都是不一样的，甚至每一个隐喻学家在此时和彼时、此处和彼处的理解也是不一样的。这造成了隐喻研究的杂乱、不统一，也造成了隐喻研究的零散凌乱，有的在语言学的框架下研究隐喻，有的在修辞学的框架下、有的在哲学的框架下、有的在心理学的框架下、有的在认知科学的框架下，而每一个框架又只关心隐喻的某一个侧面、某一个部分。这样便导致隐喻这样一个完整的人类现象被分割得七零八落、杂乱无章。

如果把隐喻看作建立在相似性上的迁移或者互动，那么按照相似性的比较对象(什么和什么相似)，隐喻可以分为两种。第一，建立在事物或事实的相似性上，即相似是指物理事物之间的客观的相似，如玩具狗与真狗之间的相似。第二，建立在主体态度、情感的相似性上，即隐喻的基础不是建立在外在事物事实本身的相似性上，而是建立在主体对不同事物事实的态度、情感的相似性上，如对玫瑰和对爱人相似的情感而造成的隐喻。

当然，按照隐喻的相似性基础，将隐喻分为这样的两类，自然无可厚非。马克·约翰逊(M. Johnson)博士就曾经这样对隐喻进行分类。但是，这样的分类并非无可置疑。基于不同客体本身之间的相似和基于主体针对不同客体之间情感态度的相似，如果我们这样划分，便默认了这样一个事实：相似性是一个客观的概念，是客观世界本身具有的一种性质，而不是通过主体派生间接产生的概念。而实际上，如果离开了正在观察研究的人而说彼事物与此事物相似，这是一个很荒谬的说法，只要一说到相似，便已经是在主体的某种认知活动之后了。相似性，是一个结果性的话语，而不是一个起始性的话语。相似性是在从事一种比较的认知活动之后产生的结果，在这种比较的认知活动之前说相似是没有意义的，甚至不能这样说，只要一说到相似，必然同时也说到了比较的认知活动。相似性与比较的认知活动是相辅相成、不可分割的，而比较的认知活动只能发生在主体内，发生在主体的"看"中，发生在主体的"意识"中。所以，基于不同客体本身之间的相似和基于主体针对不同客体之间情感态度的相似，它们之间的不同，便不在于相似性是在客体本身之间和在主体的态度情感之间的不同，而在于主体发现相似性的认知活动的不同，前者对相似性的发现来自主体对不同外在客体的"观察"，后者对相似性的发现来自主体对不同自身态度情感的"觉察"，或者是一种内部观察。

四、小结

隐喻是一种语言现象，是语言中的一种修辞现象，是修辞中一种能带给人以惊奇、震撼、拍案叫绝的智慧现象；同时，隐喻也是一种行为现象，是行为中能给人以轻车熟路、似曾相识的习惯现象；更重要的，隐喻是一种认知现象，正是人们有隐喻的认知，才可能有隐喻的行为、隐喻的语言。在认知中，隐喻是本然的，是本能的。隐喻是认知的一种本能，人类的认知在本性上就是隐喻的。

我们可以将隐喻看作一种静态的事物，认为隐喻是观察到的一类特殊的客体，或者是人们用来观察所有客体深居于人类经验记忆中的认知原型。我们也可以将隐喻看作一种动态的过程，认为隐喻是用深居于经验记忆中的原型来观察外在事物客体的这种活动、过程本身。但是，隐喻作为活动、作为过程是本然的，无论是带有特殊标记的客体，还是深居于内的原型，都是在这个活动、过程之后推导出来的。或许根本没有什么已在的认知原型，而只有相同的认知方式。

实际上，隐喻并不是一种单纯的心理现象，不能够单纯地呈现在人们眼前，人们也不能够像研究物体一样能研究它、切割它。可以说，隐喻是一种特殊的生活形式，或者说是弥散于整个心理生活中的。它不是心理生活中特别的一块，不是在心理生活中可以找到独特的坐标从而可以切割出来的，也不像在宇宙中找到一块特殊的坐标群从而命名为地球一样。而是弥散在整个心理生活中，就好像氧气弥散于空间中一样；它甚至是心理生活中较为基奠性的支持力量，就像对于人类来说氧气是空气中基奠性的支持力量一样。隐喻不仅是认知活动对象的特征，也是认知活动本身的特征，还是认知活动原料基始的特征，当我们研究隐喻的时候，也是以一种隐喻的方式在研究，即在用隐喻的方式研究隐喻。

隐喻是一种本能，很多动物也具有。当小猴对母猴特别依恋的时候，它也会对与母猴差不多形状的毛茸茸的玩具表现出依恋行为。其实，人们在婴孩时期，也会具有类似的行为，甚至在长大成人以后，也可能出现。隐喻是一种认知本能，正是隐喻支持着、推动着认知活动的进行，就好像活着的愿望支持着、推动着人类生命的进行一样。

隐喻可以划分出两个结构，或者说两个域，在这两个域之间发生着互动、迁移、转移、比较或类比。认知活动也可以划分出这样两个域，一个是认知对象，如眼前的事物、经历的事实；另一个是认知初始，如原型、意象图示。认知就是在这两个域之间的匹配、互动、比较、类比或者迁移、转移。在这个意义上，隐喻活动和认知活动在实质上是同一的。

如果在时间的维度上，原型、意象图式等认知初始的结构，都是人类记忆的存留，都是过去经验的存留。而眼前的事物与事实，则是现时的新事物的显现。在这个意义上，隐喻充当了人类现时与过去交流的机制，人类的生活，就在现在与过去、当下与记忆的摩擦和撞击中前行。而隐喻则提供了这种交流撞击的可能性与实在的机制。任何新的事物，被认识了，被理解了，实质上就是它在经验记忆中找到了共鸣、觅得了归宿，正是隐喻铺垫了那条通往经验、通往记忆的回溯之路。

也可以反过来说，经验与记忆也正是通过隐喻而作用于现在，经验与记忆通过隐喻对现在新事物的捕捉与笼罩而在场。新的事物总是试图在经验与记忆中觅得归宿，而经验与记忆总是试图在新的事物上附身。记忆试图在场的冲动，可以理解为一种试图延续的冲动、遗传的冲动。记忆与经验试图将自身延续到将来，遗传到之后的生活活动中，正是这种延续，使个体从出生到衰老总是保持着一种同一性，即自我意识的同一性。而这种试图延续的冲动，实质上就是隐喻的本能，这是一种本能，一种超验的本能，是"上帝"赐予人类的独特的本能。它不是像生命、性这样机体的本能，而是人类生活方式、认知方式的本能。生命、性这些本能，基奠于机体，而隐喻的本能，则基奠于机体的活动。

第二节　作为认知现象的隐喻

如前所述，隐喻可以被作为一种语言现象，一种行为现象，或者一种认知现象。但从根本上来说，隐喻首先是一种认知现象。

隐喻的认知在什么样的情境中更容易发生？或者换句话说，凡是隐喻认知容易发生的情境都具有什么样的特征？首先，在梦中容易出现隐喻认知。其次，在清醒的时候，在以下情境中容易出现隐喻认知：第一，当大脑"空闲"不想任何事情的时候，如人们在夜晚走路时，常常将路边的树看作人；第二，在专心工作的时候，如人们在写作的时候，越专心认真，意识越集中，感觉越好，隐喻也越容易发生；第三，当出现迷糊状态的时候，如人们在早晨将醒未醒时，常常出现"幻觉"；第四，有妄想症的患者。

这些情境有什么共性呢？有一点不难发现，它们都属于意识力量较弱的情境，或者拮抗力量较弱的情境。它们都发生于大脑最通畅、最游刃有余的时候，如在梦中、专心的忘我之境、空闲状态。在这些情境中，人们可以按照最本源的方式认识世界。

在某种程度上，隐喻是一种最本源的认知方式。在人类的原始思维中，在婴儿、其他动物身上都有这种认知方式。隐喻完全是一种内在的迁移，一种自然而然的不需要任何外力辅助的迁移，就好像水或者电从一条流路自然地流向另一条流路（十字分支）。隐喻的逻辑完全是在其自身内的。形式逻辑、日常逻辑也是一种迁移的机制，不过它们不同于隐喻逻辑，它们的迁移是需要借助外力的，它们靠理智将产生式的后两部分强行地连接在一起，就好像接通火车路轨的两截。它们不是一种本源的接通。

我们之所以说隐喻是一种语言现象，主要在以下意义上确立：某些句子可以进行隐喻性理解——隐喻性语句，而某些句子不能进行隐喻性理解——非隐喻性语句。判定一个句子是否是隐喻句，即判定该语句是否可以进行隐喻性的理解。只有在一个语句被理解之后，方能判定该语句是否是隐喻句。故隐喻首先是一种理解现象，其次才是一种语言现象。我们不能摆脱对语句的理解，而应在单纯的语言层面上来谈论隐喻。因此，在任何地方谈论隐喻，同时必定暗含一种理解过程。理解就在隐喻这个词的意义中。

因此，隐喻首先是一种理解现象或者认知现象，是对一个语句进行隐喻性理解的现象。隐喻是一个过程性名词，而不是一个实体性名词。不是从语句中，而是从对语言的理解中才能催生出隐喻来。隐喻，实质上是受话者与话语之间的互动。更进一步可以说，隐喻其实是理解的一个类型，是一种理解姿态。

因此，用认知一件事物的方式来认知另一件事物，即隐喻。在理解一个语句时，如果不是在原配的情境中理解目标，或者说，是将一个情境的原配内容抽离，并把留下的空的框架套在目标物上，以此理解目标域，则称为隐喻。也就是说，认知对象与认知架构并非原初匹配而引起某种张力时，即隐喻。隐喻的赋予结构，便相当于用几根木桩将一堆耷拉着的油布撑起一个帐篷，或者用一副骨架将许多肌肉撑起一个人形。隐喻，在本质上就是这样一种赋予结构。

同时，在本质上，隐喻还是一种经验重复的机制，隐喻是一种现在与过去发生交流的机制，即现在在过去的经验中寻得共鸣的机制，或者说是过去的经验在某种程度上在现在重新发生的机制。在时间维度上，目标域可以被认定为是即刻的、现时的，而源域则可以被认定为是过去的、经验的。隐喻就是把隐晦的、尚未成形的现时，放在框架成形的经验中。或者说，隐喻就是将经验中的活生生的情境抽离出框架的外壳，再套在即刻呈现的目标上。

当一个人说理解了某物，或者说认识了某物，实质上是在说此物在这个人的经验或者记忆中寻得了某种共鸣，正如认识一个人，实质上是将这个人和经验中的某个人的记忆联系起来。当一个人说理解了某个语句，意味着这个语句在经验中觅得了共鸣，或者说激发了经验中的某个东西（如观念、表象）的重新发生。理解，也是一种现时与过去的交流。

在某种意义上，我们可以说隐喻是理解的一个类别。隐喻是回忆性的理解与创造性的理解。回忆性的理解就是，即刻呈现的语词激发起经验中的情境原封不动地重新呈现出来。创造性的理解就是，即刻呈现的语词激发起经验情境，并以原本不同的形态发生出来。通常是情境的参与者改变了目标域的东西。

换喻是一种回忆性的理解，它与普通句子理解的差异在于：形象更鲜明，或者改换了注意力。"红领巾正扶着一位老奶奶过马路"和"戴红领巾的小学生正扶着一位老奶奶过马路"，用来理解这两句话的经验表象几乎相同，而且都是未经改变的原初情境，只不过前者更强调注意力罢了。隐喻理解更是一个创造性的过程，具有创造性的张力。这种张力是由经验情境没有按原初的状态自然发生而引起的。这种张力意味着一种拮抗，进而隐喻理解是一种有意识的过程，正是这种拮抗与张力逼出了意识。隐喻是一种思想上的游戏，是由非常规的语句引导的一场思想上的变革。而换喻在很大程度上只是文字上的游戏，在思想上并不会引起太大的变革。"红领巾"和"戴红领巾的小学生"在思想中导出的可能是同一个情境，只不过前者是被鲜明的注意力修饰了的。因此，隐喻实质上其实是一种创造性的理解。

隐喻性语句与非隐喻性语句有什么差别吗？差别在于：隐喻性语句作为认知诱因，可以同时激活两个不同的情境表象，并引导它们进行创造性的融合。而非隐喻性语句则通常只是激活一个情境表象，只不过是让早已发生过的一些东西原原本本地重新发生一遍。所以，在隐喻性语句中，一定包含一个以上的可以激活不同情境表象的主旨（语词），即包含一个以上不同范畴的语句，并且这种不同是很清晰鲜明的而不是模棱两可的。

因此，隐喻的理解中，存在着情境表象的融合。情境表象的融合是朝向一定方向的，朝向某个方向的融合，即应该是什么样的目的。隐喻的目的通常与表明本体的某种特性的欲求有关。譬如人们为了表明阿喀琉斯很勇敢，而说"阿喀琉斯是一头狮子"。一个隐喻的好坏，取决于所选择的喻体能不能充分、形象、鲜明而生动地表露出想要表明的本体的特性来。或者说，人们想要表明的特性是不是同时也是喻体所具有的典型、鲜明的特性。

总之，隐喻在本质上是一种经验重复的机制。对于一个可能被看作隐喻的句子，可以有两种理解的姿态。其一为隐喻理解的姿态，特征为真切地把它作为一个隐喻，通过表象的互动而呈现出想要表达的意义。其二为非隐喻理解的姿态，特征为把它作为一个平常的句子来对待，由熟悉性或者框架提供其想要表达的意义。只有对隐喻进行隐喻的理解，才是真正的有考查价值的隐喻现象。不是一个静止的死的语句，而是在对这个语句的理解而且是活的理解中才显现出隐喻来。在这种意义上可以说，隐喻在本质上并不只是一种简单的语言现象，而是一种认知现象。在谈论隐喻的时候，并不是在谈论一个东西（如一个词语、一个句子、一个概念），而是在谈论一种理解活动，一种认知活动。

隐喻在本质上是一种认知活动或者理解活动，而语言或者是作为成品记录了这种活动的结果，或者是作为诱因引发了这种活动。

隐喻，是凭借呈现已知他物的方式来呈现此物的活动，是一种观察方式迁移的活动。

从广泛的意义上讲，隐喻的实质是一种认知的惯性，即将同一种认知姿态沿用到不同的事物上。因此，隐喻在本质上也是一种观察姿态的迁移：方法的迁移、态度的迁移，以及行为、思想方式、情境、情感的迁移。

语言实际上为人们的经验绘制了一张地图，而不是为世界绘制了一张地图。或者毋宁说语言是一张早已绘制好的地图，通过"我"的即刻生存一点一点把它贴到经验上。隐喻，将那些在亲身经验之外的，或者抽象虚幻的形而上的东西安置在经验的家园中，以使得人们也能根据自己的经验去认识那些不在经验之内的事物。

存在这样两种类型的隐喻：基于时间的隐喻和基于空间的隐喻。第一，时间隐喻（基于时间的隐喻）。隐喻的迁移发生在某个靠前的时间点与某个靠后的时间点之间，是某种过去对现在的投影或现在对将来的"遥望"。人们通过历史、过去对现在的评鉴，或对将来的同构"期望""预言"，过去经验中的行为、思维方式在现时情境中重新发生作用。这些都属于基于时间的隐喻。在时间的维度上，隐喻是一种"滞留"，是记忆的

"惯性"。隐喻作为一种混沌的黏合剂，弥补了现在与将来之间的裂痕，正是因为隐喻，在现在与将来之间游刃有余地来回迁移，使现在摆脱不了将来的"牵涉"，也使将来避不开现在的"投影"。

第二，空间隐喻（基于空间的隐喻）。欲迁移的图式从此处迁移到彼处，从自我迁移到他人。人们常常以认知此处的方式来预知彼处，以看待自己的方式来看待他人（推己及人）。这些都是基于空间的隐喻。在空间维度上，隐喻是一种结构的抛射，即将此处的经验结构空投并强行支撑起未知的彼处。同时间隐喻一样，空间隐喻也拉近了此处与彼处之间的鸿沟，人们常常以此处来认知彼处，又常常通过对彼处的进一步认知来修补对于此处的认知。人们常常以"我"来推测"他人"，而又常常通过对"他人"的观察来修补对于自己的认识。

不论是时间隐喻，还是空间隐喻，都有一个永恒的立足点，即主体"我"——"此"（此时此地）。过去也是现在的"此"。隐喻之所以出不了"我"的影子，是因为隐喻本身即主体"我"的一种机能，并且，隐喻的迁移方向始终是从近处迁移到远处的（由已知、成形、清楚的迁移到未知、未成形、模糊的）。

之所以在此处要谈论理解，一方面如前所述，从本质上来讲隐喻其实是一种理解现象；另一方面，人们的很多心理困惑，其实是来自人们自己以为理解而实际上却并未理解的一种境况，也就是在理解与误解之间。人们经常将一些错误的观念执着为正确的。而之所以会产生这样的境况，也与隐喻有密不可分的关系。

有三种形态，或者说情境，都可以说明人们理解了某物。这三种形态实质上或许并无不同，但它们的外在表现是不一样的。

第一种，自然理解（前理解）。意识在绝大部分的时间内，都处于一种理解了的状态中。这是一种自然的理解，是一种"前理解"。人们常常意识不到也不需要意识到这种理解。因为人们正沉沦在这样一种通畅的称手的状态，一切经验模式毫无阻碍、游刃有余地通过全然自动的显现进行，完全不需要经过意识的挽留，就好像光线通过真空而不被滞留一样。这种理解才是实质上的理解，其余一切理解形态都以其为基础，都是这种自然理解或者前理解在某个领域（想象、语言）中的隐喻表达，都是它在人们自身的意识视域中显现的外显形态。

第二种，模式理解（前语言理解）。当人们在认知某一事物时，常会出现这样的情况：清晰地意识到自己已经理解了这一事物，在大脑中已经建立了一种对它的清晰的理解模型，并且常常非常自信地将这种理解模型表达出来，然而，人们却尚未使用语言来表达它，它的存在方式是一种纯粹的模糊的模型。

第三种，语言理解。这是人们理性思想认为最为完美的一种理解形态，即能够用语言清楚地将自己的理解表达出来。其实，这只不过是理解的最终状态，是结果而不是理解过程本身。

人类的经验其实可以大致分为两类：一类是源于感觉的经验，另一类是源于感受的经验。源于感觉的经验是人类所共有的，而源于感受的经验则大多是私人的。例如，针对同样一件事物，不同的人可能对其具有相同的源于感觉的经验（所看到的都是一样的），而具有不同的源于感受的经验（心理的感受是不同的）。人们经常因为相同的源于感觉的经验而自认为相互理解，又经常因为不同的源于感受的经验而实际上相互误解。

那为什么源于感受的经验会如此不同呢？其实很多问题都源自人们对于自然之事的不自然观看。人们总是戴上经验的眼镜来观看周围的一切，于是，便将诸多不属于事实本身的、黏附于眼镜上的污点赋予了镜前的事物，并且通常并不会意识到自己居然戴着沾染有经验污点的经验之镜。这个观看的姿态有三个要素：其一为本源地看；其二为经验之镜，其中编织了诸多根深蒂固的信念；其三为人们有一种戴镜识物的隐喻倾向，即人们始终愿意使当前的事物能够在自己的经验中找到共鸣。这是一种以经验为喻体的隐喻本能。人类的诸多认知活动（理解、认识等）都是以这种隐喻本能为基础的。很显然，人们的过往经验不一样，因此感受也不一样。人们要解决问题，并不是要剔除早已存在的根深蒂固的信念，而是意识到人类隐喻本能的限度，将一切合理的放在肯定的一边，而将一切不合理的放在否定的一边。

还有一个问题，为什么人们明明是出现了误解，却不自知，而认为是理解呢？尤其是对他人心理现象的理解。其实，对他人心理现象的理解，是一种隐喻性的理解。对他人心理现象的理解，就是在浏览自己的心理现象的同时，具有某种指向他人的意向，这种意向可以被表达为"看作"。而对于朝向未知领域的隐喻来说，其理解过程与对他人心理现象的理解过程一样，是在对喻体进行浏览的同时，发射出某种指向本体的意向，这种意向可以被表达为"看作"。隐喻的理解也不是一个明晰的逻辑推理过程，而是一上手就呈现出来的直观意象过程。隐喻理解中并不存在矛盾，而只存在非自然。隐喻理解中的新奇张力，并不是来自逻辑范畴的矛盾对撞，而是来自非自然的阻碍拮抗。隐喻的理解，就是在自然思维的领域外开辟一个全新的思维路线，是一个从无到有、从拮抗到通畅的过程，隐喻理解中的新奇张力正是来自这种从拮抗到通畅的柳暗花明。正如人们从一条狭长的阴暗的隧道刚走出来，眼前突然呈现一片开阔明亮的景象时，所体验到的那种豁然开朗的感觉。

第三节 观察姿态

如前所述，语言和隐喻虽然对于人类社会的进化极为重要，但是从心理健康的角度来讲，却经常产生一种阻碍性的力量。正是语言和隐喻，使得人们失却了对事实的本来面目的感知。之所以会如此，是因为语言和隐喻充当了类似于眼镜的作用，当有了语言和隐喻时，人们便往往只是戴着眼镜看待五彩斑斓的世界，而不能直面世界本身。当然，语言和隐喻并不像眼镜一样是真正的实体，而毋宁说是一种机制，这种机制可以被称为观察姿态。

一、观察姿态

许多语言学家、修辞学家试图在语言的外部特征中寻找某种能够判断隐喻的标准。这样的尝试自然未尝不可，但即使找到了这样的标准，人们对隐喻的判断也是不深刻的。对于一个语句，我们完全可以仅仅通过判断其外部特征是否达到某种条件，而不涉及对象的意义理解，便可以判断该语句是否隐喻。但是，这些被规定的条件并不能构成对隐喻的定义与说明，而只是简单的描述。因为按照这种方法来判断隐喻，不仅不能深刻地知道隐喻到底是什么，也不可能深刻地知道这个语句为什么是隐喻，最多只是知道这个语句满足了一些条件则可以被判定为隐喻。

要对隐喻有深刻的理解，不可能不涉及语言的意义。隐喻并不是纯粹的语言现象，而是涉及语言的意义的现象。可以这样说，隐喻是语言意义的某种位移式运作。谈论语言的意义，必然涉及对语言的理解。可以说，隐喻并不是暗藏于死寂的语言实体中的，而是产生于对语言活生生的理解中的。隐喻是在受话者与语言的互动中产生的，是理解的一个类别。

语言的意义，并不在说话者之外。语言的意义，即语言作为诱因在人们身上激发的某种观察姿态，不同的语言会激发不同的观察姿态。"桌子和椅子"与"桌子或椅子"，它们的不同，并不在于呈现于眼前的实实在在的桌子与椅子，而在于前一句中的"和"，与后一句中的"或"在人们身上激发了对于相同事物的不同的观察姿态，是在以不同的姿态观察桌子与椅子。"太阳"的意义，并不是高挂在天空中的那个发光的圆盘，而是由"太阳"这个语词在人们身上激发的对于那个实在的发光的圆盘的一种观察姿态，或者说是一种指向的姿态。因此可以说，语言的意义，在某种程度上是由语言的物理特征激发的一种观察姿态。不同的语言激发不同的观察姿态。语言的意义，是内在于主体的，而不可能冲破主体的界限。观察姿态的转换就是隐喻。学习一个词语，就是学习一种观察姿态。

在某种程度上，即使是那些逻辑常项，也是一种观察姿态。例如，"∨""∧"，这些符号表明一种显示的姿态。如果不把"p∨q"中的p、q理解为一些抽象实体，而把它们理解为像"∨""∧"一样的姿态，那么p、q与"∨""∧"在本质上便是一样的。"和"的姿态，源于"看"的主体，而非"看"的对象。从本质上说，"和"的姿态实际上是一种动作结构。因果性、必然性、感情色彩、集合在某种程度上都是心理的而非物理的，都是一种观察姿态。因此，语词的意义，并不是源于一种现成的、跨越时间的、先前的规定或者判决。而是一种在具体的生活情境——语词的使用情境中显示出来的姿态。

如前所述，隐喻是人们在对语言进行理解的过程中的一种现象，是由语言激发的某种观察姿态。然而，隐喻也是可以脱离语言的，可以存在于前语言的状态。语言既是思维的激发诱因，也是思维的记录结果，同样，隐喻性语言既是隐喻认知的激发诱因，也是隐喻认知的记录结果。

当我们独自在满天星斗的夜晚徜徉时，常常发生这样的情况：看见路边摇曳着一个人影，走近一看，原来是一棵摇摆在晚风中的小树。这个情境中包含一种隐喻，即把夜间"一棵朦胧的小树"，看作一个人影。这和在"阿喀琉斯是一头狮子"这个隐喻句中将阿喀琉斯看成是一头狮子并没有本质的不同。只不过前者是纯粹的认知现象，后者还涉及语言。这个情境，与人们在对隐喻性语句进行隐喻性理解的情境一样，朦胧幽暗的小树充当刺激，诱发了一种"人影"的观察姿态，而这一种被诱发的"人影"的观察姿态，恰好构成了人们对那棵小树的认知或理解。人们看到的始终只是棵小树，却以一种"人影"的姿态在看它。隐喻产生于人们对小树的观察姿态，而不是产生于这棵小树本身。在半梦半醒之间，人们经常将一些无生命的东西看成是有生命的东西，如将头顶天花板上的一些随机的线条看成是一个人形。半梦半醒间的这些原发意象皆为"活着"，并非看到了活的东西，而是以活的方式在看那些东西。

隐喻是一种普遍的认知现象，对任何事物的认知都可能是隐喻性的。

隐喻性的语言，是对事物进行隐喻认知之后的结果记录，同时也可以充当诱因激发某种隐喻性的理解（观察）姿态。

因此，观察姿态，是对某物或某事的观察姿态，意思就是说在观察或者经历该事物或者事件的时候，人们的身体、思想、观念、行为所做出的姿态，或者说是观察或者经历某事物或某事件的观念和行为方式，也就是，观察者（经历者）在处理某事物或事件时，观察者所做出的应对姿态。

观察姿态具有以下特点。第一，具有完形的特征。观察姿态是一个完整的整体，是对某事或某物的整个身心的应对姿态，包括身体、行为的向外的姿态，也包括思想、观念、意象的向内的姿态；第二，在姿态整体中，有核心的成分，也有边缘的成分。核心成分表示在这个观察姿态的整体中与该事物或事件有核心关联的部分。正是这部分，构成了对事物或事件的主要应对部分，它们发生了更多的变化与位移；第三，观察姿态有重新发生的倾向，可以在特定的情境中重新发生，这也是一种心理的惯性；第四，姿态具有独立性，即可以从思想上将两个不同的事物或事件的观察姿态区分开来，或者说，某一事物或事件的观察姿态在思想上是有界限的；第五，姿态具有联系性，即不同的事物或事件的观察姿态可以通过特定的方式联系起来。人类的经验，正是由无数的事物与事件的观察姿态整合而成的姿态库。

二、观察姿态的迁移

隐喻是用认知一件事物的方式来认知另一件事物。如果将"认知事物的方式"改写为"观察姿态"，那么隐喻便可以被描述为观察姿态的迁移，即用观察一件事物的姿态来观察另一件事物。

人们在理解"阿喀琉斯是一头狮子"的表象中所见到的，并不是一个勇士，而是一头狮子在战场上英勇杀敌，是以狮子的姿态在观察阿喀琉斯这个人。将小树看作人影的情境中，是以人影的姿态在观察那棵小树。当然，这可能并不是主动而是被动地使用人影的观察姿态。再如"根是地下的枝，枝是空中的根"，这是用枝的姿态观察树根，又用树根的姿态来观察树枝。

观察姿态的迁移，即将观察某物的姿态，迁移到对另一件事物的观察中。在观察一个目标物时，如果不是用与此目标物相匹配的原初观察姿态，而是用一个与之不相匹配的其他观察姿态来观察它，那么人们所使用的是隐喻的认知方式。

迁移是指某一观察姿态从一个点向另一个点的自动滞留，或者说，是一个点对前一个点的观察姿态的自动遗承。迁移有两个方向：第一个是历时的方向，也就是前一个时刻向后一个时刻的滞留，或后一个时刻对前一个时刻的遗承；第二个是共时的方向，也就是一个事物或事件向（对）另一个事物或事件的滞留或遗承。历时的方向为纯粹的重新发生，对象不变，如记忆；共时的方向为创新的重新发生，对象改变，如隐喻。

迁移也有自己的特点。其一，无方向性。或者说，这种方向性并不重要；其二，无目的性。迁移并不是由意识驱动的，而是在特定的情境中，一上手就发生的；其三，系统性。姿态的迁移是相对系统的，所迁移的通常并不是单个孤立的特征，而是整个情境。其四，瞬时性。姿态的迁移是不需要运用时间的，而是一上手就能瞬间完成的。只有开始和结果，没有中间过程。因为迁移在本质上是一种重新发生。

推广开来，我们可以将隐喻看作一种纯粹的迁移，或者说将任何形式的迁移都看作隐喻。情感与态度的迁移，如心理学上的"移情"，其实质就是将对一个人的情感与态度，迁移到另一个人的身上，这也是一种姿态的迁移。人类的日常生活，就是将那些为数不多的情感姿态，不断重复地迁移到不同的对象上。眼前的人变了，眼前的事变了，但是我们对于他们的情感姿态、观察姿态依然不变。在解决逻辑问题、数学问题以及其他问题时，人们总是满足于用一种方法能解决许多问题，总是倾向于用以前解决其他问题的方法来解决新出现的问题。于是，人类解决了一个又一个艰涩复杂的问题，但用来解决这些问题的方法却依然少有变化与发展。

从时间视角考察观察姿态的迁移。目标物可以被认定为即刻的、现时的，而用来观察它的姿态则是过去经验中观察其他对象的。于是，隐喻便是一种现在与过去相互交流的机制。隐喻就是把即刻的目标物呈现在经验的眼前，以经验中的观察姿态来观察它，就是将即刻呈现的目标物在过去的经验中寻得某种共鸣。

当一个人说"我理解了某物"，或者说"我认识某物"，便意味着这个事物在这个人的经验中觅得了共鸣，或者说是激发了经验中某些东西的重新发生；便意味着这个事物与过去的经验发生了交流。一个人说"小王，我认识你"，意味着眼前的这个人激发了即刻与过去的某种交流与匹配，或者说激发了机体在过去发生过的某些事件在此刻又重新发生了。理解也是一种现时与过去交流的机制。

隐喻通常使用情境，即用经验中具体、清晰、已成形的事物来理解、认识此刻的抽象、模糊、未成形的事物。人们可以轻而易举地用观察水流的姿态来观察电，并将其称为"电流"，也可以理所当然地用观察鸡蛋壳的姿态来理解宇宙的形状。隐喻的作用，在于帮助人们通过已知的，来更清楚地理解未知的。然而，也正是隐喻，它也可能阻碍人们更进一步地理解未知。人们对于电的理解，就很难摆脱观察水流的姿态的束缚；对于宇宙形状的理解，也很难摆脱观察鸡蛋壳的姿态的束缚。

说隐喻是一种现在与过去的交流，但在某种程度上也可以说是过去对现在的束缚。过去的经验就像一块巨大的磁石，它似乎不遗余力地要将现在与将来全都吸收到它的陈旧的框架中。

人类社会发展迅速，但这似乎仅限于人类周围而与人类本身无关。人们发明了火箭、卫星，发明了大炮、原子弹，火车越跑越快，飞机越飞越高，然而，这些都是人们眼前的，人类自己呢？人类的行为方式、思想方式，我们的观念、信仰，与苏格拉底、柏拉图时代相比有多大的进步？

如前所述，观察姿态的迁移就是以观察一件事物的姿态来观察另一件事物，隐喻实际上是一种观察姿态的迁移。而人们的很多心理困惑，也正是来源于观察姿态的迁移，因为用来自他物的、不属于自身的观察姿态来观察某物，直接导致的结果就是不能识见事物本身。因此，心性疗法所提倡的语言分析，就是在某种程度上发现观察姿态迁移的本质，并还原事实以本来面目。

第四节　通与拮抗

在前面的章节中，我们曾对本然状态的核心特征做了说明，那就是"通"。实际上，既然存在"通"，则也存在"通"的反面，那就是"拮抗"。这部分内容的主要目的就是对心理学中"通"与"拮抗"进行分析。

一、生活中的"通"

对于任何一件事情，人们都可以向任何一个方向推理，并且这种推理是畅通无阻的。其实，这种"理"，并不存在于事情本身中，而是存在于推理者的经验中。针对某个事件的推理，并不是对这个事件本身的操作，而是一边远远地望着事件，一边对于经验的操作。人们可以在任何时刻都保证这种操作或者推理的通畅，因为一旦遇到某种阻塞，便会从经验的其他领域找来某种依据打通这个阻塞。日常生活的推理，常常就是拿他种无力的经验，来弥补此种经验的无力。人们常常就是以这样的自欺欺人来保证推理的通畅性。

"我突然见到一个几十年未见的老朋友，感到兴奋与惊奇。"这是一种什么样的势态？认出一个变化很大的老朋友与认出一张熟悉的桌子并不一样。认出一张桌子是一种单纯的打开或连通，在这种打开或连通中并无任何激荡，正如两列相向而行的波长、频率完全相同的波，一旦相遇便马上合二为一，成为一列与先前状态完全同一的单一的波。而认出一个变化很大的老朋友，则是一种充满了激荡的打开并且连通，正如两列波长、频率、振幅都不相同的波相遇时，都要求改变先前状态而成为一列新波的紧张激荡状态。这种紧张与激荡，不仅逼出了惊喜与激动的神情，还提供了一种继续识认下去的推动力。

相反的情况：人们在远处认出某一个人是自己的朋友，而直到走近一些，才发现这人并不是自己的朋友，这又是一种什么样的势态呢？

人们在远处时，认出此人是自己的熟人，这是一种如上所述的打开并连通，或者充满激荡，或者不。而当人们走近一些时，认出此人其实并不是自己的熟人，这时的认出也同样是一种打开，但并不是一种连通。正如当我们打开一扇门时，才发现这扇门并不是一条通畅的长廊，而是无路可走，虽然打开了，但并不连通。

这就像人们判断"那是对的"与"那是错的"这样两种打开势态一样。正确的判断往往是一种打开并且连通，错误的判断往往是一种打开并对连通的否定。错总是以对为基础，因为对连通的否定是以连通为基础的。"错"是对"对"的连通的不连通的反应。

《视觉思维》一书写道："所谓知觉，就是以那些具有相对说来较为简约形状的模态或式样（我称之为视觉概念或视觉范畴），与刺激物达到一致（或用之取代它）。"①

达到一致或结合，实际上是一种打通或者接通。正如现在那些比较先进的密码锁，只要某种固定模式的指纹或声音呈现，并与密码锁中储存的固有模式相匹配，那么门锁便会瞬间打开。在知觉中，重要的并不是内外模式的匹配过程，而是类似于门锁打开的接通状态，因为这种打开或接通才是"知觉到"或"认识到"的本来意义。

长时间盯着一个汉字，会使这个汉字变得陌生。这种现象只不过是

---

① 〔美〕鲁道夫·阿恩海姆：《视觉思维》，滕守尧译，成都，四川人民出版社，1998，第37页。

打开后还没来得及关闭，于是不再打开。知觉是一种接通而不是一种连续的通畅，如果已经通着便不存在接通，正如门开着便不需要再打开门。汉字在长时间盯着的情况下变得陌生，正如密码锁已经打开之后再呈现指纹或声音它便不会有任何反应一样，只有密码锁重新关闭，打开才会重新发生。

当然，针对这一现象，我们用语义通达机制也能做出一些解释。语言学研究表明，音义通达比形义通达更占主导地位。人们在初看一个汉字时，都会有一种读出来的倾向，即音形之间的联系在初看的一刹那是融通的，知道读音便知道意思。所以，在初看一个汉字时，人们的理解活动是正常运行的。而当人们盯着这个汉字看了许久后，通常出现的情况是，他们不再关注它的读音，而只关注由几个线条组成的形状，看它就像看一幅画一样。正因为不关注读音，所以它的意义并不会通过读音传递到意识中来。这种现象在汉语中比在英语中更容易出现，因为英语单词的形音联系比汉字的形音联系要紧密得多。

当一个人说"不认识一个字"的时候，"不认识"意味着什么呢？假如这个字是以前认识的，现在却不认识了。处于这样的情境，通常是既不知道其读音，也不知道其意义。假如此时有一个人突然告诉你这个字的读音，你便能马上想起这个字的意思来，就像当你见到一个熟人却忘记他是谁的时候，有一个人告诉你他的名字，你便马上想起他的一切一样。

二、生活中的拮抗

在物理世界中存在两种平衡状态，完全静止和匀速直线运动。其实，在心理世界中也存在两种平衡状态：什么事都不想，以及专心致志地想一件事情。

为了进入睡眠，什么事都不想与专心致志地想某一件平和的事情都能达到效果，因为它们在本质上并没有什么不同。无论是在物理学中，还是在心理学中，平衡状态总是最轻松、最省力、最顺畅的。

平衡状态的崩塌，是对外力的拮抗反应，正如静止或匀速直线运动的物体在受到任何外力的拮抗时则会打破平衡。在心理学中，平衡状态的崩塌实质上也是平衡状态为外力所拮抗，而不得不以一种不顺手或非平衡的、需要某种力量参与的推动状态所取代。正是在这种拮抗或不顺手中，"我"被逼生了出来。而与此同时，站在"我"面前的也突然以与"我"不同的客体对象凸显出来。

人们经常认为情绪至少是分为两极的。一极是正性情绪，如满意、喜欢、愉快、兴奋等；另一极是负性情绪，如不满意、厌恶、憎恨、沮丧、窒息等。现在的问题是，这些情绪在本源上究竟是一种什么样的状态呢？

其实不难发现，各种正性情绪之间、各种负性情绪之间都似乎隐含着某种共性。第一，满意、喜欢、愉快、兴奋，都是一种通达与顺畅，不管是气流还是行动，都是一种很舒畅的感觉。而厌恶、憎恨、沮丧、窒息则是一种阻塞与拮抗，不管是气流还是行动，都有一种沉重与摩擦的感觉。第二，人们身处于正性情绪中，如喜欢、愉快，更容易达到一种忘我的情境，自我意识因舒畅而较弱。人们身处于负性情绪中，如痛苦、沮丧，则很难忘我，自我意识常常因阻塞而更强烈。因此，我执常常产生于负性情绪中。这也是为什么快乐的时光总是很快，悲伤的时光总是难熬的原因。

当人们蒙着眼睛走进一个封闭但是通畅的迷宫时，无论怎么走都刚刚好躲过墙壁。人们可能被此时的通畅所迷惑，以为自己正行进在茫茫无边的大草原上，自由自在，悠然逍遥。然而这个通畅的迷宫中如果突然出现了拮抗，前行的道路再也行不通了，人们便有机会如梦初醒，发现自己竟然在狭小的幽暗的迷宫中转圈。拮抗提供了"知"的可能性，通畅是淹没意识的涌流。

当人们按照一个惯常的、封闭的但是通畅的模式思考问题时，每每会为如此的豁然与通达而拍案叫绝，也每每会为如此的豁然与通达戴上"真理"的帽子。然而，这时候人们可能正将自己的理智释放在狭小的、封闭的、幽暗的然而通畅的迷宫中游弋，由于没有阻碍，没有碰撞，所以他们对于迷宫是不自知的。

因此，不仅物理学中，而且心理学中也存在惯性。在物理学中，惯性是指一个物体有保持静止状态或匀速直线运动状态的倾向，而在心理学中，惯性是指一个事件有保持它以之前发生的形态重新发生的倾向，如果要改变它，则需要外力的作用。

很多人都有过这样的经历：解答一道数学题目，他们在久经思考后豁然开朗的时候，对于之后的步骤总是那样似曾相识，即此后的解答方式都是以前在某个地方见过的，于是只需要按照以前的模式，一步一步依葫芦画瓢即可，不需要消耗任何脑力。这样的实例在生活中其实随处可见。即使在观念中发生的某些事情——思考问题，人们也总是有一种以之前思考问题的方式重新思考的倾向。

记忆、遗传、隐喻其实在本质上是一样的。因为它们都有一种潜力，一种使以前发生的事件重新发生的潜力。

三、小结

如前所述，语言在本质上是一种观察姿态，而隐喻在本质上是一种观察姿态的迁移。无论是语言，还是隐喻，都有一种使已经发生的事实滞留下来的功能。当人们用语言来描述事实的时候，事实本身就已经发生了某种程度的改变。这是因为，人们用语言来描述事实，在本质上就是用一个一个的概念将事实切割开来并重新组合，就是在给事实赋予身份，但是他们在给事实赋予身份的同时也将语言中的社会文化信息一起强加给事实，因此，事实便丧失了其本来面目。然而，真正导致人们产生心理问题的并不是事实本身，而是来自对事实的语言描述。因此，在心理咨询与治疗中我们可以通过语言分析与语言还原，通过语言直面事实本身，从而让来访者看清自己心理问题的本质，看清事实的本来面目。同时，隐喻作为一种观察姿态的迁移，常常使人们具有一种以此物看待他物，以自己理解他人，以过去认识现在的倾向，这种倾向也使人们常常忘却了事实的本来面目。因此，可以说，语言和隐喻的某些功能正是导致人们产生各种心理问题的心理机制，所以，心性疗法主张通过语言分析的方法进行语言还原和隐喻还原，以发现事实的本来面目和自己的本来面目。

第六章　心性疗法的核心理念

第一节　一个核心——重新回到本来面目

　　基于中国传统文化的心性疗法，其核心要义或最主要的特征，就是回归本来面目。中国传统文化的一个典型理论，就是以心善言性善的性善论。性善论的核心要义就在于主张人性本善，人性本善强调两点，其一是"本"，其二是"善"。"本"，是指最初的、原本的，或者说最开始的、最根本的；"善"，是指善良的、积极地、好的、值得维持或追求的。合起来说，性善论就是：人最初的样子是好的，或人最本来的面目是值得维持和拥有的。在中国传统文化中，一个人逐渐成长的道路，实质上就是回归本性、回归本来面目的道路。无论是儒家所说的成圣、道家所说的得道，还是佛家所说的成佛，在本质上都是要回归原初的本性，也就是重回本来面目。

　　基于中国传统文化的心性疗法主张：人的本来面目是健康的，是积极的，大部分人的生活状态，都不是在自己的本来面目中的，都在某种程度上背离了或者迷失了自己的本来面目，无论是在心理上，还是在生理上。正因为迷失了本来面目，所以人们会产生各种心理疾病及生理疾病。而治疗疾病达到健康的根本方法，就是要使人们重新发现自己的本来面目，重新回归自己的本来面目。心性治疗的核心，就是要找到回归本来面目的方法与技术。

本来面目是一种什么状态

　　要想发掘回归本来面目的方法与技术，首先必须知道本来面目究竟是一种什么样的状态，具有什么样的特征。这在前面关于本然状态的章节中已有详细的阐释，此处只需再做一总体的概述即可。

　　显然，回归本来面目其实本身就预设了另一种状态或者面目的存在，那就是实然状态或现实状态。为了更深入地理解本然状态是一种什么样的状态，我们可以将其和实然状态进行对比，在对比中可以获得更清晰的理解。

第一，本然状态就是本来具有的状态，或者原本具有的状态，是一种原初的生活状态；而实然状态就是现实具有的状态，是一种现实的、实际表现出来的生活状态。

第二，本然状态以通达无碍为特征，能够顺其自然，能够以自己的本来面目展示，而不会出现任何执着或阻碍；实然状态会有诸多阻碍，使人有很多想法，不能随心所欲，不能游刃有余，不能呈现自己的本来面目。

第三，本然状态是纯粹的、真诚的、坦然的。本然状态的人无论是对自己，还是对他人，都能真诚面对，都能坦然接受；实然状态的人可能在生活中有诸多隐藏或诸多隐瞒，不能坦然地面对自己，也不能真诚地对待他人。

第四，本然状态的人既不自卑，也不自负，不会对自己进行好与坏、强与弱的评判，自己只是一种存在；也不会对他人进行好与坏、强与弱的评判，对待他人不会有拒绝或接受之分，平等真诚待人；实然状态的人经常陷入对自己或对他人的好与坏、强与弱的评判中。所以可能会有自卑或自负，可能对他人有喜爱或厌烦，实然状态的人可能经常生活在各种评判、评价中。

第五，本然状态的人关注于当下的生活状态，不会评判自己的过去，也不会幻想自己的将来，只是把握当下，活在当下；实然状态的人经常关注自己的过去或将来，经常笼罩在过去的阴影中或对将来的期幻中，没有活在当下。

第六，本然状态的人是"非理性"的人，他们没有所谓"生活理性"，不会去执着于生活中的某些原则、规则，他们能顺应生活，从心所欲不逾矩；实然状态的人是"理性"的人，他们经常从生活中得出许多理论、原则，执着于其中，并以此作为自己生活的标准，他们生活在诸多规则中。

第七，本然状态的人洒脱、真诚，他们的关注点不在自己，也不在他人，而在于生活的状态；实然状态的人经常畏首畏尾，要么太自我中心、关注自我，要么太关注他人，而不关注生活状态。

第八，本然状态的根本特征，无执着心；无分别心，通达无碍。

由此可知，本然状态与实然状态有着根本性的差异。心性疗法的核心就是通过各种方法，实现从实然状态向本然状态的转换。回归本来面目，回归本然状态，是心性疗法的核心要义。

所有有助于回归本来面目的方法与技术，都可以纳入心性疗法的范围中，都属于心性疗法的范畴。

如何回归本来面目呢？如果按照佛家哲学来说，就是破执与观空。正如前面所说，心性疗法提倡一种以本然状态作为人的本性的人性论，这种人性论认为，人的本性是清净的、空寂的、自然的，是无分别、无妄念、无烦恼的。人的种种心灵苦难是由自心的执着与迷失导致的，即把"我"执着为实在的实体，产生种种我与非我的差别观念，从而产生和增长贪欲、瞋恚、愚痴，形成种种烦恼。因此，佛家修行的方法核心便是破执，即破除执着，顿见自己的真如本性。当一个人不再执着于自我，便不会产生贪欲、瞋恚、傲慢，便不会产生种种烦恼。心性疗法的核心也是破执与观空。破执即破除我法二执；观空即识见自己的空寂本性。

如何破除执着呢？总的来说，破执就是破除一切执着的观念、想法、念头，能够了解任何一种观念、想法、念头都依赖于一定的条件而形成与存在，当条件变了，这些观念、想法、念头也应随之改变。正所谓"缘聚则生，缘散则灭"。禅宗临济宗人关于破执有一套系统的说法，他们称之为"四料简"，即根据参学者的不同根器和对我法二执的不同程度而采取的不同教学方法。[①] 第一是"夺人不夺境"，针对的是我执较严重的人。这类人的思想、行为都以自我为中心，或者由于认为自己是天才或伟大的人物而感到自负；或者由于认为自己很愚笨或什么也不是而感到自卑。他们常常因为放不下自我而产生种种烦恼，所以对于他们来说，重要的就是破除我执，认识到"我"只不过是因缘和合的假象，自己的现状在很大程度上是由于环境条件集结而成的，从而更倾向于一种外归因。第二是"夺境不夺人"，针对的是法执较严重的人。这类人的头脑中有诸多抹杀不去的束缚与限制，认为世界上有独一无二的原则或者放之四海而皆准的真理，对于自己的生命只能这样而不能那样，有着鲜明的对与错、善与恶、好与坏的区别。正是这些过多的条条框框限制了他们的思想与行为，从而显得极为固执，产生诸多烦恼。对于这一类人，应该着重破除他们的法执，让他们理解世界的本性是空寂的，没有任何恒常不变的东西，任何事物都是由一定因缘条件和合而成。第三是"人境俱夺"，针对的是那些我执与法执均较严重的人。对于他们，则必须既要破除我执，又要破除法执。第四是"人境俱不夺"。针对的是那些我执法执都不是很严重的人，对于他们，便没有必要执意破除执着。当然，临济宗的"四料简"也可以被理解为破执的步骤程序，即针对任何人，首先是破其我执，

---

① 洪修平：《中国禅学思想史纲》，南京，南京大学出版社，1994，第207页。

让他们在思想行为中不受自我中心的限制；其次是破其法执，让他们在思想行为中不受外在原则要求的限制；再次是我法均破而观空境，让他们体验我法二执均破之后的空寂的境界；最后是连空境也破，回归自然，达到随顺自然、游刃有余的生活状态。总之，心性疗法的方法核心就是破执。破除我执与法执，体验到自性的清净性、空寂性、自然性，从而治愈与我执、法执相关的心理疾病，最终达到能随顺自然、自由自在的生活状态。

什么是观空呢？所谓观空，就是指对无我、空寂的观想与体验。通过这种观想与体验，人们便能认识到个体生命、世界万物的缘起无我性，能够认识到所有的一切，其他的所有人，甚至包括自己身边最亲近的人；其他的所有物，甚至包括被划归到自己名下的财产、物品都是在以他们自己的方式存在着。他们都不为"我"而存在，即使没有"我"，他们也以自己的方式自得其乐地存在着，并不会有太大的改变。而自我只不过是一种对自己身体存在感的体验，并不是一种恒常不变的实体。因此也没有必要太执着于自我。并且，通过这种对无我、空寂的观想与体验，还能使人们认识到个体生命在整个空间中与其他存在的相互依存、相互牵连的关系，能够认识到自我的存在以及自我的现状都是由其他的因缘促成的，都是在他人、他物的共同影响下形成的。同时，自我的存在也是其他存在的因缘之一，也在影响着他人、他物的存在方式。因此，人们没有必要因为自己的一切而骄傲自负，也没有必要因为自己的一切而羞愧自惭，自己的一切都是在一定的因缘条件下形成的。总之，观空就是一种观想与体验那种无我、空灵、自然而然的本然生存状态；就是一种观想与体验那种与其他存在相依共存、相互牵连的本然生命状态。而这种状态，也就是中国传统文化中所谓"天人合一"的境界，也就是禅宗所谓本然状态、本来面目。

由上可知，破执与观空是心性疗法的两大方法核心。其中破执是从认知觉悟的角度回归本然面目；观空是从行为静修的角度体验本来面目。这也是心性疗法主张回归本来面目的两条路径。

第二节　两条路径——明心见性与修心养性

由上文可知，心性疗法的方法核心是破执与观空，也就是破除我执与法执，以及观想与体验无我、空寂的状态。其中，破执通过认知上的觉悟而实现；观空通过行为上的修行而实现。因此，心性疗法的具体方法就包含两条路径，第一条路径是自上而下的，是认知上的觉悟，也就是悟，我们可以称其为"明心见性"；第二条路径是自下而上的，是行为上的静修，也就是修，我们可以称其为"修心养性"。值得注意的是，无论是觉悟，还是修行，都是针对个体当下的念头、观念，这也是心性疗法的根本意谓。

事实上，在中国的佛家禅宗中，对"悟"与"修"的关系有各种观点与表达。以神秀为代表的北宗禅主张"渐修渐悟"；以慧能、神会为代表的南宗禅主张"顿悟渐修"；以马祖道一等人为代表的祖师禅主张"无修顿悟"。其中，"修"主要是指行为或实践层面的，"悟"主要是指认知或思想层面的。"渐修渐悟"是指通过严格标准的行为方法（如坐禅）渐渐达到在本性认知上的彻底觉悟；"顿悟渐修"是指首先在认知上达到对清净本性的觉悟，然后再用行为或实践去体证并维持之前的觉悟；"无修顿悟"是指首先在认知上达到对清净本性的觉悟，然后在生活中，而不是在固定的行为模式（坐禅）中去体证与维持认知上的觉悟。其中，后两种是中国传统文化的主流，即首先有认知上的改变，然后再用行为的调节来体证与维持。这种认知改变与行为调节相互结合、相互补充的思想也是当前心理治疗思想的新趋势。因此，心性疗法也应该包括两阶段的程序：第一阶段是认知上的觉悟，可称其为明心见性；第二阶段是行为上的护持，可称其为修心养性。

一、自上而下的路径：明心见性

如前所述，基于中国传统文化的心性疗法的核心要义在于回归本来面目，也就是实现从实然状态到本然状态的转换，完成这种转换，有两条路径：第一条是自上而下的路径，即认知觉悟的路径，可称为明心见性；第二条是自下而上的路径，即行为修行的路径，可称为修心养性。

明心见性，即认知觉悟的路径，其目的在于通过认识、思想、观念上的努力，使人们认识到本来面目的存在及特征，以及本来面目是如何沉沦到实然状态的。也就是人们从认知上去体证、体悟本来面目，去体证、体悟自己原初的、最纯粹的存在状态。明心见性使人们认识到：没有恒常不变的事物，世界上一切存在（包括"我"）都是在一定的因缘条件下和合而成的；人的本性是清净的、无烦恼的，人们的心理痛苦都是因为自己执着于自我或某一外物，或某一外在的原则，深陷其中而无法自拔，从而导致种种烦恼；并且，人们要想解脱烦恼，只有认识到这一切，认识到自己的清净本性。

认知觉悟的任务包括：其一，认识到本来面目的存在；其二，产生回到本来面目的心向；其三，了解回到本来面目的方法。

认知觉悟不同于认知改变。认知改变是认知疗法及认知行为疗法的核心方法。它认为人们之所以产生诸多心理问题，是因为人们具有很多不良的或不合理的认知观念，而心理治疗的目的就是改变这些不合理的认知，而代之以一种新的、合理的或积极的认知观念。而认知觉悟，并不是要改变原有的认知，也不是用合理的认知去替代那些不合理的认知，而是从根本上悬置认知，使所有认知失效，或者达到一种无认知的纯粹状态。认知失效或无认知则没有正确与错误之分，没有合理与不合理之分，没有消极与积极之分。认知疗法的认知改变实质上是：首先发现人们头脑中那些错误的或者有问题的认知逻辑，然后再植入正确的，或者健康的认知逻辑以替代之，从而实现治疗的效果。而明心见性的认知觉悟实质上是：否认任何恒常不变的认知逻辑，要求放弃对头脑中任何逻辑的执着。认知改变的方法认为，心理疾病的根源在于头脑中存在不健康的认知逻辑，而认知觉悟的方法则认为心理疾病的根源并不是那些认知逻辑，而是对那些认知逻辑的执着。因此，在方法上前者要求替换一种健康的逻辑，后者要求放弃对任何逻辑的执着。一个人之所以有各种心理疾病，不是因为有诸多不合理，事实上，但凡存在，就有其合理性，就一定是在某种因缘条件的和合下必然产生的，所以根本无所谓合理不合理。人们在事前是无法选择的，甚至根本没有选择，它就那样发生了。所以，心理疾病的发生，从根本上说是人们具有这些认知，并执着于这些认知。事实上，那些心理疾病越严重的人，越被更多的认知或观念所束缚，所缠绕，所阻碍，而一旦他们实现觉悟，在某一时刻彻底明白所有这些认知观念都是虚幻的，都是可以没有的，都不是绝对的，那么他们才从根本上摆脱了这些束缚、缠绕、阻碍。所以，认知觉悟是心性治疗的核心。

二、自下而上的路径——修心养性

修心养性，就是行为修行的路径，就是通过行为上的尝试，如静坐、冥想等方法，去体悟，去体验本来面目或本来状态的存在。明心见性是从认识上去发现本来面目的存在，修心养性是从行为上去觉察本来面目的存在。明心见性是自上而下的，修心养性是自下而上的。

行为修行不同于行为改造、行为矫正，或行为训练，它不是要消除或改变某种行为模式，也不是要形成或增加某种行为模式。行为修行的目的并不在于行为本身，而在于一种心灵上的觉察。行为修行，就是通过行为上的努力或训练，使个体体验本来面目或本然状态的存在状态。

之所以称其为修心养性，是因为通过行为上的修行，人们可以发现、维持自己的本来面目或本然状态。这是一种呵护、培育的过程。也可以这样说：明心见性是一种顿悟，而修心养性是一种渐修。

人们通常采用的修心养性的方法包括：静修、冥想、打坐、禅定、太极、瑜伽等，其共同的特点在于动静结合、以静为主。

但与这些方法相比，来自真实生活中的修行更值得提倡。生活修行，就是在生活中进行自我指导、自我训练、自我疗愈。生活修行的一个范式为：无论从事什么活动，都要完全地投入其中。投入其中的意思是：人们纯粹地存在于当前的活动中，心无杂念，所有的注意力都在活动中，不会去考虑做得好还是不好，不会去考虑周围其他人的存在，不会去关注时间，不会去关注自我。在当前的活动中，自我是完全向世界敞开的。这时候是真正地活在当下的。做任何活动都可以修行，洗碗、拖地、吃饭、刷牙，各种工作都可以，哪怕是休息，什么也不做，也可以完全开放自己，以最诚实的面貌存在。在与他人交往、言谈的过程中也是如此，真诚坦然，不用去顾忌太多，不用去思索太多，不用在意别人如何看待自己，不用在意别人是否喜欢自己，忘记这一切，忘记自我，以最真诚、最真实的面目展现自我。而这就是真正的自我，就是自己的本来面目，或者说本然状态。

生活中的修心养性，一个最大的好处在于自我疗愈。当代的心理咨询与心理治疗，越来越脱离开以前传统的医生和病人的范式，越来越主张自我指导、自我疗愈、自我预防。生活中的修心养性就具有这样的典型特征。它简单易行，容易操作，而且那些没有文化或文化水平不高的人也能轻易掌握，不受文化水平的限制。因此人们在任何时候任何地点都可以进行。只要自己想做，随时都可以，没有医生与病人之分，自己就是自己的医生。

同时，现代的医疗也越来越重视预防医疗，预防疾病比治疗疾病更重要，正如《黄帝内经》所说："治未病而非已病。"心理学最重要的不是在人们已经患有心理疾病的情况下去消除或缓解症状的发生，而是从根本上避免心理疾病的发生。心性疗法就是如此，它不仅有治疗的功效，更重要的是它具有预防的功效，它能够让人不得心理疾病。从这个意义上说，心性疗法是最根本的心理疗法。

总之，心性疗法的核心理论假设在于：所有的心理疾病与困惑究其实质都是一种对于平衡的本然状态的背离，或者对于本性的迷失。而之所以出现这种背离或迷失，其根源就在于人们在理性发展的过程中出现的种种执着，如对于自我的执着，对于某个事件的执着，对于某种观念的执着等。因此，心性疗法的核心方法与目标就是要努力破除这些执着，以回归到平衡的本然状态或本性。如何破除执着重见本性呢？那就是要将认知觉悟与行为修行结合起来，也就是将明心见性与修心养性结合起来。认知觉悟不同于认知疗法的认知改变，是指用思维阻断等方法放下（而不是改变）当下头脑中执着的观念、看法；行为修行也不同于行为疗法的行为训练，是指用静修放松等方法使身体与心灵都达到一种宁静平衡的、活在当下的存在状态。无论是认知觉悟还是行为修行，都主张对当下头脑中的念头用力。正因为心性疗法是针对当下头脑中的念头用力，因此，治疗的进行并不仅限于咨询室与治疗室中，更重要的是人们在掌握方法之后在日常生活中随时体悟、体验与修行；治疗的进行也并不一定需要咨询师与治疗师的指导、引导，更重要的是人们自己对本来面目的探寻与觉悟。也正因为如此，心性疗法绝不仅仅针对有心理疾病与困惑的人，更重要的是针对绝大多数迷失了本来面目的正常人，更重要的是使他们从容地应对生存与生活的压力，远离心理疾病，达到真正的健康与幸福。这就是心性疗法的核心要义，也是中国传统文化中心理咨询与治疗思想的核心要义。

三、"三加一"——心性疗法的基本模式

与其他心理咨询与治疗的方法相比，心性疗法的一大特色是：它既不是短期的心理疗法，也不是长期的心理疗法；或者反过来说，心性疗法既强调短期，又强调长期。这里的短期是指：来访者抽出专门的时间，到心理咨询室与心理咨询师进行面对面的交谈，这种需要耗费大量时间与金钱的咨询方式越短期越好。这里的长期是指：来访者自己在家里或在工作中随时可以施行，不必前往心理咨询室求助于心理咨询师，只需自己按照一定的方法进行自我疗愈即可，无须耗费大量时间与金钱，是可以自己掌握、自己调控的咨询方式。在某种程度上，心理咨询就应该是这种短期咨询方式与长期咨询方式的相辅相成，就应该是这种咨询师咨询与自我疗愈的相互结合。

所谓"三加一"的心理咨询模式，其实就是这样一种短期心理咨询模式加长期心理咨询模式的结合。其中的"三"是就短期咨询方式来说的，意思就是只需要进行三阶段基于心理咨询室和心理咨询师的咨询方式，

其核心目的在于让来访者发现自己的本来面目，理解自己的本来面目迷失的原因，掌握重回本来面目的方法；其中的"一"是就长期咨询方式来说的，意思就是需要进行一个相对较长时间段的基于个人自我修炼的咨询方式，可能是一个月，可能是一年，也可能是一生。其核心目的在于让来访者自己在生活实践中修心养性，维持自己的本来面目。"三"所从事的是心性疗法中的明心见性，也就是顿悟；"一"所从事的是心性疗法中的修心养性，也就是渐修。

第三节　六个步骤——明心见性的基本步骤

如前所述，心性疗法的三阶段，就是要在认知觉悟的层面上重新发生本来面目。在这三个阶段中，要完成六个步骤，才能使来访者真正地实现一定程度的觉悟。这六个步骤分别为：发现执着冲突、寻找因缘条件、去评判还原、去执着还原、去隐喻还原、去语言还原。一般来讲，第一阶段的心理咨询可完成前两个步骤，也就是发现执着冲突和寻找因缘条件，这可以被称为发现问题的阶段；第二阶段的心理咨询可完成中间三个步骤，也就是去评判还原、去执着还原和去隐喻还原，这可以被称为分析问题的阶段；第三阶段的心理咨询可完成最后一个步骤，即去语言还原，这可以被称为解决问题的阶段。接下来我们将对这六个步骤一一阐释。

一、发现执着冲突

心性治疗的核心在于：去除执着冲突，回归本来面目。去除执着冲突是回归本来面目的前提。因此，明心见性的第一步是要去除执着冲突，而要去除，首先是要发现。

执着，就是人们将在过往经验中形成的某些观念执着为实有永恒，认为其不会发生变化，适用于所有或绝大多数场景，不懂变通；或者将在自己经验中形成的某些观念执着为实有永恒，认为其不会发生变化，适用于所有或绝大多数人，不懂变易。总之，就是在头脑中有一些固执的、挥之不去的观念或想法。而冲突，就是指这种对过往经验或以往观念的执着与当前的情境发生冲突，不再适合于当前的情境。事实上，执着本身并不会带来痛苦，带来痛苦的是因执着而导致的冲突。

如何发现执着与冲突呢？一个较好的方法是语言分析。中国佛家禅宗常说"不立文字，不离文字"，实际上其意思就如同维特根斯坦所说的

"脚手架理论"[1]。语言分析只是工具，其最终的目标或者目的是要超脱语言。实际上，去除执着的核心或者本质就是超脱语言。

为了保证语言分析的标准化与客观性，并且不遗漏要点，我们可重复检验。我们可以采取录音的方式将来访者对于冲突事件的叙述保存下来，最终转录形成文字形式的文本。并采用质性研究的方法进行编码，形成一些基本类属与核心类属。

编码的内容或方向就是来访者在表达中所涉及的一些通过自我经验而形成的一些观念、逻辑、原则、看法。在初级编码的时候越详细越好，不要有任何遗漏。在二级编码的时候将初级编码中那些相同的或相似的执着观念进行合并、归类。然后进行进一步的合并、归类，以形成一条或几条核心执着。在编码的过程中，人们还需要对所有的评判或冲突进行质性分析。所有的编码过程，都由咨询师与来访者共同完成，共同发现，并且随着咨询进程的推进，可以逐渐地由咨询师主导变为来访者主导，这样，他们自己便能够在任何时候进行自我分析。

总之，这一步骤的最终目的是要使来访者明白他现在的心理疾病在本质上究竟是一种什么样的心理冲突，导致心理冲突的执着是什么。

二、寻找因缘条件

明心见性的第二步是寻找因缘条件。禅宗的心性学说认为，一切观念、一切事物的形成，都是在一定的因缘条件下和合而成。而执着，就是不知道观念与事物因缘和合的本质。因此，破除执着的一个关键步骤就是寻找因缘条件。

如前所述，明心见性的第一步是发现执着与冲突。当发现了执着之后，接下来就要发现该执着产生的因缘条件，也就是去探寻究竟是哪些因缘条件造就了该执着？或者说，该执着产生的原因是什么？

探寻因缘条件，要在过往的经验中去寻找，因为一切观念，都是在过往的经验中形成的。寻找一个观念的因缘条件，就是要探寻是哪些经验或经历促使了这个观念的诞生。

探寻的方法依赖于来访者的内省与回忆，尤其是在放松状态下的内省与回忆。实际上，这与精神分析学派的自由联想方法或内观疗法的内观技术有相通之处。无论什么方法与技术，目的是最主要的。实际上，当来访者明白了一个观念的产生根源与形成过程之后，破除执着就已经

---

[1]　参见〔奥〕维特根斯坦：《哲学研究》，北京，商务印书馆，2015。

成功了一半。

值得注意的是，在寻找因缘条件的过程中，需要注意几种因缘条件的区分。事实上，任何一个执着观念在产生的过程中，有的因缘是诱发其形成的，可称为诱发条件；有的因缘是促使其产生的，可被称为促生条件；有的因缘条件是强化其效果的，可称为强化条件；有的因缘是自我的一种预期，可称为预期心理；还有的因缘促成其成为一种执着，可称之为执着心理。当然，还有的因缘会导致人们对其产生怀疑，或者与观念不一致的因缘，可称为矛盾条件。其中，诱发条件、促生条件、强化条件、矛盾条件是有关于外在环境的；预期心理与执着心理是关于内在心理的。除了矛盾条件可以弱化执着之外，其他条件都可以在某种程度上强化执着。

寻找因缘条件，就是去探寻那些产生并强化该执着观念的各种因缘条件，如诱发条件、促生条件、强化条件、矛盾条件、预期心理、执着心理。当然，有些执着并不容易寻找其因缘条件，如我执，它的形成是一种自然而然的过程，在这种情况下，我们可以省去这一环节，直接进入下一环节。总之，这一步骤的最终目的是要来访者明白，究竟是哪些因缘条件，或者说是哪些过往经历导致了自己的各种执着。

三、去评判还原

明心见性的第三步是去评判还原。去评判还原，就是去除所有涉及价值评判的观念，如对与错、好与坏、高与低、优与劣等。去除所有这些好坏的评判，其目的在于达到一种中道观。

在以心性学说为基础的心理治疗方法中，不做评判是非常重要的思想。对任何一个观念、任何一个想法、任何一个人、任何一件事，都只是纯粹地去觉察，去注意，而不用做任何评判，不用做任何判断，只是让其存在于一种不好不坏，无所谓好与坏的中道视域中。这就是去评判还原的核心要义。

具体的方法为：对之前所记录的来访者的文本材料进行再分析。找出所有语句中涉及价值判断的词汇，并将其标注出来，然后将所有的评判性词汇全都替换为不含价值判断的词汇。例如，"我觉得糟透了""这样非常不好""他太坏了"等这些叙述，都可以直接去除。当然，这一切过程都要与来访者一起完成，目的在于让其体会非评判的、纯粹客观地描述事物的方式。

值得注意的是，去评判还原的最终目的，并不是要让人们丧失理性判断或价值判断的能力，并不是要让人们变得没有主见，没有看法。而是可以有主见，可以有看法，也可以有价值判断，去除的并不是这些，而只是对于这些评判的执着。

人们可以有评判，只不过这种评判应当只是限定于具体的情境，只是限定于具体的事件，而不应该使这种评判处在某种特定的情境中，针对某种特定事件的评判延伸到、迁移到其他情境或者其他事件中去。慧能在《坛经》中所讲的"立无念为宗"其实就是这个意思。"无念"并不是不让人产生任何念头、任何观念，而是不执着于任何一个念头、观念。不执着于任何一念，就是无念。此处的去评判还原与此相同。并不是让来访者完全抛弃评价判断的能力，而是要抛弃对经验中的评判标准的执着。

去评判还原中非常重要的一点为：某些评判词汇的还原方法就是完善化、详细化评判的情境，也就是让来访者将那种评判的情境完整客观地描述出来，这样就能将评判限定于其应当在的情境中去。

总之，去评判还原的最终目的，并不是不评判，而是不执着于评判。要让来访者明白，对于任何事情来说，都不可能因为自己的一人之评判而为其定性，事实上，事实本身并无性可定，人们所定性的，只不过是自己对于事实的看法。因此，不应该让自己因对于事实的评判而束缚，这是发现事实本来面目的第一步。

四、去执着还原

明心见性的第四步是去执着还原。如果说第三步的去评判还原去除的是人们的分别心的话，那么去执着还原所去除的就是执着心。

执着心，就是不了解万事万物的因缘和合本质，而将其视为永恒的、不变的、固定的。例如，有一个潜在观念"我比不上别人"，人们将其视为在各种情境下都适用，或者说在许多不同的情境中都会有这样的想法或观念出现，那么它就是一种执着的观念。去执着还原，就是要让人们明白没有一成不变的教条，头脑中任何一个观念都是情境性的，都是指向某个具体情境、具体事件的，没有一种放之四海而皆准的观念。因此，人们应该将每一个观念（尤其是关于自我的观念）限定在其应当在的情境中去，而不使之迁移、泛化。

去执着还原具体的做法是，将执着的观念情境化，也就是将其置身于具体的情境中去。很多执着的观念，都是很多只是因为某些特定情境而出现的观念，并从这些特定情境中抽离出来的结果。例如，某个人在一次比赛中仅仅获得了最后一名，并且受到了许多人的嘲笑，便觉得自己在任何方面都不如别人。这是一种认知疗法中的"以偏概全"的不合理信念。而许多执着，都是来自这种以偏概全，或者说观念脱离情境后的泛化。

总之，去执着还原的最终目的为：自己的每一个执着观念，都是有原因的，都是在某些特定的情境中产生的，因此不应该让这些执着观念泛化到所有的情境中。

五、去隐喻还原

隐喻通常被认为是一种语言现象，但是从本质上来说，隐喻是一种认知方式，甚至是一种认知的本能。人们在认识新事物的时候，总是将旧事物的某些特征投射到新的事物，来对新的事物加以认识和理解。这是一种类似于本能的存在。

隐喻与执着之间的关系在于：隐喻是执着的原因，执着是隐喻的结果。正是隐喻让人们总是拿过去的经历来认识与理解当前的事物，总是拿自己的想法来理解别人的想法。正是由这样一种隐喻的认知本能，久而久之人们才会在不知不觉中将那些只是在自己过去的经历中才有的某些观念执着为实有，认为它们是放之四海而皆准的，是恒常不变的，因此发展为一种执着。

因此，从根本上来讲，人们最终不仅要破除执着的心理，还要去除隐喻的影响。去隐喻还原，不是要让人们消除隐喻的认知本能，事实上这也是不可能的。去隐喻还原就是要让人们知道这只是一种隐喻，知道自己是在用过往的事情来理解当前的经历，知道自己是在用自己的经历来理解他人的想法。

如何去隐喻还原呢？首先要发现隐喻，就是要在来访者的文本资料中将那些涉及隐喻描述的语句、词语全都找出来；其次是要还原隐喻，就是用明确的语言，或者说不用隐喻的语言将其重新描述一次，也就是用事物本身的一些特征来进行本来面目的描述，也就是让每一件事物都回到其自身的本来面目。如果涉及一些情绪情感，则不妨去除一切隐喻的形容词语，只是纯粹地去感受，去体悟与体验。

总之，去隐喻还原的最终目的与去执着还原一样，就是要使来访者明白，不应该将在一种情境中所产生的观念与想法，迁移到其他情境中去；不应当用自己的经历与经验，来理解他人的经历与经验，反之亦然。

六、去语言还原

明心见性的最后一步是去语言还原。之所以要进行去语言还原，是因为人们的很多执着都存在于语言中，或者是伴随语言而出现的。正如人们的理智存在于语言中，是伴随语言而出现的一样。

去语言还原的目的在于使人们去体验那种最原初的存在状态，而不是通过语言去体验。事实上，自从人类有了语言，人们认识世界、认识自己、认识他人便都不再是直接的了，而是通过语言的中介去面对、去看待、去认知。然而，人们所看到的，只是语言中的镜像，是语言中的摹画，而不再是世界本身。因此，去语言还原的目的，就是要摆脱语言的镜像，摆脱语言的笼罩，直面事实本身。可以说，心性治疗的核心要义在于去除执着或者脱执，而脱执的根本方法，就是去语言还原。

如何进行去语言还原呢？其实方法很简单，就是让来访者在放松的状态下直接回忆、体悟相关的事件或者情境，且只是纯粹地回忆、体悟，不加入任何语言的描述或语言的辅助，简单地说，就是只做纯粹的体悟，而不做任何描述。

人们总是有一种想要用语言将所有的心理想法都表达出来的欲望，都有一种想要将所有的事情都用语言描述出来的欲望。但事实上，人们的很多心理困惑并不是来自事情本身，而是来自自己对事情的描述和表达。所以，心性疗法的最终目的就是要去语言还原，直面事情本身。

值得注意的是，明心见性的五个步骤，其实都是在使语言描述更为精确化。这实际上正是去语言还原的要义所在。首先将心理问题转换为语言描述；其次通过语言层面的操作，使得这些对于心理问题的语言描述达到最精确的程度；最后则是完全忘记语言，完全抛弃语言。之所以要这样做，是因为人们在很多时候只有从一个极端走向另一个极端，才能更深刻地理解这个极端。这种语言分析的方式，实际上是一种语言极度细致之后的突然清空。只有这样，人们才能充分地体验到无语言参与的纯粹体验究竟是一种什么状态。

因此，去语言还原的最终目的是使来访者体验到无语言参与的纯粹体验。当一个人能够做到不带有任何偏见的，只纯粹地体验世界的存在、自己的存在，只纯粹地体验自己与世界打成一片，这实际上就已经处在了本来面目或者本然状态中，这也就是中国传统文化历来所主张的"天人合一"。

第七章　心性疗法的基本方法

在第七章中我们已经对心性疗法的核心理念进行了详细的介绍。总的来说，心性疗法的核心理念可以总结为"一个核心""两条路径""六个步骤"。"一个核心"是指心性疗法的基本理念就是重回本来面目；"两条路径"是指回到本来面目的两种方法：一是明心见性的认知觉悟路径，二是修心养性的生活践行路径；"六个步骤"是指明心见性的六个方法流程。

但是，对于心性疗法的基本方法的介绍，仅仅这些是远远不够的，为了更进一步理解心性疗法的方法，还有必要厘清几个关键的问题，分别是心性疗法中的隐喻、语言分析，以及心理咨询师的角色问题。接下来将分别对这几个问题进行阐释。

第一节　心性疗法中的隐喻

在心理咨询与治疗中，隐喻一直都是一个重要的主题。隐喻是一种常见的语言现象，但人们越来越发现，其实隐喻不仅是一种语言现象，更是一种认知现象。从本体论的意义上说，隐喻就是通过一件事物来看待、理解另一件事物；就是通过一种情境来看待、理解另一种情境。比如说，用自己的想法，来类比理解他人的观念；用自己的过去，来类比理解自己的现在。这些都是一种隐喻。

隐喻在很多心理咨询与治疗的理论中，都是一种十分有效的方法与技术。例如，在精神分析疗法中，对在梦境或自由联想中所获得的意象进行分析，其实就是一种隐喻的分析；在绘画疗法或箱庭疗法中对绘画或沙盘游戏作品的分析，也都是隐喻的分析。其基本的逻辑在于：隐喻是一种潜意识向意识转换的伪装手段，通过隐喻的分析，能够绕过防御机制，挖掘潜意识中被压抑的情结。①

但是在心性疗法中，隐喻并不主要是一种咨询的方法或技术，而是一种需要澄清、还原、消除的认知倾向。因为心性疗法的主旨是要让人们重新发现并回到自己的本来面目，而隐喻，则是阻碍人们发现本来面

---

① 〔奥〕弗洛伊德：《释梦》，孙名之译，北京，商务印书馆，1996。

目的一重迷障，应该被破除。

中国传统儒家文化认为，人们生来本是善良清净的，只不过因为在社会生活中不断受到染污，而逐渐遗忘、迷失了自己的本来面目。而隐喻，正是掩盖和染污本来面目的一种机制。人们总是以自己的观念想法来揣测他人的意念，而无法探清他人的本来面目，反之亦然；人们总是以过去的经验来应对当前的情境，而无法了解认识现在的本来面目，反之亦然。精神分析、行为主义，以及其他许多心理咨询与治疗的流派都认同人们的过去经验对当前现状的影响，但是都没有详细探究过去经验对当前现状影响的具体机制。事实上，隐喻正是这种机制中的一种。人类总是有一种隐喻的认知本能，也就是说人们从本能上就有通过已知的、熟悉的事物去认知、理解那些未知的、新鲜的事物的倾向。例如说，人们在过去的某次经历中形成了一种思维方式或行为方式，在多年之后，这次经历可能已经被遗忘殆尽，但是形成的思维方式或行为方式却可能保存下来，用以应对当前的情境。事实上，正是因为隐喻的存在，人们才难以摆脱过去的习惯；正是因为隐喻的存在，人们才无法摆脱过去对自我的认识。人们的很多心理疾患或困惑，都与隐喻有着密不可分的关系。

总的来说，隐喻可以大致分为两种：一种可称为横向的隐喻；另一种可称为纵向的隐喻。横向的隐喻主要发生在两种事物之间，就是以一种已知的、熟悉的事物去理解、认识、推测另一种事物。例如，用熟悉的鸡蛋的形状，去理解不熟悉的宇宙的形状；再比如以自我的观念（熟悉的）去推测他人的想法（不熟悉的）。纵向的隐喻主要发生在一种事物上，就是以一种事物过去的状态，来理解、认识、推测这种事物现在的状态，如以过去的自我来理解当前的自我。人们总是倾向于认为，一件事物过去是这个样子的，那么现在它也应当是这个样子的，不会发生太大的改变。而人们的许多心理上的困惑，都是来源于用这种不变的思维倾向，来理解时刻都在变化的自己、他人，或者周围的环境。

实际上，人们隐喻的认知本能，或多或少地与语言有关。生活本来是流动的，但是当人们用语言来描述自己的生活时，它便不再流动，而随着一个一个的概念变成一个一个的片段；生活本来是完整的，但是当人们用语言来描述生活时，它便不再完整，而随着一段一段的句子变成一段一段零星的部分。也正因为如此，人们很多的心理问题实际上也是语言问题。当这些语言问题得到解决时，心理问题也会随之而解。事实上，任何心理问题都可以用语言描述出来，也正因为能够用语言描述出来，所以他人（包括心理咨询师）才能理解这些心理问题。因此，在某种意义上，心理咨询师对心理问题的处理，实际上是对语言问题的处理。

对于心理问题的处理，关键在于还原隐喻。简单地说，就是将不在情境中的语言描述全都还原到具体的情境中去，或者说，将并非应用于具体情境中的那些从他处借用的概括性的语言全都消除。举个例子，例如，一个来访者陈述："我很自卑，为此我非常苦恼。"这样的陈述就是需要进行隐喻还原的语言。很显然，"我很自卑"这样的描述是概括性的语言，并非应用于具体情境中的。人们应当尽量避免在各种场合使用这样的语言。事实上，如果一个人在任何场合都不会评判自己，无论是积极的评判，还是消极的评判，那么这个人才算真正地放下自我，忘记自我。因此，心性疗法对于隐喻还原的最根本的办法，就是彻底的非评判态度，这也是心性疗法的核心理念之一。当然，这种非评判态度不仅仅针对自我，也针对他人或者他物。换句话说，心性疗法，不仅主张不要对自我进行轻易的评判，而且对其他人、其他事物，甚至对任何事物都不应该进行轻易的评判。只有这样，才能真正地消除执着，放下执着。

当然，有的人可能会说，完全的非评判态度固然很好，但是有的时候不得不使用这样的语言，那又当如何呢？这就要求来访者将那些概括性的语言还原到具体情境中去。例如，"我很自卑"就要还原成"我在某年某月某日和某人交流的时候，觉得自己比不上他人"，诸如此类。值得注意的是，此时的隐喻还原要越具体越好，要将那些对自己评判的语言，还原到最具体的事件中去。而且仅仅让这些语言存在于具体的事件中，而不能让这些语言从具体的事件中抽离出来，成为概括化的语言。实际上，这种还原的技术在其他心理咨询与治疗的方法中也被广泛运用。例如，认知疗法中存在许多不合理信念，过分概括化就是其中之一。认知疗法对于过分概括化的处理其实和此处的隐喻还原有相似之处，都主张将那些过分概括化的语言还原到具体的情境中。不过二者也有不同，不同之处就在于：认知疗法所针对的是不合理的认知、不合理的评判，所主张的是用合理的认知替代不合理的认知，用合理的评判替代不合理的评判。而认知疗法的隐喻还原，所针对的是所有认知、所有评判，所主张的是去除任何认知、任何评判，而不论其合理与否。事实上，合理与不合理是相辅相成的，是一枚硬币的两面，只要有合理的存在，则必有不合理的存在，反之亦然。因此，要想彻底地消除不合理的评判、不合理的认知，只有消除任何评判、任何认知。当然，心性疗法的最终目的并不是要消除任何评判、任何认知，而是让每一种评判、认知都限定于产生该评判、认知的具体情境中，而不出现隐喻性的迁移。也就是说可以产生任何观念，但不执着于任何观念，也就是"念念不住"。

总之，隐喻虽然在很多时候对人类文明的进步起到积极的作用，但是从心理健康的角度来说，隐喻往往起的是消极的作用。正是隐喻使得人们不能面对当前事实的本来面目，而总是让其笼罩上过去的影子；正是隐喻使得人们经常将过去经验中的某些想法与观念执着为实有。因此，在心性疗法中，隐喻是需要去除的，是需要还原的。而还原的基本方法就是进入具体情境中，直面事实本身。

第二节　心性疗法中的语言

如前文所述，隐喻还原在心性疗法中颇为重要，然而，值得注意的是，隐喻还原只不过是语言分析的一部分。语言分析，是心性疗法的核心方法之一。事实上，在任何一种心理咨询与治疗的方法中，语言问题都是需要重点考虑的。

很显然，语言是咨询师与来访者进行相互沟通的媒介，如果没有语言，那么心理咨询便无从进行。无论是来访者对于问题的表达，还是咨询师对于问题的阐释，都借助于语言。当然，并不是所有的心理疗法都是以语言为基础的。如果从在咨询与治疗过程中咨询师与来访者所重点关注的对象这个角度，可以将心理疗法大致分为三类：第一类是以语言为基础的心理疗法；第二类是以行为为基础的心理疗法；第三类是以隐喻为基础的心理疗法。

以语言为基础的心理疗法。简单地说，就是在咨询与治疗的过程中，语言是咨访双方共同关注的焦点。来访者的主要问题并不是某种不良的行为习惯，而是以语言为基础的某种观念或某个心结。咨询师通过来访者的语言而发现问题、了解问题，又通过自己的语言而解释问题、解决问题。整个心理咨询与治疗的过程就是相互的语言交流、语言沟通。凡是那些以语言交流与沟通作为主要治疗过程的心理疗法都是以语言为基础的心理疗法，如认知疗法、精神分析疗法、以人为中心疗法等。

以行为为基础的心理疗法。简单地说，就是在咨询与治疗的过程中，行为是咨访双方共同关注的焦点。来访者的主要问题并不是以语言为基础的观念或心结，而是某种不良的行为习惯。咨询师通过奖励与惩罚的方式来帮助来访者塑造某种良好的行为习惯，或者消除某种不良的行为习惯。整个心理咨询与心理治疗的过程就是行为奖励与行为惩罚。凡是那些以行为训练与干预作为主要治疗过程的心理疗法都是以行为为基础的心理疗法，如行为疗法、正念减压疗程、瑜伽、冥想等。

以隐喻为基础的心理疗法。简单地说，就是在咨询与治疗的过程中，咨访双方重点关注的东西既不是语言，也不是行为，而是某种具有象征意义的隐喻符号（如音乐、绘画、沙盘游戏等）。来访者的心理问题可以表现为任何形式，但是咨询师所主要干预的对象既不是语言，也不是行为，而是具有象征意义的隐喻符号。整个心理咨询与治疗的过程就是来访者对于这些隐喻符号的操作。凡是那些以来访者对隐喻符号进行操作作为主要治疗过程的都是以隐喻为基础的心理疗法，如音乐治疗、绘画疗法、沙盘游戏疗法等。

一、心理咨询中为何需要语言分析

心理咨询对语言本身缺乏关注。在所有的几百种心理疗法中，以语言为基础的心理疗法占据了绝大多数。换句话说，大多数心理咨询与治疗的方法都依赖于咨询师与来访者之间的相互交流与沟通，都依赖于双方对于对方的语言意义的理解。然而，虽然很多人都了解在心理咨询与治疗中语言的重要性，但是很少有人去关注心理咨询与治疗过程中的语言本身。当然，咨询师关注的，应该是语言符号的所指，也就是语言符号所代表的意义，而非能指，也就是语言符号本身。然而，值得注意的是，正如语言学大师索绪尔所说，所指与能指正如一枚硬币的两面，相辅相成，缺一不可。换句话说，咨询师与来访者选择什么样的语言符号，在某种程度上决定了其所传达的意义，反之亦然。但是，并不是所有的心理想法都能够找到恰当的语言符号来表达，也并不是所有的语言符号都能够获得正确的理解。正因为如此，心理咨询需要关注语言本身。

心理问题的实质来自语言问题。更为重要的，很多时候，人们的心理问题正是来源于自己对事实本身的语言表达。语言对客观世界的摹画并不一定准确，甚至在很多时候这种摹画存在诸多问题。人们用语言来表达世界，就正如人们用有色眼镜来观察世界。正是因为语言，或者有色眼镜，才使人们对客观的世界具有了主观的色彩。因此，人们用语言形容的事件，正如用有色眼镜看到的事件，往往并不是事件本身，而是对它进行了加工，进行了渲染。而人们的心理问题往往就是来源于这种加工和渲染。认知疗法经常说伤害人们的并非事情本身，而是对事情的看法，这是有道理的。而人们对事情的看法，往往就隐含在对事情的表达中。事件本身并无好坏之分，正是人们所用的语言使得事件有了好坏之分；人本无善恶之别，正是语言使得人有了善恶之别。心理疾病是一种人类的文明疾病，是一种人们对语言能够熟练使用但又并未完全了解其实质的时候出现的疾病。因此，对心理疾病的解决，在某种程度上就是对语言问题的解决。很多的心理问题，其实归根结底都是语言问题。

语言分析可使心理咨询标准化。到目前为止，已经有多达几百种受到认可的心理咨询与治疗的方法，心理咨询与治疗作为心理学的一个重要分支虽然已经获得了蓬勃的发展，但是心理咨询与治疗在标准化方面和科学化方面还远远不够。可以预期的是，心理咨询与治疗领域发展的两大趋势。第一，向外的探讨。简单地说，就是所有有助于缓解或者消除心理问题的方法与技术，都会被吸收发展成为系统的心理咨询与治疗方法；第二，向内的探讨。简单地说，就是在广泛发展更多心理咨询与治疗的方法的同时，也会反过来探讨心理问题的实质与根源，探讨心理问题缓解与消除的实质与根源。无论是哪一种趋势，使得心理咨询与治疗越来越标准化、科学化都是其共同的追求。当然，心理咨询标准化有许多途径，如过程的标准化、技术的标准化等。最为根本的，也是最难的，就是语言的标准化。因而对心理咨询中的语言进行分析，有助于提升心理咨询标准化的水平。

二、心性疗法中如何进行语言分析

心性疗法如何对心理咨询过程中的语言进行分析呢？总的来说包括三个要点：第一个要点是语言消除评判化，第二个要点是语言消除隐喻化，第三个要点是语言意义事件化。

语言消除评判化。简单地说，语言消除评判化就是消除语言中的评判性词句，也就是消除语言中所有关于好坏、对错、善恶、是非的评判性表达。如前文所述，很多心理问题究其实质都是语言问题，而其中最为关键的一点就是人们通过语言来实现对自然世界的好坏、善恶评判。事件本无好坏之分、善恶之别，人们正是通过语言中的评判性表达赋予其好坏、善恶，并使自己沉浸于其中而不能自拔。那怎样才能消除语言中的评判性表达呢？首先，将来访者关于自身问题及相关事件的陈述语言转录为文字文本，咨询师与来访者一起将文字文本中所有带有好坏、善恶评判的语词进行标记；其次，咨询师与来访者一起将标记了的评判性语词进行改编，改编的方法为将其改为中立性的表达，或者直接删除这些带有评判性的语词；最后，来访者体悟改编后的语言表达，体悟这种非评判性的感受，并将自己的心得告知咨询师。语言消除评判化的结果为：使得来访者能够明白，不要轻易地对事件进行好坏评判，而应以一种中立的态度面对自己所处的世界。这一点，与佛家心性学说中的"不二法门"异曲同工。

语言消除隐喻化。所谓消除隐喻化，简单地说，就是消除来访者语言陈述中的所有隐喻性表达。所谓隐喻性表达，就是非自身的表达，或者说，就是那些以他物描述此物，以他时描述此时的表达。人们经常用描述自己的语言来描述他人的心理，人们经常用描述过去的语言来描述当前的事件，所有这些都属于隐喻性的表达。之所以要消除隐喻性的表达，是因为正是隐喻性的表达阻碍了人们认识事物本身，阻碍人们发现自己的本来面目。而这也正是语言问题导致心理问题的根源之一。怎样才能消除语言中的隐喻性表达呢？与消除评判化的步骤一样，首先，需要将来访者关于自身及相关事件的语音文本转录为文字文本，咨询师与来访者一起将文字文本中的隐喻性表达进行标记。其次，咨询师与来访者一起将标记了的隐喻性表达进行改编，改编的方法是直接消除隐喻性的表达。具体来说，就是不以他物描述此物，而是以此物描述此物；不以他时描述此时，而是以此时描述此时。让来访者学会不要用他人来类比自己，同样也不要以自己来揣测他人；要学会不要用过去来类比现在，同样也不要以现在来解释过去。最后，让来访者仔细体悟这种去隐喻化的感受，并与咨询师分享心得。语言消除隐喻化的结果为：来访者能够明白，每一件事情都是独特的，没有什么永恒不变的原则，没有什么永恒不变的实体。人们应该直面事物本身，重回本来面目。

语言意义事件化。所谓意义事件化，就是鼓励来访者用具体的事件去理解、感受语言的意义。更简单地说，就是鼓励来访者不要用语言来描画、概括、固化任何事件，而只需要纯粹地感受、体验、回顾使自己感到困惑的事件。从这个角度上来说，语言分析的最终目标就是消除语言。之所以要进行语言意义事件化，或者说消除语言，是因为人们正是在使用语言来描述事件的时候，产生了各种评判、偏见、执着；正是因为语言，使得人们无法直接面对事情本身，无法直接发现事情的本来面目，也无法发现自己的本来面目。人们的很多问题，其实质都是语言问题，事件本身没有任何问题，有问题的是人们用来描述事件的各种语言。很多时候，语言就好像是在人和事件之间的一层隔膜，人们所看到的只是用这层语言隔膜所映射出来的事件，而不是事件本身。而人们的各种烦恼，都来自这层隔膜，而非事情本身。因此，心性疗法的最终目的就是要消除这层隔膜，消除语言。那么如何进行语言意义事件化，或者消除语言呢？我们需要明确的一点是，消除语言并不是简单地不用语言来表达，而是要让来访者去体悟这个消除语言的过程，去体验这个消除过程本身的感觉。因此，首先要引导来访者完全按照其自身的逻辑将导致困惑的事件详细地用语言描述出来，之所以要如此，就是为了让来访者更好地去体验之后消除语言的过程；其次向来访者说明消除语言的必要性及相关要点，使他也能明白很多困惑与烦恼其实是来自于自己在描述事件的时候所用到的语言；最后来访者以放松静坐的方式，在头脑中用表象的方式将整个事件重新回顾。值得注意的是，在回顾的时候，不要带有任何评判性的眼光，不要漏掉任何一个细微的情绪细节，纯粹地去感受事情本身，纯粹地去观察事件本身，不带有任何评价、判断、概括、分析。语言意义事件化的最终目的就是要让来访者逐渐从事件之中走出来，准确地说应该是从对事件的描述中走出来，其最终的目的就是放下。

第三节　心理咨询师的角色

所谓咨询师的角色，就是咨询师在整个心理咨询过程中所扮演的角色。或者说，咨询师在整个心理咨询过程中都需要做哪些工作。

心理咨询是一项助人自助的工作，这个说法在心性疗法中同样适用。总的来说，在心性疗法中，心理咨询师的角色可以理解为"渡人者"或者"摆渡者"。什么意思呢？就好像一个摆渡者开着小木舟将一个人从此岸渡往彼岸。心理咨询师的角色也大抵如此。在佛家思想中，经常有一个说法叫"普度众生"，就是说佛的一项工作就是要将众生"普度"，从众生度成佛，从烦恼度往菩提。实际上，心理咨询师的角色也是这样，也是一个渡人者的角色，要将一个人送往他想要去往的地方。那么心理咨询师在这个渡人的过程中，究竟要做哪些工作呢？

诱导倾诉。心理咨询师的工作内容有很多，如初诊接待、建立关系等，像这些普遍的工作内容在此处不必再说，只是说一下心性疗法中所特有的或者很重要的一些工作内容。首先一个非常重要的工作就是诱导倾诉，也就是鼓励来访者倾诉自己的烦恼。虽然诱导倾诉在每一种心理咨询与治疗的方法中都很重要，但是在心性疗法中却有特殊的意义。需要注意的一个事实是，在来访者所倾诉的内容中，并不是所有的内容对于心理咨询来说都是有价值的，有的很重要，而有的则不重要。在心性疗法中，咨询师的一项工作就是诱导来访者说出那些有价值的信息，而对于那些不太重要的信息则尽量少花时间。那么哪些信息是有价值的，需要用较多时间关注；哪些信息是无价值或价值不大的，需要用较少时间关注呢？简单地说，心理冲突本身比心理冲突的原因更重要。在很多心理咨询的方法中，来访者会花较多时间来倾诉自己心理冲突产生的原因，而这些原因往往与成长经历有关。因此，很多来访者习惯于从自己出生时开始说，说自己如何读小学，读中学，读大学，在几岁的时候发生过什么事情，恨不得将自己从小到大自认为不太平常的事情全都讲一遍。毫无疑问，这种心理咨询的方式，从倾诉的角度来说是有效果的，但是从解决冲突的角度来说则效果并不明显。而且当来访者将自己的注意力集中在心理冲突产生的原因上时，却往往忘记了心理冲突本身。这种心理咨询常常产生的一种结果便是：来访者痛快地倾诉一番之后，感觉大好，轻松许多，满意而归，但过一段时间却发现，过去虽已明了，当前却仍昏暗。心性疗法则不一样，不关注过去，不关注未来，只关注当前。正如佛家哲学所主张的那样，过去不可得，未来不可得，只有当下才是最真实的，这也正是活在当下的本义。因此，在心性疗法中，咨询师不应任由来访者沉溺于过往的回忆，而应将绝大多数的精力放在当前的心理冲突上，让来访者看看自己现在是在困惑何事，是在烦恼何事，是如何困惑的，如何烦恼的，并尽可能帮助来访者用精确的语言将直接的心理冲突描述出来。

语言分析。在心性疗法中，心理咨询师还需要做的工作便是语言分析。经常有人将心理咨询师和临床医生相比较，这虽不准确，却不无道理。临床医生关注的是人的身体问题，身体是看得见摸得着的（医学中的诸多先进仪器在某种程度上都是为了"看见"），因此可以直接通过对病人的身体进行干预而实现疾病的治愈。但是心理咨询师呢？心理咨询师关注的是人的心理问题，心理和身体不一样，是看不见摸不着的，因此没有办法直接通过对心理的操作而实现心理问题的解决。但是，这并不是世界末日，因为人们的心理虽然没有办法直接被感知，却能够通过语言间接地被人感知。因此，所有的心理问题都可以转化为语言的问题，语言可以直接被听到，写在纸上可以直接被看到，因此，心理咨询师也可以通过对语言的直接操作而间接实现心理问题的解决。心理咨询师可以对语言"做手术"，这就是语言分析。语言分析的前提直接与"诱导倾诉"相关，要求来访者将自己的心理冲突（困惑、烦恼）用精确的语言描述出来。所谓精确的语言，就是那些没有模棱两可的含义、简单准确的语言。

举一个简短的例子：有这样一个女性来访者，32岁，主诉自己有焦虑症，通过初诊接待与签订协议，然后开始心理咨询。咨询师对她讲明心理咨询的方法后，和她共同努力找到她的心理冲突并尝试用精确的语言描述出来。

来访者：我就是晚上睡不着觉，很焦虑。

咨询师：当你睡不着觉的时候，头脑中是在想什么吗？

来访者：我在想我妈妈，因为我妈妈得了一种病，治不好了，而且她现在很痛苦，我害怕我妈妈哪天突然就没了，我一想到这就受不了。（号啕大哭。）

咨询师：（递上一片纸巾，等她情绪缓解了一下。）通过你刚才的叙述，你是说你现在有一种冲突，一方面你知道妈妈得了治不好的病将不久于人世，另一方面你又非常舍不得妈妈，是这样吗？（寻找来访者的心理冲突。）

来访者：是的。

咨询师：但是我注意到你刚才情绪反应很大，似乎超出了这种冲突所能带来的情绪反应，你当时头脑中还有什么其他想法吗？（咨询师的主要关注点都在来访者当前的想法，哪怕是一些非常细微的想法。）

来访者：其实我和我妈妈的关系并不好，以前我非常叛逆，脾气也不好，我又看不惯我妈妈的一些习惯和想法，甚至是厌烦，所以我经常凶她。我觉得我对她实在是太不好了，我觉得我对不起她。（随之又是哽咽哭泣。）

咨询师：（等她情绪缓解后。）通过你的描述，我可以理解为你现在的矛盾是，一方面你对妈妈心存内疚，想要补偿，另一方面妈妈患病将不久于人世，因此没有办法来补偿以消除自己的内疚，是这样吗？（进一步寻找心理冲突。）

来访者：嗯，差不多。

咨询师：我注意到你在刚开始的时候跟我说你的表现主要是焦虑，能和我说说你的焦虑是从何而来的吗？（全部关注来访者当前的状况，哪怕是细微的状况，也需关注。）

来访者：我焦虑，是因为我现在压力很大，工作压力也大，家庭压力也大，其实我们家的经济状况非常不好。

咨询师：我记得你在刚开始说你想到自己的妈妈的时候，会很焦虑。

来访者：（第三次大哭。）我爸爸就是个赌徒酒鬼，他根本就不管我妈，也不给我妈治病，现在我妈治病的钱都是我在拿，她住院的时候也是我在照顾，但是我的经济状况也不好，我每个月赚钱不多，我老公赚得也不多。治疗我妈的病还要花很多钱。

咨询师：我记得你说过你妈妈的病是治不好的，那么如果有很多钱能治好吗？

来访者：不能彻底治好，但是应该能活很多年，不过很痛苦。

咨询师：所以你的内心冲突并不是一方面你想要补偿妈妈，另一方面她却将不久于人世。（澄清冲突。）

来访者：嗯？

咨询师：其实你之前一直在预设你的妈妈将不久于人世，实际上你内心想的是如果妈妈得不到继续治疗，便将不久于人世，而且你也因为经济的缘故确实考虑过不继续治疗的可能性，是这样吗？

来访者：嗯，如果我不管她，就没人管她了，但是我自己也没有那么大的能力。好像所有的压力都是我一个人在抗。

咨询师：所以你真正的内心冲突是一方面由于各种原因不想帮妈妈继续治疗，另一方面你想到如果妈妈不治疗，可能将不久于人世，如果这样自己会很内疚，并且联想到自己一直对妈妈都不太好，因此会焦虑、难过；同时，你又在想为什么其他人不能帮自己分担，如爸爸，因此会有不忿，是这样吗？（找到真正的内心冲突。）

来访者：嗯，我确实是这么想的。

通过这个案例，我们可以知道在心性疗法中如何帮助来访者用精确的语言来描述自己的心理冲突，同时也能知道如何一直将关注的焦点放在来访者当前的想法上，而不是一直挖掘来访者的童年生活。实际上，用精确的语言描述问题，其实质也是帮助来访者更清楚地认识自己最原初的想法，这实际上就是帮助来访者发现最真实的自我。

用精确的语言描述心理冲突之后，就是语言分析了，这通常是在下一次咨询的时候进行。在两次咨询的间隔可以将来访者的语言描述转录为文字文本，以便于来访者通过直观的文字文本来更深刻地了解自己。这时候，语言的功用就好像镜子一样，当来访者把自己的想法放到语言的镜子中时，就能够看清自己究竟是在想什么了。就好像一个人如果从来不照镜子，他便永远也不知道自己长成什么样子，而一旦通过镜子来看自己，便能看清自己的真实面貌。当然，这个地方就要用到语言分析的具体方法，如消除评判化、消除隐喻化、语言意义事件化等。

引导训练。语言分析能够帮助来访者发现自己的本来面目，能够帮助来访者认识自己的本然状态。然而，只是发现是远远不够的，还需要维持。从某种意义上说，来访者在咨询室中的改变并不算是真正的改变，在生活中的改变才是真正的改变。以往的许多心理咨询与治疗的方法往往都很重视咨询室中的改变，而忽略了生活中的改变，这都是不彻底的心理咨询。彻底的心理咨询应该帮助来访者将自己在咨询室中发现的本然状态迁移到自己的生活中。如何迁移呢？这就要求咨询师的引导训练。当然，"师父引进门，修行看个人"，这句话在心理咨询中同样有道理。即便修行主要看个人，师父引进门却是前提。如何引进门呢？这就是引导训练。在心性疗法中主要有两大步骤：一是明心见性，二是修心养性。明心见性所用的方法主要是语言分析；修心养性的方法则有很多，在传统文化中被广为提及，而在当代的心理学中又被证实有功效的那些方法都可使用。例如，庄子所讲的心斋、坐忘，佛家所讲的静坐禅修，太极、瑜伽等。在每次咨询的过程中，咨询师都可以拿出 20 分钟左右的时间和来访者一起体验这些方法，既可以是个体的，也可以是团体的。体验完之后，咨询师和来访者便可以共同协商制订一个完整系统的家庭训练方案。如何制订家庭训练方案？一个简单的例子便能使大家一目了然。下面便是一个简单的家庭训练方案。

家庭训练方案

1. 早晨醒来先不着急起床，躺在床上，闭目养神 5 分钟，头脑中什么都不想，纯粹地闭目养神。

2. 正念饮食。在吃早餐的时候，头脑中什么都不想，将注意力集中在自己享用早餐的每一个举动上，哪怕是非常细微的举动。

3. 身体扫描。在中午午休的时候，用 20 分钟的时间进行身体扫描。

4. 纯粹家务。每天选择做一样家务，如洗衣服、洗碗、拖地等都可以，纯粹将自己投入家务劳动中。

6. 正念行走。在散步的时候，或者在上班的路上，用一段路程来进行正念行走的训练。

7. 纯粹工作。尝试自己在工作的时候，也是纯粹投入的。

8. 静坐。每天晚上睡觉前，用 20 分钟的时间进行静坐。

来访者通过自上而下的"明心见性"，以及自下而上的"修心养性"，便能发现自己的本来面目，也能维持自己的本来面目。如果来访者能坚持训练，不但能够解决自己当前的心理冲突，也能够进一步提升自己的幸福感和生活质量。

第八章 心性疗法的主要技术

在前面的章节中我们已经介绍了心性疗法的核心理念与基本方法，为了更加清楚地理解心性疗法，本章将更详细地描述心性疗法的操作流程与主要方法。

第一节 如何发现冲突

心性疗法认为，很多心理疾病的产生根源在于人们迷失了自己的本性，或者说看不见自己的本来面目；而心理疾病的实质则是各种因执着而导致的冲突。因此，心性疗法的治疗核心就是要让人们冲破各种阻碍，去重新发现自己的本来面目，去体悟自己生存的本然状态。所以，心性疗法的第一步，就是要发现冲突。

当然，在某种程度上，发现冲突的过程类似于其他心理咨询与治疗方法中的心理诊断，简单地说，就是搞清楚当前的心理问题究竟是什么问题，是哪一类问题。不过在心性疗法中，并没有太细致的心理疾病的分类，如抑郁症、焦虑症、强迫症等。在心性疗法中，心理疾病就只有一类，那就是冲突，只不过对于不同的来访者其冲突的内容不一样罢了。因此，在心性疗法中，便没有什么所谓心理诊断，也没有什么所谓心理测量，而只有发现冲突。

如何发现冲突呢？首先，需要心理咨询师和来访者共同合作进行，这并不是心理咨询师或者来访者单方面的事情；其次，心理咨询师依赖于语言分析，在来访者的语言描述中发现冲突；最后，在发现冲突的过程中，来访者只是集中注意力于当前的问题，而无须追究原因。究竟如何进行呢？现附上一个案例，以便大家清楚地理解。

来访者基本情况：张某，女，32岁，在一家商场办从事服装销售工作。

主诉：一看到陌生人就脸红。

咨询师：我刚才已经向你简单地介绍了我们将要采用的咨询方法，你还有什么疑问吗？

来访者：没有，我明白了。

咨询师：那好，我们今天要进行的就是第一步，也就是发现冲突。

来访者：是的，怎么弄呢？

咨询师：你能不能详细说说你所困惑的事情？越详细越好，不过不要太追根溯源，今天我们的任务并不是探讨过往。

来访者：好的，其实我的问题很简单，但是又很严重，影响到了我的工作，我自己又没办法解决。具体怎么说呢，就是最近我一见到陌生人就脸红，不自觉地脸红，自己都控制不住。你知道我是卖衣服的，我一脸红，那些顾客就好像觉得我有什么问题似的，就不买衣服了。这影响到了我的正常工作。

咨询师：你是见到任何陌生人都会脸红吗？还是见到特定的人或者人群？

来访者：（低头沉默了一会儿，然后抬头）我好像并不是见到任何陌生人都脸红，我记得第一次见你的时候就没有脸红。（她第一次见我的时候确实没有发生过脸红的情况。）

咨询师：那你是见到哪些人才会脸红呢？

来访者：我见到顾客的时候就会脸红。（来访者出现一种好像突然想清楚某件事情的兴奋状。）

咨询师：当你脸红的时候，你的头脑中有没有什么想法，甚至某个瞬间闪过的念头？

来访者：有。我怕他们把我当作坏人。

咨询师：你所说的坏人，是什么意思？

来访者：是这样的，大概在两个月以前发生过一件事情。那天我正在店里卖衣服，进来了一个顾客，我刚开始感觉他还挺好的，他买了一条裤子就走了。当时我根本就没注意他是不是把包放在我这儿了。可能过了十多分钟，那个人又回来了，说他把包落在了我的店里。然后我就帮他找，但是怎么也找不到，他就破口大骂，说我把他的包藏起来了，你说我怎么可能嘛，我看都没看到。后来他就把刚买的裤子退了，又打电话报警。警察来了之后在我的店里一阵翻，又对我好像盘问似的。周围围了好多人，我当时就觉得脸绯红，好像我做错了什么事情，犯了法似的。后来警察在我这儿也没找到什么，这件事就不了了之了。但是从那以后，每当有顾客上门，只要他盯着我看两眼我就马上脸红了，都控制不住。（按照心性疗法，虽然在发现冲突的阶段无须追根溯源，但如果当前的心理冲突与过往的某些特殊事件直接相关，也可以回顾过去，而且是必需的。）

咨询师：你的意思是当你现在见到顾客，如果他盯着你看时，你就会以为他也会像之前那个冤枉你的顾客那样把你当作坏人，因而感到害怕。是这样吗？

来访者：嗯。

咨询师：当顾客盯着你看的时候，在你头脑中是会浮现出之前的那件事情呢？还是只是简单地害怕他把你当作坏人这样一个观念？（重点还是要关注当前，哪怕是非常微妙的细节。）

来访者：这个我说不好，好像是会想到那件事情，但只是一闪而过，不会那么详细。

咨询师：我注意到你刚才所描述的事情其实包含的很多信息，但是你最初跟我说的时候，却只是强调了害怕你的顾客把你当作坏人。

来访者：你想想，在大庭广众之下，我被那么多人看着，被警察盘问，虽然我什么都没做，但是别人会怎么想呢？他们还会觉得是我拿了顾客的包。从小到大，我一件坏事都没做过（语气有点激动，并伴有委屈的神情）。

咨询师：我留意到你刚才很强调别人会怎么想你，你很在乎其他人对你的看法吗？

来访者：是的，我承认我很在乎别人的看法，我就希望我在其他人眼中就是最好的，如果有人觉得我不好，我就受不了（有点不好意思的神情）。

咨询师：我还留意到你刚才同时强调说你从来没做过坏事，你所说的"好"与这有关吗？

来访者：可能有吧。反正我爸爸妈妈从小都说我是个好孩子，听话，其他人也都夸我是个好孩子，还说我很善良（微微流露出得意的神情）。

咨询师：那是不是说明你还是很在乎别人对你是否好、是否善良的评价？

来访者：嗯。

咨询师：那你的心理冲突可不可以这样理解，即一方面，当你的顾客盯着你看的时候，你就会瞬间浮现之前被冤枉的经历，从而觉得他也会将你看成是一个坏人；另一方面，你非常在乎别人对你的评价，而且很希望在别人眼中你是一个善良的人，是一个好人。这两个方面同时出现在一个情景中时，你就会有紧张的表现，表现出来就是脸红。

来访者：嗯，就是这样。那我应该怎么办呢？

这个简单的访谈过程，其实就是一个发现冲突的过程。整个发现冲突的过程具有以下几个特点：其一，将关注的焦点放在来访者当前的心理问题上，最主要的目的是要搞清楚来访者当前的心理问题是什么，在这个心理问题中具有哪些心理冲突；其二，尽可能用准确的语言来描述来访者所经历的事件及其心中的感受；其三，访谈的最终目的是要发现导致来访者心理问题的冲突两面分别是什么。例如，在这个案例中，来访者的心理冲突就是：一方面，希望自己在别人眼中都是一个好人；另一方面，在顾客看着自己的时候，因为过往被冤枉的经历自动认为对方将自己看成是一个坏人。两相冲突，因而出现紧张，外在表现就是脸红。

第二节　如何确定执着

在心性治疗中，冲突是心理疾病的表现形式，或者说发生机制；而执着是心理疾病的产生根源，或者说发病原因。很显然，一个单独的事物不可能产生冲突，只有两个相关的事物狭路相逢或者两件矛盾的事情同时发生才可能产生冲突。短时间内发生并消失的两件矛盾事情同时发生，可能会导致应激式的焦虑，而并不会导致严重的心理疾病。例如，明天学校的安排是期末考试，但明天又是心理咨询师资格证书的考试日期，两相冲突，使人们产生心理压力，这种压力随着事情的结束而消失。真正能导致心理疾病的是那些长时间萦绕在心里挥之不去的事情或想法之间发生冲突，长时间挥之不去，即执着。那么如何来寻找执着呢？我们举一个例子用以说明。

以那位见到陌生人会脸红的女士为例，如之前分析的那样，她的心理冲突在于：在发现有顾客看她的时候，一方面，她会在头脑中立刻浮现出之前曾经有过的尴尬经历，因而觉得对方是在怀疑自己，觉得自己是个坏人；另一方面，她非常在乎别人对她的看法，希望自己在别人的心目中是一个善良的好人。那么应该如何来分析这位女士的执着呢？

对于执着的分析，也不应该是心理咨询师单方面的事情，而应该是心理咨询师和来访者共同的事情。实际上，更重要的是来访者自己参与分析，一方面，她参与分析的过程实际上也是心理咨询的一部分，甚至是非常重要的部分。值得注意的是，执着的形态类型有很多，按照佛家所说，执着就包括我法二执。在心性疗法来说，执着的类型可分为静态和动态两个方面，静态的执着包括：一直影响现在的过往经历；头脑中具有的不依情境而发生改变的原则、观念；将自我当成永恒不变的中心实体。动态的执着包括：以过往的经验来理解当前，或者反之；以自我的经验来理解他人，或者反之。

对于这位爱脸红的女士来说，她的执着其实并不难分析。一方面，她的头脑中，一直存在过去那次被人冤枉的事件，那么这个特殊的挥之不去的事件就是一种静态的执着，而这件事情随时准备跳出来影响自己当前与陌生人的交流的这种倾向则是一种动态的执着。另一方面，她非常在乎别人对自己的看法，这其实是一种更深层次的自我执着。

来访者：老师，接下来我们是不是要分析我心里的执着？

咨询师：是的。看来你真正理解了我们将要采用的咨询方法。你自己有没有尝试过进行分析呢？

来访者：我分析过，就是不知道对不对。

咨询师：说来听听，我们可以一起来探讨。

来访者：我觉得我的执着就是那次被人冤枉的经历，我总是想到那件事，一想到我就脸红。

咨询师：嗯，过往的经验会影响到当前的活动，或者说，我们总是以过往的经历中习得的姿态来应对当前的事件，这确实是人之常有的一种执着。

来访者：老师，那你说我应该怎么去除这种执着呢？

咨询师：其实有的时候你越想去掉某个东西，实际上越在加强它。而当你有一天不再关注它时，它其实就已经离你远去了。但是现在还不用着急，我们还有别的工作要做。

来访者：什么工作？

咨询师：虽然过往的经验也是一种执着，但它其实并不足以导致我们产生心理困惑，所以，除此之外，我们还有别的执着，我们可以一起来分析。

来访者：老师，你认为我还有哪些执着呢？

咨询师：我们一起来分析。在心理学中有这样一句话，我认为很有道理，"伤害我们的并不是事件本身，而是我们对于事件的看法"（这属于认知疗法的核心观念之一）。你可以仔细揣摩一下，你对那次被冤枉的经历存在什么样的心理想法或态度？

来访者：我就是觉得很丢人。

咨询师：就像你上次所说的，你害怕他们把你当作坏人吗？

来访者：是的。

咨询师：那可不可以这么来理解，你刚才说你的执着是那次被冤枉的经历，但实际上，现在你每次见到顾客的时候，那次被冤枉的经历并不会像电影一样在头脑中清晰呈现，更可能像一个影子一样一闪而过。但是你害怕对方把你当作坏人的这个想法却清清楚楚地出现在脑海里，是这样吗？

来访者：嗯，确实，那次经历确实并不是每次都出现，虽然有的时候也出现。但是我确实每次都害怕他们把我当作坏人。

咨询师：与其说你的执着是那次事件，还不如说是这个想法。

来访者：嗯。

咨询师：这是一种习惯性的思维方式（很类似于认知疗法所说的自动思维），其实每个人都有许多习惯性的思维，而这些都是一种执着。但是有的执着会带来积极的影响，有的执着会带来消极的影响，还有的执着甚至不会有任何的影响。不幸的是你的这个习惯性思维所带来的是消极的影响。

来访者：那你说我应该怎么办呢？

咨询师：还不到怎么办的时候，我们还需要更向前一步。其实你不用太着急，如果前面我们分析得很到位，那么后面的工作就会简单，水到渠成。而如果前面没有分析到位，后面的工作就会很复杂，说不定还得回过头来重新分析。所以我们现在的工作可以说是磨刀不误砍柴工，明白吗？（留意到来访者有点着急，这时候需要安抚，并向她讲明。）

来访者：我明白，只是心里想着快点解决问题。好吧，你是说我还是没有找到根本的执着？

咨询师：也不能这么说，其实我们分析得已经很好了，只不过还有一些我们没有分析出来。

来访者：是什么呢？

咨询师：就像我们上一次分析的那样，你害怕他们把你当作坏人，其实这个想法的背后是另一个更普遍的想法，那就是你很在乎别人对你的评价，你希望别人都把你当作一个好人，是这样吗？

来访者：嗯。

咨询师：所以，其实你最根本的执着是一种自我的执着。

来访者：老师，我明白你说的意思，但是对自我的执着，我还是不太理解。

咨询师：是这样的，我们通常都会把自我当作一个永恒不变的实体，我们可能会把自己当作世界的中心，周围的其他人、其他事都是为我而存在的，周围的人都是在注视着我的。所以我们会在乎别人的看法。周围的其他人都和我是一样的，所以他们也会有我的想法。但实际上，我们只是芸芸众生中的一员，我们不但不是永恒的，而且是在不断变化的。在我们身上，没有任何一个特质是永远不变的，所以对于我们自己来说从来都没有一个固定的评价，其他人也不会对我们自己永远都只是持有一个相同的评价。今天我们可能是弱小的，但是明天我们可能就强大了。现在你明白吗？

来访者：我大概明白了，老师，没有什么是永恒不变的，包括自我。所以没有必要执着在一件事情、一个想法上面。

这个简短的访谈过程，其实就是一个分析执着的过程。对于这个来访者来说，她的执着既有静态的一面，也有动态的一面。一方面，过去的被别人冤枉的经历总是影响到当前对其他顾客的判断，这是一种关于事件的执着；另一方面，她自己总是希望在别人眼中都有一个固定的、永恒的"好人"评判，这是一种关于自我的执着。只有找到执着，才能破除执着。

第三节　寻找因缘条件

任何执着、任何观念的形成，都是有原因的，都是在一定的因缘条件下和合而成的。正因为如此，任何执着、任何观念都不是永恒不变的，都不是本性之所在。寻找这些产生某一观念、某一执着的因缘条件，实际上就是要让人们明白，这些观念并不是天生的，并不是绝对的，它的形成是有原因的，是可以改变的。而这实际上也是消除执着的第一步。

值得注意的是，一方面，寻找因缘条件并不是必需的，因为有的执着很容易就能找到导致其产生的因缘条件，而有的执着则不太容易。另一方面，寻找因缘条件其实是消除执着的第一步，但并非最重要的一步。另外，在寻找因缘条件的过程中，如果我们经常陷入对过往经历的回忆中，就不能真正起到消除执着的作用。当然，有一些执着还是有必要探寻其因缘条件的，如关于自我观念的执着。

另外，寻找因缘条件并不等同于找原因。因缘条件其实在某种程度上也包括构成某个事物的元素、成分。举例来说，房子这样一个实体的因缘条件就包括构成房子的诸多元素，如地基、砖块、水泥等，所以，房子并不是一个永恒不变的实体，而是由地基、砖块、水泥等因缘条件和合而成的。同样，砖块也不是永恒不变的实体，而是由泥土、水等因缘条件和合而成的。还是以刚才的案例来说明。

　　来访者：老师，我觉得我之所以这么在乎别人的评价，可能与我的父亲有关（这是在探讨原因，但原因也是因缘条件的一部分）。

　　咨询师：怎么说？

　　来访者：他对我很严厉，总是不苟言笑，总是批评我，从来没有表扬过我。所以我感觉我做的很多事情好像都是在讨他欢心，都是在争取他的表扬一样。

　　咨询师：所以，其实你最开始真正在乎的，是你父亲对你的评价。

　　来访者：是啊。可是我现在怎么也在乎别人的评价了呢？

　　咨询师：这可能是你在与父亲的交流中，习得了一种期待他人评价的生活姿态，这是一种习惯化的生活姿态，习惯后，你就会把它用到任何与你打交道的人身上。

　　来访者：那你也认为我父亲是我现在这么在乎别人评价的根源了是吗？

　　咨询师：这可能是根源，也可能不是。但其实我们没必要太在乎它是不是根本原因，因为这可能是由很多因素导致的结果。

　　来访者：那我们不分析原因了吗？

　　咨询师：我们其实要分析的是因缘条件，不是原因。

　　来访者：我不太懂？

　　咨询师：不要紧，慢慢地你就明白了。你可以仔细回忆一下，在乎他人评价的这些想法，是随时都会出现呢？还是在某些特定的时候出现？

　　来访者：是我在面对顾客，或者对着众人的时候就会出现，并不是随时都会出现的。

　　咨询师：那你所说的"他人"，是指周围的所有人呢，还是某些特定的人？

　　来访者：某些特定的人吧。比如，顾客、老师、父亲，但是对母亲，还有我的那些闺蜜，我就没有这些想法。

　　咨询师：也就是说，"我很在乎他人的评价"这个说法并不完全准确了，因为你是在一些时候在乎，而在另一些时候不在乎；对一些人在乎，而对另一些人不在乎。

来访者：是的。

咨询师：那你认为正确的说法应该是什么？你可以用一句或者几句话清楚、完整地描述吗？

来访者：可不可以这么说，当我和顾客、老师，或者和父亲说话、打交道的时候，我就很在乎他们对自己的评价。

咨询师：可以。所以可以说"我很在乎他人的评价"这个说法的因缘条件就是，必须针对像顾客、老师、父亲这样一类人；同时还必须是直接和他们打交道，你才会有在乎他们评价的想法。

来访者：哦，我明白了。就好像每一个想法的出现，都要满足一定的条件。

咨询师：是的。

在这个案例中，我们能够清楚地看到分析原因和寻找因缘条件的不同。在心性疗法中，我们所要关注的是因缘条件，而不是原因。这样做的目的在于：使来访者明白他所执着的那些观念并不是在任何情境中都是正确的，它必须要满足一定的条件，甚至仅仅是在某些极为个别的情境中才能站得住脚。因此，我们也没有必要一直把捉住那些观念不放。这实际上是破除执着的第一步。

第四节　如何去隐喻化

第一步：将语言中所描述的事件情境化

将"我害怕他们把我当作一个坏人"，改写为"当我卖衣服，那些顾客看着我的眼睛的时候，我就害怕他们把我当作一个坏人"。

之所以要这样改写，其目的在于使每一句语言都进入其所描述的具体事件中，而防止其扩展到用于其他事件的描述的可能性。这是因为人类的语言是高度概括化的，同样的语言，可以用于成千上万个事件的描述。而人们在用这些高度概括化的语言描述某一具体事件的时候，总是忽略这一点，从而将那些从其他事件中概括出来的意义迁移到这个事件中，从而赋予了这个事件额外的剩余意义。因此，语言分析的第一步就是要将语言对事件的描述具体情境化。

第二步：将语言描述即刻化

改写为："于 2014 年 9 月 7 日 15 点左右，某某某在心理咨询室中对心理咨询师说，当她卖衣服，那些顾客看着她的眼睛的时候，她就会害怕他们把她当作一个坏人。”

之所以要这样改写，其原因在于：一方面，将来访者陈述这些事件与想法的具体时间、地点都添加完整，以实现语言描述的进一步情境化。另一方面，在这次改写中，将描述这件事情的视角从第一人称改写为第三人称。这是因为：很多时候人们对自己不甚了解，是因为自己完全沉浸于自己的主观世界中，正所谓“不识庐山真面目，只缘身在此山中”。而用第三人称来改写，便能够在一定程度上从“庐山”中跳出来，因而增加了“识庐山真面目”的可能性。其实在很多时候，语言就好像一面镜子，在实体镜子中，人们可以将自己的容貌反射到其中，从而看清自己的长相；而在语言镜子中，人们可以将自己的思想反射到其中，从而看清自己的想法。

第三步：将隐喻意义还原

改写为：“这儿所说的坏人的意义，是来自那一次有一个顾客的钱包在我的店里丢了，因此他回来找我要，冤枉是我拿了他的钱包，但实际上我并没有拿，所以，坏人就是指小偷小摸、不老实、经常拿别人的东西的人。”

之所以要有这一步的改写或者澄清，是因为在上一步的改写结果中，只有坏人一词有发生隐喻的可能，因此需要让来访者明白，她在面对顾客的时候，头脑中的那些不应该有的想法究竟从何而来，究竟从哪一次事件中迁移而来。对于这个来访者来说，最重要的隐喻便是将被一个顾客冤枉的经历迁移到了后来每位顾客买东西的事件中。

进一步改写：“这儿所说的坏人还有一层意思，就是周围所有的人都围过来像看一个怪物一样看着我，警察也过来大声呵斥我，怀疑我拿了东西，众目睽睽下，我尴尬地想找个地缝钻进去。”

之所以有这一步改写或澄清，是因为导致来访者脸红的，并不简简单单是“坏人”这个词的字面意义，而是被别人（众人）当作坏人后所受到的轻蔑、嘲讽、鄙视等恶劣的态度。因此，简简单单的一个词语“坏人”，其所蕴含的隐喻意义（也就是从其他事件迁移而来的意义）便包括两层含义：第一层是“坏人”的字面意义，也就是不老实、小偷小摸等；第二层就是被人当作坏人后自己在众目睽睽下的尴尬体验。而事实上，后者更为重要。

第四步：去隐喻

这一步去隐喻的步骤，无须改写语言，因为经过前几步的改写，来访者就会理解她自己是如何将过往发生事件的意义迁移到当前事件中，并如何赋予当前事件以额外的剩余意义。当明白了这一切，其实去除隐喻的主要工作就已经完成了。而这最后一步去隐喻，并不仅仅在语言层面进行，而是在现实的生活中来进行的。

在语言层面的去隐喻，可做这样的改写："当她卖衣服的时候，顾客会看着她的眼睛，经过一番讨价还价、商量后，交易顺利完成。"

之所以这样改写，就是要只是单纯地描述当前的事件本身，而不受任何过往事件的影响。当然，实际上最主要的并不是这样语言层面的改写，而是将语言改写这种方式应用到生活中。只有在真实的工作场景中，当她卖衣服的时候，顾客看着她的眼睛的时候，无论怎么看，她都不会再受到过往被冤枉事件的影响，坦然面对，这才是真正地完成了去隐喻化。

第五节　如何去评判化

第一步：寻找语言描述中的评判化概念

例："从小我就希望周围的人都喜欢我，都夸我，都把我当作一个好人，一个有用的人，一个善良、聪明的人。"

这段自我陈述，一方面是高度隐喻化的，另一方面是高度评判化的。这段陈述中包含三个层面的评判，在心性治疗中也需要澄清这三层评判。

第一层评判：在语言陈述中直接使用描述好、坏、善、恶等概念的词汇。例如，这段陈述中的"好人""有用的人""善良""聪明"等。

第二层评判：来自周围的人的评判。第一层评判中所涉及的"好人""有用的人"等评判性词汇都是来自周围的人对自己的评判，是"周围的人都把我当作……"

第三层评判：来自自己的评判。其实所有的评判归根结底都是自己对自己的评判。如果自己不认可、不在乎、不期待，那么无论周围的人如何说，你都不会放在心上，都构不成对自己的评判，在这段自我陈述中，所有的评判都来自自己的希望，"从小我就希望……"也就是说所有的这些评判其实都是自己给自己的。与其说经常生活在别人的评判中，毋宁说都是生活在自己的评判中。

第二步：去除语言陈述中的评判词汇

改写："某年某月某日，王某某向她的心理咨询师陈述，她希望自己留给别人的印象是诚实守信、助人为乐、有思维能力、有工作能力。"

这样改写的理念是，将那些评判性词汇的具体含义澄清，使其变为有具体所指的、中性的词汇。这样改写的原因在于：如果一个人说她希望自己是一个好人，她可能并不清楚究竟应该怎样做才能成为一个好人，而如果她说她希望自己是一个诚实守信的人，则会清楚地知道自己应当怎样做，应当做出哪些改变。这实际上很类似于心理学研究中的操作定义。

事实上，当一个人只是纯粹地使用评判性的语言时，无论是用在自己身上，还是用在别人身上，都是毫无用处的，只有将这些评判性的语言具体化、操作化，才能使其成为真正有意义、有价值的语言。

然而，类似于这样的改写，并不是去评判化的结束。人们之所以绝大多数时候都自然而然地用"好人"这样的评判性词汇去概括诸如诚实守信、助人为乐这样的特征，是因为文化（宏观）、价值观（个体）就在这两类词汇概念之间建立了不可分割的联系。举个简单的例子：当一个人说你诚实守信的时候，你一定会自动地理解为对方是在说你是一个好人，并因此而高兴；而当一个人说你经常不老实、坑蒙拐骗的时候，你一定会自动地理解为对方是在说你是一个坏人，并因此而不高兴。这就是社会文化、社会价值观在语言中的存在形态，它告诉人们什么样的行为是值得提倡的，什么样的行为是应当避免的。

当然，去评判还原，并不是要去除社会文化、去除社会价值观，而是要从语言的层面上来澄清这些文化、价值观，而不应滥用这些文化、价值观来伤害一个人的身心健康。"希望每个人都成为诚实守信、助人为乐的人"远比"希望每个人都成为好人"更能彰显一个社会的基本价值观。

第三步：体验无评判世界

去除评判的第三步，也是最后一步，同时也是最重要的一步，就是体验无评判的世界，每个人都希望获得正面的、积极的评判，但实际上，正面的、积极的评判从来都是与负面的、消极的评判相辅相成的，就好像一枚硬币的两面。当你越渴望别人的正面评判，实质上你是对别人的负面评判越恐惧；当你在面对正面评判的时候越高兴，就意味着当你在面对负面评判的时候越痛苦。当一个人在接受因称赞而带来的鼓励时，其实你也在接受因批评而带来的伤害。其实，如果人们带着非评判性的眼光去看待这个世界时，那么便没有什么好人、坏人之分，而只有各个不同的人，就好像世界上的石头并没有什么善良的石头、邪恶的石头之分，而只有各式各样的石头一样。人们会带着评判性的眼光去审视他人，而不会带着评判性的眼光去审视石头。

体验无评判的世界的方法异常简单，只要变换一下自己的观察姿态，或者生存姿态即可。只需要将带着评判性的眼光去审视人的观察姿态转变为不带着评判性的眼光去审视石头的观察姿态就可以了。在身心放松的状态之下，去纯粹地感受世界上的每一种事物，每一个颜色，每一个声音，只是纯粹地去体验，而不带有任何评判，对待自己也是一样。在心理咨询室中可以训练，在日常生活中任何时候也都可以训练。

第六节　如何去语言化

语言分析的最后一步是去语言化。去语言，就是去除、消除语言，或者换句话说，语言分析的最后就是去体验没有语言的世界。

第一步：将心理问题转换为语言问题

将心理问题语言化，其实就是将内隐问题外显化的过程。简单来说，就是用准确的语言将心理问题陈述、描述出来。对于正常的成人，绝大多数的心理问题都能用语言表达清楚，如果还有一些用语言根本无法说清楚的心理问题，心理咨询师也只能无能为力了。

例：小王的案例。小王主诉自己患焦虑症，睡不着觉，心慌意乱。经过前期的咨询过程（见"心理咨询师的角色"章节中的案例详情），来访者将她的心理问题转换为如下的语言问题：

"我需要尽快做一个决定，就是要不要帮我妈出钱治病，我不知道应该怎么做。"

因此，来访者所焦虑的原因实际上就是做这样的一个选择题。实际上，生活绝不是像这样的一些非此即彼的选择题，但是人们经常将生活当作这样的非此即彼的选择题，一旦用语言来描画生活，就自然而然地将其描画成为一个非此即彼的选择题。这是语言导致心理疾病的原因之一。

第二步：语言具体化

语言具体化，就是将描述心理冲突的语言尽可能地具体化、详细化。这个过程就包括前面所提到的去隐喻化、去评判化。

例：上述小王的案例，在经过语言化后，可将其遇到的问题进一步具体化。

"第一，妈妈得了重病，需要尽快手术治疗。第二，如果尽快治疗，妈妈还能活很多年，但如果没有得到及时治疗，很可能会不久于人世。第三，治疗费用很昂贵，我自己虽可承担，但也会倾家荡产。第四，爸爸是个赌徒酒鬼，完全不管，也没有能力管我妈。第五，丈夫没什么能力，没有赚很多钱，还不太想拿钱给我妈治病。第六，我一直都对妈妈不太好，总是呵斥她，因此我感到很愧疚。第七，我想补偿妈妈，想为她治疗，但因为经济原因和丈夫的原因，又心有犹疑。第八，爸爸、丈夫都没有承担能力，全都只是我自己承担，妈妈的生命好像掌握在我一个人的手里，但我不想一个人承担。第九，丈夫没什么承担能力的意思是，他的工作不太好，每个月虽说也能赚4000多块钱，但是不稳定，有一日没一日的，回到家之后他会花很多时间（大约每天两小时）玩网络游戏，几乎从来没有想过在工作上更进一步，如升职。还有，家里绝大多数重要决定都是我在做，他经常问我应该怎么办。另外还有就是在夫妻生活方面也是，我们有一年多的时间没有过夫妻生活了。第十，不太想拿钱的意思是，每次我提出要拿钱给我妈治病的时候，我的丈夫什么话也不说，并且露出不太高兴的神情。但是因为我们家很多事情都是我说了算，所以只要我坚持，他也会听我的。所以，不想拿钱给我妈治病，其实也是我自己的想法，我怕因为给她治病，不但她的病没治好，我的家也垮了。但我确实也在埋怨他不能帮我分担。第十一，我爸爸没有能力的意思是，我妈病了，他从来都不管不问，也不去医院照顾，也没有钱，要是他哪怕天天到医院去照顾一下我妈，我都会轻松很多。现在天天都是我在照顾，一边照顾她，一边还有工作，我都忙得不行了。所以我也埋怨我爸什么都不帮我分担；第十二，我一直对妈妈不太好的意思是，我妈从小都对我很好，什么都想着我，但是我脾气很急，她想和我说说话的时候，我总是很着急就走了，也不想听她说话，还总是大声凶她。这次当她病了之后，我就回想起以前她对我好的时候和我总是呵斥她的时候，我就感到很内疚，想要补偿她。"

在这一步中，语言具体化并没有说一定要具体到何种程度，何种标准，最主要的目的是尽可能地用语言将来访者所困惑的事件表述完整，为下一个阶段的去语言化做准备和铺垫。实际上，在这一步中，语言越具体，下一步去语言体验的效果越好。这就好像弹簧的反作用力，只有向着一个方向走得越多，越极端，回过头来向另一个方向的力量才能越大，越彻底。

第三步：无语言体验

如果说前一步是极度地使用语言，那么这一步就是彻底地忘记语言，我们可将其称为"不离文字，不立文字"。操作方法很简单，找一个非常舒适的姿势坐着，或者躺着也行，在放松后，在头脑中将整个事件像放映电影一样在头脑中过一遍，每一幅画面，每一种情绪，都尽情地去感受它。但在整个过程中，不使用任何一个语词去描述事件，只是让事件本身自动流走，无须语言干预，也无须评判，只是纯粹地体验。在这种无语言体验中，来访者能够通过语言，看到自己在事件中的本来面目。

在小王的案例中，小王在经过大约 30 分钟的无语言体验后（在过程中潸然泪下），她决定回家后和自己的丈夫坐下来，详细地规划一下将来的生活。一方面会说服丈夫拿钱给妈妈尽快手术，另一方面也要想各种办法维系整个家庭的生存。之后，小王再也没有来咨询过，大约过了一年之后她给咨询师发了一条短信，说她妈妈的生命最终还是无法挽救，虽已尽力治疗，但还是不行，刚刚去世，但是她一点都不后悔为妈妈治病，没有内疚感，良心有安。她丈夫也换了一份工作，与网络有关，薪水有的时候每月有 1 万多元，自己也换了一份更好的工作，薪水也不错。

第七节　怎样修心养性

如前所述，心性疗法主要包括两条路径：第一条路径是明心见性的认知觉悟路径，需要三个阶段，六个步骤；第二条路径是修心养性的生活践行路径，来访者只需在生活中自己实践而无须再前往心理咨询室。但是，来访者应当如何在生活中自己实践呢？有没有一定的操作流程？答案是肯定的。接下来就对修心养性的步骤做一陈述。

第一步：准备阶段

①选定活动。生活修行是人们在生活、工作中进行的一种修养。它是在具体的活动中进行的，因此第一步是要选定适合的活动。之所以要选择，是因为并不是所有的活动都适合，或者说有的活动用来修行可能效果更好一些，而有的活动的效果可能就要差一些，如那些时间紧迫的活动，效果便不好。那什么活动最适合心性修养呢？一是体力劳动，二是体育活动。体力劳动，如洗碗、洗衣服、打扫清洁；体育活动，如跑步、慢走、太极、瑜伽等都可以。

②明确心向。在进行活动修行之前，需要明确心向，告诉自己接下来的一段时间要进行心性修养，要体验自己的本来面目。事实上，有这样明确的心向或意愿是很重要的。它可以保证活动的顺利进行。如果没有这样的心向或者欲望，后面的过程则可能因为不能完全投入而降低效果。

③排除干扰。排除外界的干扰对于保证修养活动的顺利进行是很重要的。例如，电话调成静音，或者干脆到一个比较安静、干扰因素较少的环境中去。

④铺垫活动。正如在体育锻炼之前的热身活动可以提高体育锻炼的效果一样，修行活动之前的铺垫活动也可以提高修行的效果。例如，将需要用的工具一件一件准备好，摆放整齐，这样能保证在活动进行的过程中有条不紊，减少过程中的干扰因素，不至于手忙脚乱因为找各种工具而分散注意力。

第二步：进入阶段

这是最重要的一个阶段。

①调整节律。这包括调整呼吸的节律与自己动作的节律，并使这二者之间有一个较好的协调。例如，跑步，每跑几步（根据不同的人有不同的节奏）呼吸一次，并一直保持这样的节律。在一个有规律的节奏中，人们更容易进入完全投入的状态。

②集中注意力。最关键的一步是集中注意力。将注意力集中到自己正在从事的活动上。集中注意力并不是要集中在一点上，而是集中在一个范围内的活动中，如自己的呼吸，自己的每一个动作，自己每个身体部位的感受。集中注意力只是进入阶段的一个技巧，真正进入后，就再也无须集中了，而那时候，也根本谈不上什么注意不注意了。

③处理杂念。在进入阶段，人们头脑中可能会经常蹦出一些不自主的观念、想法、认知、画面、情境。很重要的一点就是合理处理这些杂念。处理这些杂念的核心要点就是顺其自然，就是不要去抗拒它，不要去否认它或者压抑它，而是让它停留在大脑中，去注视它、觉察它，带着一种非评判的眼光去觉察。慢慢地，杂念自然就会从头脑中消失。

其实，这与佛家禅宗所讲的"立无念为宗"有很相近的地方。无念，不是什么都不想，也不是在头脑中去除一切想法、一切观念，而是不执着于每一个想法，不执着于每一个观念、观念，让其自然流动。逐渐地，就会进入一个无我的、无意识的、纯粹的存在状态。

第三步：体悟阶段

经过前面两个阶段的努力，个体就能够进入一种本然的存在状态，或者说就能体悟到自己的本来面目。处在这个阶段的个体，通常是高度认真，集中注意力，没有自我意识，没有时间意识。因此，在这个阶段，个体并不需要去做什么，只需要去体验、体悟就可以了。

①活动顺畅流动。体悟阶段的第一个特征，即个体正在从事的活动

是完全顺畅地流动，没有受到任何阻碍或干扰，一切都是按部就班地进行。除非是受到外界的干扰或阻碍，活动的顺畅流动是不会停止的。这种干扰或阻碍的因素包括：电话铃声响起，当前的活动遇到困难，发生某种意外等。

②自我完全开放。严格地说，本然状态是没有自我的，在这个时候，所有的注意力都集中在活动中，根本不会想起自我是怎么样的。其实，这正是一种自我完全开放的状态。这种开放，并不是向他人开放，而是向自己开放，向活动开放，向自然开放。只有在这个时候，个体才是和周围的世界完全地融合在一起的，才是真正的主客不分，才是真正的天人合一。

第四步：结束阶段

①中止。生活修行的中止，通常不是因为一个主动的意愿而中止，而是因为各种外界的干扰而被动中止。例如，当前所从事的活动遇到了困难，或难题，或者外界的事物转移了个体的注意力，如电话铃声响起。当然，也可以是由个体主动中止的。例如，可以定闹钟，等时间到了就自动提醒，其目的在于防止因为失去了时间意识而错过了工作的时间。

修行中止的时候个体通常会有一种恍然醒悟，或豁然开朗，或精神振奋的体验，这是一种十分积极的情绪体验，也是这种修行最为直接的一个好处。通常来说，修行的中止，意味着本然状态的消失，实然状态的显现，个体就又会进入自我的状态。

②反思。修行结束后的反思是十分重要的，仔细体会整个过程中自己的感受、感觉。反思一下什么地方需要进一步的改进，思考一下自己在这整个过程中学到了什么，获得了什么，体会一下本来面目的样子，本然状态的感觉。

心性疗法主张行为的训练(也就是修心养性)和认知的觉悟(也就是明心见性)两条途径共同进行的，从而达到治愈心理疾病的目的。那么究竟如何进行行为的训练，也就是修心养性呢？在此举一个例子用以说明。值得说明的是，这个例子虽然来自一部虚构的文学作品(列夫·托尔斯泰的《安娜·卡列尼娜》)，但是类似的例子在每个人的生活中可能都发生过，每个人都能从这个例子中获得共鸣。这个例子其实是描写主人公列文割草的一个情节：

"他们割了一趟又一趟。有长趟，也有短趟，草也是有好有坏。列文丧失了任何时间概念，简直不知道此刻是早是晚。此刻他在劳动中开始起变化，这变化使他得到很大的快乐。在干得最欢的时候，他往往会忘记他是在做什么，只觉得轻松愉快，而在这样的时刻，他割的一趟几乎跟基特割的一样整齐好看。但是只要一想起他是在做什么，而且有心要竭尽力量割好些的时候，就立刻感到十分吃力，而且割得也不好了。""列文割得越久，越是常常感到忘记了自己，在这样的时刻里，已经不是手在挥舞镰刀，而是镰刀本身带动着一个越来越有知觉的充满活力的身体，而且，就像有魔力似的，不用想到干活儿，活儿就自动进行着，有条不紊，丝毫不差。这就是最幸福的时刻。""只有在要割小土包周围的草或者遇到没有除掉的酸模，不得不停止这种无意识的活动而考虑考虑的时候，他才感到困难。"①

在这一段关于割草的描写中，主人公列文就处在一种自然而然的本然状态，或者本来面目中。"列文丧失了任何时间概念，简直不知道此刻是早是晚。"这就是本然状态的其中一个特点，那就是忘记了时间的存在。在此刻，列文已经完全投入了，他已经在彻底、完全地只是纯粹地割草了，一切进行的是那么顺畅，没有任何来自外界以及来自自身的拮抗。因为他一直在重复着同样的动作，除了遭遇到特别新奇的事情之外，他的意识是舍不得从安然中醒过来的。他一直重复着同样的动作，没有任何东西可以作为他确认时间的标志，所以，他丧失了任何时间概念。

这实际上就是中国传统文化中所说的"活在当下"。当他干得最欢的时候，他忘记了他是在做什么，只觉得轻松愉快。他已经完全投入了，他的动作完全自动化了，以至于不需要任何力量便可以顺畅地发生下去。他完全处于一种无意识的状态，也完全处于一种自然的状态，放松的状态，于是，"他割的一趟几乎跟基特割的一样整齐好看"。而当他想起他在做什么的时候，他的意识便醒过来了，拮抗便产生了，使他的动作再也不能那样自然了，好像被一种无形的力量阻抗着，于是，他又需要求助于意识来抵抗着这种阻抗，他有心要竭尽力量割好一些。他需要外在的力量来驱动他的动作，因为/于是，他的动作再也不是那样顺畅、自动自然地发生了。意识的存在，一方面阻止了动作之流的顺畅发生，另一方面又要找力量抵抗这种阻止以作为补偿，于是他的动作之流更不自然了。于是，他感到十分吃力，而且割得也不好了。因为意识的拮抗要消

---

① 〔俄〕列夫·托尔斯泰：《安娜·卡列尼娜》，高惠群、石国生译，上海，上海译文出版社，2006，第197页。

耗能量,于是他很累;因为意识的拮抗阻止了动作之流的自然发生,所以他割得也不好看了。

如果不遇到较新的情境,他那无意识的重复做着的同样动作之流不会停止下来,会继续全然地发生下去。而现在,他遇到新的情境了——小土包,或者酸模。新的情境总是需要与刚才全然不同的方式来应对,刚才那重复的动作不适宜了,需要新的动作。这种"新"制造了一种拮抗,于是,意识便重新醒过来。他也感到了困难。在这整个割草的情境中,主人公列文便经历了本然状态,以及本然状态的迷失。

第九章 案 例

第一节 陶女士的案例

基本情况：陶某，女，24岁，研究生学历，刚刚参加工作，因在工作单位内人际关系不良而求助。来访者陈述其一直以来人际关系都不好，并认为这可能与其从小的家庭结构不完整（只有母亲）和家庭环境不良（从小寄居在远房亲戚家里）有关。以下是咨询过程记录。

第一次咨询

咨询师（以下简称"咨"）：您好，请问有什么可以帮助您的呢？

陶女士（以下简称"陶"）：您好，我想咨询一下，我总是和周围的人处不好关系，能有什么解决方法吗？

咨：您所说的"总是"是什么意思呢？具体都是哪些时候？（语言具体化。）

陶：比如，我现在在单位和同事的关系，还有我在上大学期间和室友的关系，还有我和我妈妈的关系也不好。

咨：还有吗？

陶：目前我就能想到这么多，我刚刚研究生毕业参加工作，认得的人不是很多。

咨：那你刚才说"和周围的人处不好关系"，"周围的人"都有哪些人呢？

陶：比如，领导、办公室的同事、宿舍的室友，还有就是我妈。

咨：你和领导、同事、室友中所有的人都关系不好吗？其中有没有关系好的呢？

陶：那倒不是都不好，办公室中有一个同事对我挺好的，大学宿舍中也有一个同学对我挺好的。

咨：那也就是说并不是你周围所有的人与你的关系不好，而是一些人是吗？

陶：嗯，是的。

咨：你刚才说"总是和周围的人处不好关系"，这其中的"处不好关系"是什么意思呢？（语言具体化。）

陶：就是感觉他们都好像对我有意见，看不起我似的，我和他们走不到一起去，关系很疏远。比如，我们办公室的领导总是对我大呼小叫的。

咨：究竟是她对你有意见呢，还是看不起你，或者两者都有，又或者是别的什么？

陶：我感觉是看不起吧，好像别的也有，我也搞不清楚。

咨：这样吧，你能不能回忆一个最近发生的能证明他们对你不好的事件的具体情境呢？（语言情境化，将问题还原到具体的事件中。）

陶：昨天就发生了一件事，我到现在都难受极了。

咨：能不能详细地说说呢？越详细越好，尤其是你的感受。

陶：就是昨天的事，我们单位同事之间有一个微信群，昨天我们领导在群里面发了一张照片，照片上是一个草莓蛋糕，我们领导在照片下面还发了一句话："这是我自己做的蛋糕，怎么样？"但是在她发完这个消息后，很长时间都没人回应，我就觉得这样多不好啊，在群里发完一条消息没人理，多没面子啊，所以我就回了一句："哇！这个蛋糕真好看。"谁知道她回了一句："你又不懂这个！"我一看就气坏了，她不但不感激我，还当众奚落我。总是这样，我本来想对他们好，结果他们不领情，还处处针对我。

咨：那我们就分析一下你所讲的这个情境吧。你刚才说你看到你们领导在微信群里发了一条消息，后来你主动回应，能详细说说你主动回应前的心理活动吗？

陶：我就是想着，她在群里发一条消息，就是想得到大家的注意，获得大家的认可嘛，但是没有人回信息，她还是领导，多没面子啊。所以我就回了。

咨：好，这里有几个问题我认为有必要提出来，你可以仔细思考一下。第一个问题是，你刚才说你的领导在群里发消息是为了获得大家的注意和认可，并且如果没有人回就会没面子，这是你的领导自己的想法呢？还是你认为她是这么想的呢？

陶：她当然就是这样想的，要不然她为什么要在微信群里发呢？

咨：为什么说在微信群里发消息就一定是想获得他人的关注与认可呢？也有可能是纯粹地想与大家分享分享，独乐乐不如众乐乐嘛。

陶：……（沉默）

咨：所以，其实你也不知道她发消息的真实心理活动，这只是你的推测而已，是吗？（去隐喻还原。这里的隐喻是将自己的心理想法投射到其他人身上。）

陶：嗯，可能是吧。

咨：第二个问题是，你可以再想一想，在微信群里发消息其实有很多种可能的心理活动，你为什么会自动地就认为她是想获得别人的关注与认可呢？

陶：我大概明白你的意思了，这是我的习惯性想法，如果是我，我就会这么想，但不代表别人也会这么想。

咨：你说得很对，那你为什么会自动有这个想法而不是别的什么想法呢？

陶：这可能与我从小的经历有关吧，我从小就没有人照顾，我爸在我很小的时候就去世了，我妈妈把我寄养在一个远房亲戚家里，那时候我妈一周来看我一次。所以我可能从小就养成了期望获得妈妈关注的习惯，你说这有关系吗？

咨：可能有一定的关系吧，当然还可能有其他的原因，但无论是什么原因，你都是在沿用小时候或者过去的思维习惯。但是你现在的情况和小时候的情况已经发生了天翻地覆的变化，你要充分地认识到这一点。（去隐喻还原。这里的隐喻是将过去的思维习惯投射到当前。）

陶：那怎么办呢？改也改不了啊。

咨：没关系，不用着急，你在心里面能清晰地认识到这一点就足够了。但是今天我们的时间已经到了，下周再见。（因为这是第一次咨询。）

第二次咨询

咨：你好，我们又见面了。我们今天的任务是继续分析你在人际交往中的一些心理活动，你是否还记得上次你所说的那个情境？

陶：当然记得。

咨：我们继续分析那个情境。你能否说说当你的领导回应了一句"你又不懂这个"后你的具体心理感受？

陶：当时我就是觉得特别气愤，她不但不领情，还当众奚落我。

咨：我记得上次我们讨论过，她发微信的目的其实我们谁也无法确认，按照这个思路，那么她说"你又不懂这个"其实也并不一定是想奚落你，是吗？

陶：嗯，是的。这只是我的理解，我是把自己的想法强加到她身上了。

咨：不是强加，是投射。不过我们今天讨论的重点不是这个，而是你气愤的情绪。你能说说使你气愤的主要原因是什么呢？是你认为她不领情，还是当众奚落你？

陶：当众奚落我吧，我最受不了的就是别人当着众人的面说我的不是。

咨：我们先不要过度延伸，只谈论这个情境，你刚才说的最受不了的就是别人当着众人的面说你的不是，这是一个总结性的结论，但我们现在只关注发微信的这个情境本身，不要随便进行总结。（将心理感受还原到具体情境中，而不过度概括。）

陶：好吧。

咨：其实我明白你的意思，你是说你真正气愤的其实是你认为对方在当众奚落你，是吗？

陶：嗯。

咨：一个人在大庭广众之下被奚落，其实有很多种可能的情绪反应，你的反应为什么是愤怒而且是非常愤怒呢？不知道你有没有想过这一点？

陶：因为这让我很没有面子啊，伤害了我的自尊心啊。虽然我出身于农村，但是我也很喜欢自己做蛋糕啊。

咨：你为什么用了一个"虽然出身于农村"这样的描述呢？

陶：对啊，会做蛋糕在他们眼中是一件高大上的事情啊，他们觉得我来自农村，所以哪会懂做蛋糕啊。

咨：我需要提醒你一下，你还记不记得我们上次的讨论结果，不能将自己的想法投射到他人身上，所以，你刚才所说的会做蛋糕是一件高大上的事情，来自农村便不懂这些高大上的事情，这并不一定是他们的想法，而更有可能是你自己头脑中的想法，是吗？

陶：嗯，是。谢谢，我差点忘记这一点了，是我自己总怕他们说我是一个农村人。

咨：我留意到你刚才有一个推理，"因为来自农村，所以不懂……"这是你的真实想法吗？（发现执着。）

陶：是啊。

咨：那么你害怕的究竟是农村人这个身份，还是因为是农村人而什么都不懂呢？

陶：我也不知道，好像都有吧。

咨：其实你怕的是他们因为你是农村人而看不起你是吗？

陶：嗯，可能是吧。

咨：那你认为别人更看不起农村人这个身份呢？还是什么都不懂呢？

陶：哦，我明白你的意思了，你是不是想说即使我是一个农村人，但假如我什么都会，能力很强，他们就不会看不起我了是吗？

咨：嗯，你说得很对。其实还有一个层面，你要有所了解。其实真正重要的并不是别人对你农村人身份的认不认同，而是你自己对农村人身份的接不接受。其实真正看不起你的并不是其他人，而是你自己，你说是这样吗？

陶：……（沉默）

咨：其实还有一点，我不知道你有没有留意到，你之前说你的领导说了一句"你又不懂这个"之后，你的反应是非常愤怒，是吗？

陶：是啊。

咨：其实你的这个非常愤怒的情绪反应，还说明其实你并不认同她所说的"你又不懂这个"的说法。反而你可能认为你懂得很多东西，能力很强，甚至你可能认为你比他们都要厉害。你认为你比他们厉害得越多，他们在说完那句话后你的愤怒情绪就越严重。

陶：你怎么知道啊？我确实有点看不起他们，他们每天就知道在办公室聊天、玩游戏，什么都让我做，做表格啊，写材料啊什么的，他们什么也不会，事情都是我在做，功劳都是他们在得。

咨：所以你说你在单位里面的人际关系不好有这样一个背景事件，那就是你本身并不认可他们的工作方式或能力是吗？

陶：嗯，但是没办法啊，现在工作不好找，又不可能随便换工作。

咨：这就涉及你的职业生涯规划了，我们先认识到这一点就好了。我们今天还有一个需要讨论的问题。我记得你上次有这样一个说法："总是这样，我本来想对他们好，结果他们不领情，还处处针对我。"如果按照上次以及今天我们的分析思路，你会如何看待你的这句描述呢？

陶：好吧，我尝试一下。首先我不应该说"总是这样"，这只是我通过这一件事的过度推理，是不是？

咨：嗯，很好，就是这样，然后呢？

陶：还有就是，"他们不领情，还处处针对我"，这些也不一定是他们的真实想法，只是我的推测，是我把我自己的思维习惯投射到了他们身上。

咨：是的，还有吗？

陶：不知道了。

咨：还有你为什么会有这样的思维习惯？

陶：哦，对，我之所以有这样的思维习惯，可能与我的家庭和我小时候的生活经历有关，我希望别人都对我好。

咨：很好，今天我们的时间到了，再见。

陶：再见，谢谢。

第三次咨询

陶：您好，今天我们要分析什么呢？

咨：今天我们有两个任务，一是对前两次的咨询做一个总结和进一步的分析，二是我们一起做一个训练。

陶：什么训练？

咨：先不着急，我们先完成第一个任务，我记得你最开始想要寻求解决的问题是和周围的人的关系不好，并举了一个实际的例子，在这个例子中你主要的情绪感受是气愤，是这样吗？

陶：嗯。

咨：我记得头两次我们讨论过一个现象就是过度延伸或者过度推理，其实这个地方也存在着过度推理。

陶：啊？我明白过度推理了，但这里怎么就过度推理了呢？

咨：哦，是这样的，其实从你和你们领导在微信群中的这一问一答并不能证明你的人际关系就不好了，最多只能看出你对这种交流方式的感觉不好，具体来说就是感到气愤。你将自己的感觉不好过度推理成了你的人际关系不好了。我不知道你们办公室在日常生活中其他时候的交往方式，你可以思考一下是不是也存在着这种你自己感觉不舒服，但是被你推理成了人际关系不好的情况呢？

陶：（沉默）虽然我还不是特别明白，但好像是有那么一点的。

咨：嗯。我们很多时候都习惯性地说"人际关系不好"这样的话，但这样的话太过于概括化、抽象化了，没有实质性的意义。我们都需要把它还原到具体的生活情境中，还原到具体事件中，而当我们一旦将它还原到具体事件中的时候，我们往往就会发现事件的本来面目原来并非如此。这就是去评判化。（还原到具体情境中，去评判化。）

陶：我明白了，就是不要随意地评判，而是要放到具体的事件中。

咨：是的。还有，在前两次咨询中，我们还讨论了一个问题，就是很多时候其实你都是在推测别人的想法，都是在把自己的思维习惯投射到别人身上。

陶：嗯，是的。

咨：这其实是人的一种认知本能，我们只能以自己的经验来理解别人，关于这一点，我们是无法改变的，但是我们要知道这一点，要认识到有时候我们只是在推测别人的想法，只是在以自己的思维习惯想别人的想法。（去隐喻还原。）

陶：只要知道就可以了吗？

咨：嗯，是的，知道就可以了。其实还有一点我们也要认识到，那就是我们的思维习惯是如何形成的。

陶：这个我知道，这与小时候的经历有关。

咨：很对，但不一定就是小时候，也可能是在长大了之后，但无论怎么样，都是在过去的经验中逐渐形成的一种自动化的思维。所以在很多生活情境中，我们是以自己的经验在理解别人，以过去的经验在理解现在，都可能出现认识错误，我们要充分地认识到这一点，在这一点上要保持充分的觉醒。（去隐喻还原。）

陶：嗯，我明白了，这些都不用改，关键是要认识到。

咨：是的。我们可以举一个例子，我记得在上一次咨询的时候，你说过你怕别人说你是一个什么都不懂的农村人。其实你可以仔细想一想，怕别人说自己是农村人这种心理，是不是在你小时候或者很久以前就有的一种心理惯性呢？其实你现在和过去已经发生了天翻地覆的变化，名校研究生毕业，早已不是过去那个什么都不懂的农村人了。但是"害怕别人说自己是农村人"的这个心理惯性却依然延续了现在，这何尝不是一种将过去的经验迁移到了现在？（去隐喻还原。）

陶：嗯，你说的确实有道理，我好像明白一些了。

咨：好的，那我们今天的第一项任务就算完成了，接下来我们来完成第二个任务。

陶：你刚才说是一个训练，是个什么训练呢？

咨：我先解释一下基本原理。这个训练是一种去语言的还原训练。你可能注意到了，我们前面的分析都是建立在用语言详细描述生活事件的基础上的。事实上，人们的很多心理困惑，都是由我们用来描述事件的语言不够准确导致的。所以我们前两次才要如此细致地分析，但是无论用什么语言都不可能绝对正确地描述一件事情，所以接下来我们的训练就是要越过语言，而直接去面对，去体验事件本身。（去语言还原，无语言体验。）

陶：我不是太明白，那要如何训练呢？

咨：其实很简单，我们来训练一次你就明白了。

陶：好吧。

答：整个过程大概需要 20 分钟，你可以跟着我的指示来做。首先，你可以找一个最舒服的姿势坐着，然后闭上眼睛，慢慢地深呼吸，将注意力集中到呼吸的每一个动作上，如何吸气，如何呼气，让自己放松下来(5 分钟)……现在，将之前你所说的使你难受的事情慢慢地在头脑中过一遍，像放电影一样，但是，不要尝试着用语言去描述，只是让事件以它的本来面目也就是让影像在头脑中过一遍即可，你仔细地体悟这个事件，看看这个事件是如何发生的，不要去评判，只是过一遍即可……当然，你也可以用同样的方法在头脑中过一遍其他的事件……(15 分钟)好了，现在慢慢地睁开眼睛。

陶：我感觉放松了很多，感觉真是不错啊。

答：不要尝试用任何语言来描述你此时的感受，感受本身就是感受本身，你记住这种感受就可以了。以后你在生活中可以随时去寻找这种感受。

陶：我记住了，谢谢您。

案例总结：这个案例的基本思路是语言分析。首先将来访者的心理困惑还原到具体的生活事件中，并且用语言将生活事件叙述清楚；其次让来访者发现她在叙述事件时所采用的语言中所存在的问题，并一一分析这些问题；最后让来访者学会一种无语言的体验方式，也就是只是纯粹地觉察事件的发生发展，而不用任何语言去试图描述、解释、评判事件。所以，整个心理咨询的过程可以理解为：首先用尽可能准确、具体、细致的语言去描述事件，其次完全忘记语言，让事件回归其本身，也就是"不离文字"和"不立文字"。

这个案例的咨询过程，详细说明了如何将来访者的心理困惑还原到具体的生活事件中，以及如何使用去隐喻还原等方法来分析语言。值得注意的是，在将心理困惑还原到具体的生活事件中的时候，我们并不一定必须选择那些典型的生活事件，事实上，有时候一个普通的生活事件，也能反映来访者的所有问题。

第二节　汪同学的案例

基本情况：汪同学(后文简记为"汪")，女，13 岁，初中生，因不想上学而求助于心理咨询师。其母亲介绍说汪早产，因生下来后虚弱、头无法抬起来而在保育箱里待了很长时间。出来后依然很虚弱，医生建议做针灸理疗，因此从出生到 11 个月大的时候每个月都要去医院做针灸理疗。每次去的时候汪都大哭大叫，但是为了其身体强健，母亲不得不狠心将其送到医生处。母亲认为这些经历可能会对其造成心理阴影。并且说汪很内向，有点自卑。咨询师在了解基本情况后与汪进行了面谈，面谈的详细过程记录如下。

第一次咨询

咨询师（以下简称"咨"）：你好，请问有什么能够帮你呢？

汪：老师，您好，我就是不想上学，想让您帮我分析一下。

咨：具体分析什么问题呢？

汪：就是我为什么这么讨厌上学呢？

咨：好，那我们就一起来分析吧。

汪：嗯。

咨：首先，我留意到你刚才用了一个似乎是不可思议的语气，说"我为什么这么讨厌上学呢"，你是不是觉得自己不想上学这个想法很奇怪？或者说你其实觉得自己不应该有这个想法？

汪：是啊，你看跟我同岁的那些人，他们都喜欢上学，我妈也说我应该上学。

咨：不管别人说得对不对，也不管别人喜不喜欢上学，其实你自己心底里还是觉得自己应该上学对不对？

汪：嗯。

咨：所以，其实你心里有一个矛盾或者冲突，那就是一方面你心底里觉得自己应该上学，另一方面你又很讨厌上学，是这样吗？

汪：嗯，就是这样的。

咨：那好，我们接下来分析一下你刚才所说的"讨厌上学"究竟是一个什么意思。

汪：怎么分析呢？

咨：首先我们要搞清楚你所讨厌的究竟是什么。比如说，你讨厌上课听讲、课后习题，还是讨厌思考问题等这些具体的学习过程呢？还是别的什么，比如说，讨厌学校的环境，或者讨厌某些同学，或者讨厌老师？等等，你可以仔细想一想，你讨厌的究竟是什么？

汪：我讨厌老师！

咨：这么干脆啊，那看来你是很讨厌老师了，那你讨厌听讲、做作业、思考问题这些事情吗？

汪：这些不讨厌，我还是很喜欢学习的，尤其是英语，我的英语成绩是全班第一。

咨：那就是说你刚才所说的"讨厌上学"这个说法并不准确，是吗？

汪：嗯，应该是讨厌老师。

咨：可是你有很多老师啊，如英语老师、数学老师、语文老师，你是都讨厌他们呢？还是只讨厌其中的某一位或者某几位老师？

汪：我最讨厌班主任了，其他老师不怎么讨厌，我最喜欢英语老师了。

咨：所以你刚才的"讨厌老师"这个说法也是不对的，应该是讨厌班主任是吗？

汪：嗯。

咨：那你能不能说说，你是从一就开始一直讨厌你们班主任呢？还是最近才开始讨厌的？

汪：一开始还不怎么讨厌，后来不知道从什么时候就开始讨厌了，最近特别讨厌。

咨：那你为什么一看到她这个人就觉得讨厌呢？比如，长相难看之类，还是她说了什么话或者做了什么事就令人特别讨厌？

汪：平时看着也不喜欢，总是板着脸，总爱发脾气，有的时候就特别讨厌。

咨：比如说什么时候？能说一个具体的事例吗？

汪：就是在上周的时候，到了睡觉的时间，有一个同学熄灯后还在说话，但就她一个人说话，被我们班主任听见了，当时她就大发雷霆，把我们全寝室的同学都叫起来，让我们在外面站了一小时。你说就一个人说话，她把我们全寝室6个同学都叫起来罚站，这也太不公平了。

咨：你觉得她这么做不公平，所以才讨厌她？

汪：嗯，就是。

咨：那在这之前呢？你讨厌她吗？

汪：讨厌。

咨：也是因为她做了不公平的事情吗？

汪：那倒也不全是。

咨：所以我们刚才说"觉得她这么做不公平，所以才讨厌她"这个推论其实是不成立的，她即使不做这些不公平的事情，你也是讨厌她的，是这样吗？

汪：嗯，是。

咨：其实要找到你讨厌她的原因并不是一件容易的事情，这可能是由很多因素导致的，比如说你的价值观、人生观，比如说她的性格特征、行为方式、对待你的态度，甚至她一个看起来微不足道的小动作有时候都会引来别人的反感。其实，有时候讨厌一个人是没有任何原因的，就好像有时候喜欢一个人也没有任何原因一样。你觉得呢？

汪：嗯，好像是，我确实不知道讨厌她的原因，可能就是看不顺眼吧。

咨：其实分析原因并不是必需的，不知道原因也无所谓。但是我们有必要搞清楚你讨厌她的具体感受，也就是你在讨厌她的时候，你的具体心理感受是什么样的。不过我们今天的时间到了，我们下次再来分析吧。

汪：好的，谢谢老师，再见！

咨：再见。

第二次咨询

咨：你好，我们又见面了。

汪：老师，您好！

咨：还记得上次我们讨论的话题吗？

汪：记得，老师说我其实并不是讨厌上学，只是讨厌班主任而已。

咨：是的，我们还说了没有必要分析讨厌班主任的原因，但是有必要分析你讨厌她的时候的具体心理感受。

汪：嗯，就是。

咨：那我们今天就一起来分析吧。还记得你上次说的那件事情吗？你说你们寝室里的一位同学在熄灯后说了几句话，你们班主任就把你们全寝室的同学都叫起来罚站。

汪：嗯，我记得。

咨：能说一下在当时整个事件的发生过程中你的心理感受吗？越详细越好，我们可以从事件刚发生的时候开始分析，就从熄灯的时候开始吧。

汪：好吧。因为我们学校有规定，晚上10点钟准时熄灯，熄灯后就得睡觉，不准说话，班主任还要来查寝室的。

咨：嗯。

汪：所以每天晚上熄灯前我们都很着急，抓紧时间把东西收拾好，因为一熄灯就什么也干不了了。

咨：嗯。

　　汪：当时熄灯后我们就赶紧上床躺着了，其实平时我们熄灯后都会说会儿话的，那天躺下后就有一位同学说张老师（班主任）的笑话，我们就在那儿听，听得挺有意思的。

　　咨：这时候你的心理感受是什么？你不用说其他同学，只是说你自己的感受就行。

　　汪：我这时候还是挺高兴的，她们说张老师的笑话，我觉得蛮有趣。

　　咨：嗯，然后呢？

　　汪：然后张老师就来了，她可能听到我们在说她的坏话，当时就发火了，她使劲把门推开，就开始骂。

　　咨：这时候你的具体感受是什么？

　　汪：这时候我其实有点幸灾乐祸，我当时想的是，幸好我没说话。当然，我也还是挺怕的，张老师那个架势还是挺吓人的。

　　咨：嗯，然后呢？

　　汪：然后老师就让我们全都起来，站在寝室外面。

　　咨：这时候你的情绪感受是什么？

　　汪：我就觉得明明是别人在说话，凭什么让我也起来罚站？

　　咨：所以你的情绪感受是愤怒吗？

　　汪：是，就是很生气。

　　咨：所以你当时生气的原因在于这样一种心理冲突：一方面，你认为你自己并没有说话，并没有犯错，所以不应当受到惩罚；另一方面，老师却让你也罚站，你也受到了惩罚，是这样吗？

　　汪：嗯。

　　咨：但也有另一种可能，那就是一方面你认为那位说话的同学犯错了，而你们其他人并没有说话，所以那位说话的同学应当受到更严厉的惩罚；但是另一方面你们却受到了相同程度的惩罚。有这种可能吗？

　　汪：嗯，就是这样。

　　咨：正如之前你所说的，当这件事情发生的时候，你就特别讨厌你的班主任。你现在再看，你所说的"讨厌老师"究竟是一种什么样的感受呢？

　　汪：愤怒？

　　咨：有，但不全是。

　　汪：什么意思？

　　咨：愤怒和讨厌这两种情绪感受并不能画等号。比如说你在家里可能曾经对自己的爸爸妈妈有过愤怒的情绪，但并不能说你同时是在讨厌爸爸妈妈。

汪：那倒是。

咨：在你被要求罚站的这个情境里，你除了有明显的愤怒情绪之外，还有一种心理感受不能忽略，那就是你其实并不认同你们班主任的做法，是吗？

汪：嗯，就是，不公平。

咨：可以换一种方式来说，你们老师的行为方式不符合你的价值观。

汪：是，我希望她公平，但是她的做法一点都不公平。她很多时候都是这样，不公平。

咨：其实关于公平的含义很复杂，并不能一概而论的。

汪：什么意思？

咨：举个简单的例子，假如你和你的同学都犯错了，但老师只批评了你，没有批评你的同学，你说这是公平吗？

汪：不公平！

咨：那你会因此而讨厌她吗？

汪：当然会！

咨：那如果反过来，你和你的同学都犯错了，但老师只批评了你的同学，没有批评你，你说这是公平吗？

汪：这个，也算是不公平吧。

咨：那你会因此而讨厌她吗？

汪：呵呵，这肯定不会。

咨：因此，单纯的不公平，并不是你讨厌她的根本原因，是吗？

汪：我明白了，确实。

咨：那你认为什么才是根本原因呢？

汪：现在我知道了，其实张老师一直都不喜欢我，她总是说我，批评我。

咨：她会说你什么呢？

汪：她说我愚蠢，还说我是级花，其实就是讽刺我长得难看。

咨：所以你不去上学的原因，并不是你讨厌你的老师，而是你的老师不喜欢你，甚至有侮辱你的语言行为是吗？

汪：嗯。

咨：所以你采取了一种躲避的策略，干脆不去学校，是这样吗？

汪：应该是吧。

咨：其实你有没有想过，你越躲避，就越证明你很在乎，你很在乎老师对你的评价？

汪：是，我确实很在乎别人对我的评价。

咨：具体来说，其实你很希望你在老师眼中是一个好孩子，乖孩子，或者说你很想获得老师的喜欢，是这样吗？

汪：嗯。

咨：所以你不去上学，真正的心理冲突是：一方面，你很想让张老师喜欢你；另一方面，你发现张老师并不喜欢你，甚至还会说你，奚落你。是这样吗？

汪：嗯。

咨：而且，你越是希望老师喜欢你，或者你的老师越是批评、奚落你，那么这个心理冲突的张力也就越大，张力越大，你的心理压力也就越大，越不想回到学校，是吗？

汪：嗯，是的。

咨：很好，今天我们终于搞清楚了很多事情。下一次我们就来解决这个心理冲突好不好？

汪：好的，谢谢老师。

咨：不客气，今天就到这里吧，再见。

第三次咨询

咨：你好，我们又见面了，最近怎么样？

汪：老师，我觉得你上次说得蛮有道理的，我发现我这个人确实很在乎别人对我的看法，你说我应该怎么办呢？

咨：是这样的，在乎别人对自己的看法，并不是你一个人才有的想法，这应该是一种很多人都会有的普遍心理，是人之常情。有这种想法，也并不代表你就有问题，就需要改变。

汪：那是怎么回事呢？

咨：首先，"很在乎别人对我的看法"这个说法并不明确，这个"别人"是指谁？是指所有人吗？比如说，大街上的随便一个陌生人，你也很在乎他对你的看法吗？

汪：这我倒是没想过，应该不至于吧。

咨：是的，很对。往往是这样，对于我们越在乎的人，我们也就越在乎他对自己的看法。在乎他人对自己的看法，换一种说法其实就是希望自己在他人眼中有一个好的评价，而我们往往只是会对身边那些很重要的人，才会有这种希望，他对我们越重要，这种希望也就越强烈。

汪：嗯，好像是这样。

咨：所以，你越想让你的班主任，也就是张老师喜欢你，就越证明在你心目中，张老师很重要。

汪：肯定很重要啊，她毕竟是班主任啊。

咨：其实用重要这个说法也并不完全准确，因为重要与否也是很难界定的。你能不能仔细想一想，你对张老师还有没有其他印象？无论是正面的，还是负面的。

汪：我想想，严肃、不苟言笑。

咨：嗯，那你怕她吗？

汪：怕。

咨：还有没有其他什么印象？

汪：还有就是我觉得她很厉害。

咨：很厉害是什么意思？是脾气很大，还是能力很强？

汪：脾气也大，能力也强。

咨：那你刚才说她很厉害主要是想说她脾气大呢？还是能力强？

汪：其实我想说的是能力强，她确实是蛮强的，总是很权威。

咨：所以你对张老师的印象是既怕，又敬，也就是敬畏，是吗？

汪：嗯，差不多吧。

咨：很好，记不记得上次咨询我们得出的结论，当时说你不想上学的心理冲突是，一方面你很想让张老师喜欢你；另一方面，你发现张老师并不喜欢你，甚至还会说你，是吗？

汪：嗯，记得。

咨：再结合我们刚才讨论的结果，我们可以这样来说，在你心目中，张老师是一个很重要的人，很权威的人，所以你很想让张老师喜欢你，或者希望你在张老师心目中是一个很棒的人；但是，你发现张老师不但不喜欢你，还经常说你，批评你，甚至奚落你。是这样吗？

汪：嗯，是。

咨：好，今天我们的任务主要是解决这个心理冲突，那你认为应该如何解决？

汪：如果张老师喜欢我，不说我，不批评我，不奚落我，就好了。

咨：好吧，我们就顺着这条路来讨论。其实你有没有留意到，你在上次咨询的时候说过这样的话："张老师一直都不喜欢我，她总是说我，批评我。"

汪：记不清了，好像吧。

咨：没关系，你确实说过这句话的。我之所以把这句话提示出来，是想让你认识到这句话其实有两层意思。

汪：啊？哪两层啊？

咨：第一层意思是递进关系，我们可以这么来表述——张老师不但一直都不喜欢我，还总是说我，批评我。

汪：哦。

咨：第二层意思是因果关系，我们可以这么表述——张老师一直都不喜欢我，因为她总是说我，批评我。你可以想一想，当你在说这句话的时候，究竟是想表达一种递进关系呢，还是想表达一种因果关系？

汪：啊？我没想过啊，好像都有吧。

咨：嗯，两种意思都有，这确实是极有可能的。语言就是这么有意思，一句话可以表达出很多层意思。

汪：呵呵。

咨：如果两层意思都有的话，那我们可以这么来表达——张老师不但一直都不喜欢你，还很讨厌你。而你之所以感到她不喜欢你甚至讨厌你，是因为她总是说你，批评你，是这样吗？

汪：对，这样说是对的。

咨：你应该留意到了，你的表述中有这样两个词——一直和总是。你所说的一直都不喜欢你，是指从一开始第一眼见到你就不喜欢了吗，还是从什么时候开始的？你所说的总是，是每天都批评你吗，还是隔多长时间会说你一次？

汪：也不是从一开始就不喜欢吧，不知道从什么时候开始，记不清了；也不是每天都批评我，偶尔吧。

咨：那她一般都会在什么时候或者什么情境下会说你，批评你呢？

汪：就是在上次期中考试公布成绩的时候，当时我成绩下降了很多。她就把我们几个叫到办公室说了一顿，说就是我们几个拖了后腿，还说我以为我是级花。

咨：级花，这是什么意思？

汪：就是当时有个男生给我传了一张纸条被老师发现了，她就以为我们是在谈恋爱。她说我以为自己是级花，就是说只是我以为自己长得好看，实际上长得很丑。

咨：哦，这确实是在说你，那其他时候呢？你不是说她总是说你，批评你吗？还有什么情境？

汪：想不起来了，哦，还有就是上次说的让我们都罚站。

咨：让你们都罚站，那她有特意地单独批评你吗？

汪：那倒没有。

咨：除了这些，还有吗？

汪：想不起来了，好像没有了吧。

咨：所以你之前说她总是说你，批评你，并不准确是吧。

汪：嗯，好像是吧。

咨：所以实际情况是，你的老师并没有一直都不喜欢你，也没有经常说你，批评你，是这样吗？

汪：是倒是，但是我感觉她就是不喜欢我。

咨：对了，这其实是你的感觉，但是你的这种感觉和实际情况并不相符。只不过你的这种感觉很强烈，所以你才会选择用不上学这种方式来躲避。是这样吗？

汪：嗯，是的。

咨：你之所以感觉很强烈，一方面是因为你希望获得老师的好评的愿望很强烈；另一方面确实可能是因为你的老师说的话重了一些，伤害到了你的自尊心。

汪：嗯，是伤害到了我。

咨：所以，我们现在重新再表述一下我们之前所说的心理冲突。首先，在你心目中，张老师是一个很重要的人，很权威的人，所以你很想让张老师喜欢你，或者希望你在张老师心目中是一个很棒的人；但是另一方面，你感觉张老师并不喜欢你，有一次批评了你，而且批评得很重。是这样吗？

汪：可以吧。

咨：当这么来表述你的心理冲突的时候，你的心理压力还那么大吗？

汪：好像是减少了不少，但还是有，她还是不喜欢我啊。

咨：应该是你感觉她不喜欢你，是吧。

汪：哦，是的。

咨：其实说到这一点，你还应该意识到两点。第一，张老师实际喜不喜欢你我们不得而知，但即使她以前或者现在不喜欢你，也不代表她永远都不喜欢你，既然我们很在乎她的看法，我们完全可以自己努力，做到最好，争取获得她的喜欢。你觉得你有能力做到这一点吗？

汪：能。

咨：第二，当你的成绩下降了，老师会说你，批评你，这其实正好说明老师很重视你，很希望你能够提高成绩，如果她不重视你，其实完全可以对你不理不睬。你说是吗？

汪：嗯，确实是这样的。老师，我大概明白了。

咨：那就好。今天我们再做最后一件事情。

汪：什么事情？

咨：很简单，像这样，你先闭上眼睛……深呼吸……慢慢地放松……然后你在头脑中，将考试成绩下降，在办公室老师和你对话的情境，像放电影一样在头脑中过一遍，仔仔细细地过一遍，每一个细节都不要放过。注意，在过一遍的时候，你不要带有任何的评判，不要试图用语言来描述，只是纯粹地观察，以旁观者的身份看一下整个事件是怎么发生的(15分钟)。

汪：老师，我明白了，很多时候，确实是我想得太多了。

咨：不要尝试用语言来描述你的感受，只是纯粹地去体验就可以了。

案例总结：这个案例详细说明了如何通过语言分析的方法，准确地找到来访者的心理冲突。很多时候，当我们用语言准确地描述了心理冲突后，这个心理冲突也就被消解了。所以，将心理冲突用语言准确描述的过程，其实也就是心理冲突的消解过程。

第三节　李女士的案例

基本情况：李某(以下简记为"李")，女，22岁，某大学本科毕业生，所学专业为美术学。自述问题为焦虑、躁狂，总是发脾气，一发脾气就摔东西。她分析原因认为自己大学毕业，面临考研的压力。总共进行了三次心理咨询，咨询过程记录如下。

第一次咨询

李：老师，您好！我有一些问题想要向您咨询。

咨：谢谢你对我的信任，希望我能够帮助到你。

李：老师，是这样的，最近我总是很焦虑，脾气总是不好，他们说我躁狂。

咨：你来找我，就是想解决这个问题吗？

李：是。

咨：好，那我们一起努力来解决这个问题吧。首先有一点你需要明白，你能因此来找我寻求改变，说明你并不想这样。是吗？

李：当然不想这样了。

咨：好吧，我们今天的任务是找到你有这种情绪背后的心理冲突点在什么地方。

李：其实我知道自己的心理冲突是什么，就是我很想考研，但是父母不让我考。

咨：你知道你父母为什么不让你考研吗？

李：知道，他们觉得我就是因为要考研，所以才变得躁狂的。

咨：我大概明白你的意思了，首先是你想要考研，其次是你变得很焦虑，脾气不好，再次就是父母不让你考研，最后就是你更加焦虑，脾气更加不好，是这样吗？

李：差不多吧。

咨：好，我们来一步一步地分析吧。你从一开始有考研的想法后，是怎样变得焦虑、脾气不好呢？

李：是这样的，老师，还要从我刚刚毕业的时候说起，当时我和我同寝室的一位同学关系很好，我们大学四年期间一直相处得很融洽，可以说是"铁哥们"，形影不离。但是毕业后，她回了她的老家，我们就再也见不到了，因为相隔很远嘛。所以当时我难受了好长一段时间。

咨：朋友分离，所以你感到很难过。

李：是的。还有，毕业那段时间大家都在找工作，我最初也想直接参加工作。所以我就投了很多简历，但是基本上都没有人理我。好不容易有一个单位通知我去面试，但是我在面试的时候发挥得不好，所以失败了。当时我就更难过了。

咨：由于你当时一方面朋友远离，另一方面找工作不顺利，因此你的情绪并不好。

李：就是。后来我就想，既然找不到工作，那我就考研，等研究生毕业了应该就好找工作了吧。所以我就决定考研。但是当我开始准备的时候，时间就已经有点晚了，来不及了。所以我就很焦虑，有时候晚上都睡不着觉。

咨：你一方面想考研，另一方面又发现时间不够，所以才产生了焦虑情绪，是吗？

李：是。

咨：那当你产生焦虑情绪后，父母为什么又不让你考研呢？

李：他们觉得我整晚不睡觉，身体很快就垮掉了。

咨：所以关键点并不在于父母不让你考研，而是他们担心你的身体，是吗？

李：算是吧。

咨：其实之前我一直没有问你，你用了几个词语，就像焦虑、脾气不好，或者躁狂。其实你是想用这些概念来描述你的生活状态或者情绪感受。你能具体说一说你在实际生活中是如何焦虑、如何脾气不好、如何躁狂的吗？越具体越好。

李：比如说我有时候整晚睡不着觉，还有就是有时候我怎么也学不进去，我不是学美术的吗，有时候我画一幅画，画到一半就发呆，画不下去了。

咨：还有吗？

李：有时候我在心情很烦躁的时候会摔东西，有一次我把爸爸刚刚给我买的苹果手机给摔碎了。

咨：当你爸爸妈妈看到你的这些情况之后，因为不忍心，所以就不让你考研了，是吗？

李：嗯。

咨：你说爸爸妈妈不让你考研，究竟是什么意思呢？只是他们的一种观点呢？还是他们在行为上也会有所表现？

李：他们就是直接不让我复习，只要我一打开书本，他们就过来干涉我。还说我根本就考不上，还不如在家好好待着，找一个工作，工作以后再慢慢考研。

咨：所以他们不仅在语言上想劝服你放弃考研，还会在行为上干涉你考研，是吗？

李：是的。

咨：那你爸爸妈妈不让你考研，禁止你考研，又是怎么使你加重焦虑，让你的脾气更加不好呢？

李：当然了，我都有一个月没有复习过了，本来时间就不够，现在就更不行了。

咨：这说明你想要考研的愿望很强烈，是吗？

李：我是很想考上研究生啊。

咨：我明白了，现在我们回过头来看看你之前所说的冲突点。你之前说你的冲突点就是一方面自己很想考研，另一方面父母不让你考研。你现在会怎么想呢？

李：您刚才说了，关键点不是父母不让我考研，而是他们担心我的身体。

咨：是的，或者说是担心你的身心状态。

李：嗯。

咨：假如说你在复习考研的时候，身心状态很好，很开心，很快乐，生活也有规律，你觉得你的爸爸妈妈还会阻碍你考研吗？

李：那应该不会。

咨：所以其实最关键的点在于，你的身心状态确实不够好，这个不好体现在整晚不睡觉，会发脾气摔东西。

李：这个我承认。

咨：正如前面你所说的，你的身心状态不好，是因为复习时间不够，是这样吗？

李：嗯，就是。

咨：那假如你只有很短的时间复习，但你有充分的自信能在很短的时间里面就能复习得很好，能考一个很好的成绩，你还会焦虑吗？

李：那肯定不会焦虑啊，但那怎么可能呢？

咨：所以，其实你在内心深处对于这次考研本来就没什么信心是吗？尤其是在时间这么短的情况下。

李：是，因为我报考的是名校，确实很难。

咨：所以，你内心真正的冲突点并不是自己很想考研，但父母不让你考，而是你自己很想考上研究生，但是又觉得自己考不上。是这样吗？

李：嗯，是。

咨：很不错，今天的时间到了，我们下次再见。

第二次咨询

李：老师，您好，我又来了，呵呵。

咨：你好，请坐。上次我们找到了你的心理冲突，今天我们就来解决这个冲突吧。

李：嗯，我记得，您上次说我的心理冲突是我很想考上研究生，但其实我又觉得自己根本考不上，所以就会焦虑、发脾气什么的。

咨：不错，确实是这样。这个冲突是由两个相互矛盾的观念组成的，要解决这个冲突，其实只要消解一个观念，就构不成冲突了，当然，如果两个观念都能解决，就更好了。

李：我能理解。

咨：那我们先看第一个观念吧，你说你很想考上研究生。

李：怎么消解呢？是要我不想考上研究生吗？

咨：那倒不是，我们首先要搞清楚这个观念。

李：我不太明白。

咨：比如说我们加上时间因素在里面，可以说"我很想今年就考上研究生"，也可以说"我很想将来能考上研究生，无论是哪一年考上"。这两种说法的含义是完全不同的，你之前说你很想考上研究生，你更倾向于哪一种意思？

李：我很想今年就考上。

咨：所以我们又可以把你的心理冲突进一步具体化。一方面你很想今年就考上研究生，另一方面你觉得自己今年又考不上，是吗？

李：是。

咨：那你能说一说为什么一定是今年吗？或者说今年如果考不上，会有什么严重后果吗？

李：倒不会有什么严重后果，但是如果今年考不上，明年再考，那不就多耽误一年吗？

咨：耽误一年是什么意思呢？耽误什么了？

李：工作啊，我如果晚一年考上研究生，就晚一年才能找到好工作，也就少赚一年钱。

咨：所以你真正在乎的并不是考上研究生这个事情本身，而是考上研究生后能找到好工作是吗？

李：我好像都很在乎，既想考上研究生，又想找更好的工作。

咨：那假如说现在就有一份你梦寐以求的很好的工作，但需要你马上入职，就不能考研究生了。这时候你会选择工作呢？还是考研？

李：如果是这样的话，那还是工作吧。

咨：所以，其实你真正在乎的还是工作，考研只是找到好工作的手段，是吗？

李：嗯。

咨：其实我很留意你刚才既想考上研究生，又想工作的这种感受。有这种感受并不奇怪，但你的这种感受可能意味着在你的观念中，就已经把考上研究生和找到更好的工作这两件事当作一件事了。换句话说，你可能会认为只有考上研究生，才能找到更好的工作。

李：是啊，现实就是如此啊，虽然不是绝对，但大多数时候是这样的。

咨：你说得很对，其实这句话我们也可以反过来说，虽然在很多时候是这样的，但并不是绝对的。当然，这个观点是否正确对于解决心理冲突并不重要，重要的是你要知道这个观点是怎么来的。

李：是来自社会大众的经验吧。

咨：这么说当然没问题。但是不知道你有没有注意到，我记得你上次说你大学毕业后并没有立即打算考研，而是想找工作，并且尝试了很多次，只不过最后没有成功。

李：是，那时候觉得本科毕业就能找到工作，但是现实很残酷。

咨：这其实说明一点，你的那个观念并不是一开始就有的，而是在许多事情发生后才产生的。

李：是。

咨：同样的道理，你的这个观念也并不一定会一直坚持下去，如果发生了一些其他事情，可能你的观念就会又发生改变。比如，假设你的好几位本科同学没有考研究生，但都找到了很好的工作，你可能又会改变你的观念。你觉得呢？

李：那倒是，我的那个好朋友就找了一个很好的工作。

咨：所以，你很想今年就考上研究生这个想法也是一样的，也并不是一开始就有的，也是在一定的环境条件下产生的。换句话说，这个观念也并不是绝对的。

李：你是说过一段时间，这个观念就可能也变了？

咨：有可能吧，但将来会不会改变其实并不重要。重要的是你需要明白你的这个观念是怎么产生的，需要意识到这个观念并不是绝对的，并不是天经地义的。这样你就不会被这个观念所束缚、所逼迫。

李：我好像明白一些了。

咨：我们可以做一个比喻。在后面有追兵的情况下，你发现前面只有一条路，但这条路被堵住了，这时候你就会产生一种紧迫感；但当你静下心来，你发现这条路并不是绝对的，周围还有很多隐藏的小路，这时候即使我们还是很想走这条大路，但当它被堵住的时候我们的紧迫感就没有那么强烈了。你说是吗？

李：我明白了，老师，你是说我其实是自己在逼迫自己。

咨：是的，具体来说，你依然可以全力备战考研，但你要明白这并不是唯一的一条路。这样你的压力就没那么大了。

李：是的，我懂了。

咨：那好，我们可以进行下一步了。我们之前说过，心理冲突是由两个相互矛盾的观念构成的。其中第一个观念，也就是你很想今年考上研究生，我们刚才已经讨论过了。现在我们讨论第二个观念，也就是你觉得自己这次根本考不上研究生。

李：是，时间不够，我准备也不充分。

咨：首先，你需要明白一点，无论是你觉得自己这次考不上，还是觉得时间不够，或者是准备得不充分，这些其实都是你的主观感受或者判断。这些主观感受或者判断是不是正确，是不是符合实际情况，我们可以不必去追究，但你需要明白你的这些主观感受或者判断是怎么来的，或者为什么会产生。

李：这个我知道，我不是报了一个考研补习班嘛，我发现其他同学都差不多快复习完了，但是我连一半都还没有复习到。

咨：这是你通过和别人的比较而发现的，还有吗？

李：还有就是我画的每一幅画，我都不满意，有的时候好几天连一幅画都画不出来。

咨：你是在练习画画的技巧呢，还是想画一幅完美的画？

李：在练习。

咨：如果是练习的话，其实是可以有失误的，你觉得呢？

李：我知道，但是我可能性格里面有一种完美主义吧，我总是想做到最好，只要有一点不好，我就很不舒服。

咨：我明白你的想法，有的时候，你会害怕出错是吗？

李：嗯，其实我是一个很自卑的人，我很在乎别人对我的看法，有的时候我自己都会觉得自己没什么能力。

咨：什么时候会有这种感受呢？

李：比如，我在找工作的时候，虽然去面试了，但是没有被录用。当时我就觉得可能真的是自己能力不行吧。

咨：所以你用自卑这个概念来描述你的这种感受，是吗？

李：嗯，这就是自卑吧。

咨：关于自卑的问题我们可以下次再详细聊。今天我们还是要把注意力集中在心理冲突上。

李：哦，好吧。

咨：我们可以回过头来看一下你的心理冲突中的第二个观念，你觉得你自己这次考不上研究生。按照之前的说法，你的这个观念其实也是在许多情况发生后，你的一种主观感受或者判断。你说是吗？

李：嗯。

咨：其实你可以换一种思维角度，在那些情况发生后，如其他同学快复习完了，你对自己的绘画作品总是不满意，这些事情发生后，你不做任何判断，就让这些事情自己发生，你自己该做什么还做什么，会是怎样一种情形呢？

李：我没有想过这个啊。

咨：那你现在可以仔细体会一下，这样吧，你可以用七八分钟的时间，将你从大学毕业和同学分离的时候一直到现在，中间发生的事情在头脑中过一遍，就像放电影一样，在过一遍的时候，不要用任何语言来描述、形容，只是纯粹地去观察那些事情就可以。

李：那我试试吧。(8分钟之后)老师，我好想明白了一些，这个感受确实不同。

咨：嗯，好吧，不过这时候也尽量克制用语言来描述感受的这种冲动，一旦用语言描述，就失去了感受的本来面目，仔细去体会就好。今天就到这里吧，下次再见。

第三次咨询

李：老师，我这一周按照您上次教给我的那个方法，只是去体会事情，而不用语言去描述。我觉得很有用，感觉挺新奇的。

咨：那这一周你的焦虑情绪还严重吗，还摔东西吗？

李：还有焦虑吧，但是晚上我能睡着觉了，这一周没摔过东西。

咨：看来你的努力获得了回报。那我们今天就谈一谈上次没有详细聊的事情吧，关于自卑的事情。

李：嗯，我就是觉得我是一个很自卑的人。

咨：按照我们前两次咨询的思路，其实，自卑只是一个概念，你把你身上发生的很多事情都用自卑这个概念来描述，来概括。所以，关键点在于，你试图用自卑这个概念，来描述你身上的哪些事情呢？

李：老师，我经常有这种想法，就是总是怕别人瞧不起我，您说这是自卑吗？

咨：我留意到你用的疑问句，而不是肯定的陈述句。这意味着你并没有直接用自卑这个概念来为"怕别人瞧不起自己"这个感受贴标签。

李：那这个不算自卑吗？

咨：其实重要的并不是这个算不算自卑，而是尽量避免用自卑这样具有很强概括性的概念来描述"怕别人瞧不起自己"这样很具体化的心理感受。因为一旦用了这样的概念来形容自己，就好像给自己贴了一个标签一样，一直背负在身上。

李：我不太明白。

咨：具体来说吧，你刚才说你总是怕别人瞧不起自己，这种心理感受是随时随地都有呢？还是只是在一些时候有？

李：很多时候都有吧。

咨：很多时候是多少呢？比如说在睡觉的时候，吃饭的时候，做家务的时候，认真学习的时候，看电影的时候，旅游的时候，或者在任何开心的时候，都会有怕别人瞧不起自己的这个感受吗？

李：那倒不会。

咨：但现在这些事情基本上就占据了你生命的大多数时间，是吗？

李：是。

咨：比如说在你吃饭的时候，或者在看电影的时候，说你很自卑，你说有意义吗？

李：没有意义，做这些事情的时候，根本就不会想到自卑这个字眼。

咨：是的，只有在某些特定的情境中，如在害怕别人瞧不起自己的这种感受很强烈的时候，说自己自卑才有意义。

李：是的。

咨：但是你有没有注意到，在这些特定的时刻，你已经用害怕别人瞧不起自己这样的语言将自己当时的心理感受描述得很清楚了，又何必再用自卑这样的概念来描述呢？

李：这个我从来没这么想过，但我好像明白您的意思。

咨：那就好，其实我想说的意思是，人的一生会经历很多很多事情，也会产生很多很多的心理感受，基本上只要是人类存在的心理感受，几乎每个人都会经历。

李：那是。

咨：所以，当偶然有几次想要帮助他人的想法产生的时候，没有必要马上就用"善良"这样的概念来给自己贴标签；当偶然有几次想要伤害他人的想法产生的时候，也没有必要马上就用"邪恶"这样的概念来给自己贴标签。人的一生，是由一个个真实的心理感受组成的，而不是由善良、邪恶、自卑这样的概念组成的。所以，我们应该仔细地体会每一个真实的心理感受，而不是关注那些概括化的概念。

李：老师，我觉得您说得好有道理。

咨：看来你感受到了很多。其实，当我们将自己的注意力集中到每一个真实的感受上，只是去体会每一个感受，而不去对这些感受进行归类、重新排列时，我们就会发现自己的生命其实非常简单、清晰。而一旦用自卑这样的概念对本来清晰的一个个感受进行归类重排，就可能带来混乱，就可能将本来很简单、清晰的生命绕成一团乱麻，也就可能产生很多心理困惑。

李：老师，我明白了。

咨：好吧，那我们的咨询就可以告一段落了，如果还有需要，可以随时联系我。

李：好的，谢谢老师。

案例总结：这个案例完整地呈现了如何用语言分析的方法寻找心理冲突，解决心理冲突的过程。另外，这个案例也涉及了最深层次的问题，那就是关于自我、关于生命的看法。心性疗法认为，所有一般心理问题的背后，往往隐含着最基本也是最深层的问题，那就是关于自我与关于生命的问题。如果能够在心理咨询中让来访者对这些基本问题或深层问题有所感悟，能正确地看待，那么那些一般的浅层的心理困惑也就不成为问题了。本案例中用来解决基本问题或深层问题的思路来自中国传统文化中的"天人合一"思想和"活在当下"思想，以及来自"重回本来面目"的人性论思想。

值得注意的是，在这个案例中，咨询师主动使用了很多隐喻，但这与心性疗法主张的去隐喻化的基本原则并不相违背。可以说，使用隐喻的最终目的是为了去除隐喻，正如心性疗法中分析语言的最终目的是为了忘记语言一样。

第十章　启　示

任何一项有价值的研究，都并不意味着它解决了某些问题从而使问题变得更少，而恰好相反，意味着它提出了某些问题从而使问题变得更多。换句话说，一项研究或者一种理论是否有意义，取决于它是否为下一步研究提供了更多的思路、视角、解决方案。例如，爱因斯坦（A. Einstein）的相对论与弗洛伊德的潜意识理论之所以被人们认为是有价值的理论，并不是因为它们彻底解决了某些科学问题，而是因为它们提出了更多的科学问题。从这个意义上说，一项有"问题"的研究才是有价值的研究，一种有"问题"的理论才是有意义的理论。心性疗法是一种有"问题"的心理疗法吗？它的本然人性论是一种有"问题"的人性理论吗？现在要探讨的，就是心性疗法及其人性理论所揭示的一些问题或者说启发。

第一节　中国优秀传统文化与心理学

一、中国优秀传统文化中存在系统的心理学吗？

中国优秀传统文化中存在系统的心理学理论吗？这看似是一个十分简单的问题，然而，这却是一个极其困难的问题。因为在这个问题中，涉及两个非常重要的有着文化差异的概念："psychology"与"心理学"。表面上看，"心理学"是对"psychology"的汉语翻译。然而事情要复杂得多，因为这种翻译绝不仅仅是语言层面上的翻译，而更多的是文化层面上的翻译。换句话说，当用"心理学"这个称谓来指称"psychology"的时候，"心理学"就已经不再是纯粹的"psychology"了，而是带有中国文化色彩的"psychology"。中国的"心理学"概念，不仅不单是指西方的"psychology"，而且更多地包含了中国文化对心、心理的理解与看法。因此可以说，"心理学"与"psychology"从本质上来说是两个非常不同的概念。这也是中国大多数人对于作为一门科学的心理学（此处相当于"psychology"）存在误解的原因。当然，在接受了系统的西方"psychology"训练的专业人士的眼中，"心理学"并不带有中国文化的色彩，而是对"psychology"的纯粹的翻译。因此，可以说有两种"心理学"，一种是完全"psy-chology"意义上的心理学，另一种是带有中国文化色彩的心理学。当然，并不是说这两种心理学完全没有关系。事实上，带有中国文化色彩的心理学，是"psychology"这门科学在中国文化背景中的一种呈现形式，而且带有中国文化色彩的心理学，绝不是对"psychology"这门科学的一种误解。而恰恰相反，它是对整个"psychology"这门科学的独特的贡献。

当我们厘清了心理学的概念，再看看中国传统文化中是否存在系统的心理学理论这个问题的时候，就明白这个问题的复杂性。如果就纯粹"psychology"意义上的心理学来说，那么中国传统文化中显然是没有心理学的，而最多只不过有一些零散的心理学思想；而如果就带有中国文化色彩的心理学来说，那么中国传统文化中显然是有心理学的，不仅具有心理学思想，而且具有系统的心理学理论。这些心理学理论，虽然并不是西方"psychology"意义上的心理学理论，但是它们对作为一门科学和一门学科的心理学来说，却是极为重要的理论贡献。叶浩生认为："如果根据社会建构论的观点，心理是建构的，不同的文化对心理现象有不同的理解，那么非西方文化，如古埃及文化、古印度文化、中国古代文化都有自己对心理的理解，用西方的标准衡量这些文化条件下的心理学显然是不公正的。""不同历史时期和不同文化条件下的人们对心理现象具有不同的建构……从这一视角来看中国古代的心理学，则我国古代不是没有心理学，而是没有西方的心理学。孔子、孟子、老子、庄子和墨子等古代思想家的天人合一、形神合一、人贵论和七情六欲说就是我国古代思想家珍贵的心理学说和心理分类。"[1]就心理治疗领域来说，中国道家不仅直接影响了日本的森田疗法（道家的"自然"与"无为"便是森田疗法"顺其自然、为所当为"指导原则的直接思想来源[2]），而且也直接影响了马斯洛与罗杰斯思想的形成。这便从反面证明了中国道家思想中有一套完整的心理学体系，只不过我们自己没有去发现，没有去挖掘。

因此，在中国优秀传统文化中存在着系统的心理学理论，只不过不存在系统的"psychology"意义上的心理学理论。问题的关键并不在于有没有，而在于如何对待中国传统文化中的心理学思想。

---

[1] 叶浩生：《心理学的历史编纂学：后现代主义的挑战》，《心理学报》2008年第5期。
[2] 〔美〕约翰逊(Johanson, G.)、克尔兹(Kurtz, R.)：《〈道德经〉与心理治疗》，张新立译，北京，中国轻工业出版社，2004。

二、如何对待中国传统文化中的心理学思想

应该如何对待中国传统文化中的心理学思想呢？大体来说，对待中国传统文化中的心理学思想，有以下四种方式。

第一种方式是最简单最浅显的做法，那就是运用西方心理学的概念与理论来解释中国人的心理与行为现象，如中国人的面子观、家庭观、人际观等，并使用实证心理学的方法与技术来研究这些心理与行为现象。从某种意义上说，就是将西方色彩的实证心理学换上中国的被试。这种研究方式的一个重要问题便是本土契合性的问题，即要保证用西方实证心理学的方法与技术所得出的结论必须要符合中国人的心理现实。

第二种方式是以西方心理学的概念系统与理论系统作为参照标准，来挖掘中国传统文化中的现代心理学思想。其目的在于将中国传统文化中具有现代科学心理学意义的话语、段落、思想整理出来，以证明中国古代也存在着科学心理学的萌芽。最好是能够发现中国古代文化中存在着关于西方心理学的基本问题的不同于西方文化的解答。例如，中国古代关于智慧的理论便与西方心理学中关于智力的理论大不相同。寻找这种差异并进而体现出中国本土心理学的价值。这种研究方式就其实质来说与第一种并无差别，只不过更重视本土的心理学理论。因此，这种方式也存在着本土契合性的问题。那就是要保证所发掘的古圣先贤的那些言论，必须是关于科学心理学的思想，而不是关于哲学的思想、人类学的思想。正是因为如此，以西方科学心理学的概念与理论作为参照标准便显得尤为重要。

第三种方式是在西方现代心理学的启发下，探寻中国传统文化中独特的、系统的与心理学相关的理论系统。这种方式与前两种方式的不同之处在于：前两种方式都以西方心理学为主体，是"西体中用"；而这种方式则以中国传统文化中的心理学思想作为主体，是"中体西用"。其具体的方法是系统、准确地考察中国传统文化中与心理学相关的理论系统与概念系统，如中国传统文化中的心性学说、人性论思想等，许多现代新儒家的研究便是这种研究。这种研究方式的重要问题是真实性的问题，即要保证所挖掘的思想必须符合古圣先贤的原义。正因为如此，大量与准确地掌握古代典籍便是非常重要的。

第四种方式就是以西方心理学的概念、体系、方法为参照，以中国传统文化中的心理学思想为资源，而创造新的具有中国特色的本土心理学理论系统。其目的在于提出与西方心理学的理论体系并列但大不相同

的中国心理学的理论体系，并考察其对于整个心理学研究的价值与意义。其前提在于，西方心理学是诞生于西方文化的一种心理学体系，它不一定适用于其他的文化背景，也并不是唯一合理的心理学体系，因此在别的文化背景（如中国文化）中也可能存在与其不一样的合理的心理学体系。因此有必要挖掘各种文化背景中的独特的心理学体系，并相互补充，进而完善心理学。这种研究的一个重要问题是创造性。它必须是一种新的创造，但又不是毫无根据的胡编乱造，而是基于优秀传统文化又超越于优秀传统文化的一种提炼、升华、发展、创造。既要保证不脱离开优秀传统文化，又要保证不束缚于优秀传统文化。

很显然，这四种方式各有各的存在价值与理论意义，都是必不可少的本土心理学研究。但是其重要性并不一样，也有轻重缓急之分。第四种方式无疑是最重要的，但是它并不一定是最急需的。但是无论如何，都得做出这种努力。就拿心理咨询与治疗领域来说，产生于美国的正念疗法，产生于日本的森田疗法、内观疗法等都源自中国的优秀传统文化。这证明在中国优秀传统文化中，能够找到发展一种全新的、有价值的心理治疗方法与体系的资源。在中国心理咨询与治疗领域以及中国的医学界正在抛弃自己优秀的传统文化而趋之若鹜地引进西方的"先进"的方法、技术、仪器的时候，西方的研究人员却将极大的兴趣与注意力转向了中国的优秀传统文化，如道家思想、禅宗思想，太极、气功、针灸、推拿等。而这也正是中国心理学发展的一个良好契机。

三、中国优秀传统文化与现代心理治疗的新趋势

事实上，中国优秀传统文化对现代心理治疗的发展趋势能够产生极为重要的影响或者启发。

首先，从心理治疗的目标与理念来说，现代心理治疗越来越将对于症状与疾病的关注，转向对于健康与幸福的关注。以前的心理治疗学关注的是疾病，包括疾病的本质、疾病的特点、疾病的表现、疾病的诱发因素、疾病的发生机制、疾病的应对措施等；而现代的心理治疗学，则越来越关注的是幸福，包括幸福的本质、幸福的特点、幸福的表现、幸福的发生条件、幸福的维持机制等；以前心理治疗的目的在于症状的减轻，现代的心理治疗，其目的在于健康的维持；以前的心理治疗，针对的是有心理疾病的人，现代的心理治疗，不仅针对有心理疾病的人，而且针对绝大多数的正常人。因此可以说，以前的心理治疗是一种消极的、切割去除式的治疗方式，而现代的心理治疗则是一种积极的、向上追求

式的治疗方式。这些转变，其实与中国传统文化有着密不可分的关系。在中国传统文化中，有一个核心的概念就是境界。境界就是指人们通过各种努力，能够达到的一种完全幸福的生存状态。在中国传统文化中，充满了各种对于境界的描述，如"从心所欲，不逾矩""独与天地精神往来""逍遥""自由""无为""开悟""天人合一""天地境界"等。通过这些词汇也可以总结出这种最高境界的特点。第一就是随心所欲而不逾矩、逍遥自由、自然而然、通流无滞，也就是没有执着、没有执着心；第二就是天人合一，与天地融为一体，不分别对立，不突出任何一极，完全实现与世界的同在、共生，这也就是没有分别、没有分别心。因此，心性疗法中所提倡的本然状态、本来面目或人的本性就是这种最高境界，最高境界也就是人的本性，就是人的本然状态、本来面目。因此，心性疗法主张对于本性的复归，其实质也就是主张对于最高境界的追求。事实上，弗洛姆所谓"泰然状态"、马斯洛所谓"高峰体验"、超个人心理学所谓"转换的意识状态"、积极心理学所谓"幸福感""福乐"等概念也都表达了一种对于生活境界的诉求。因此，这种境界非但不应该被排除在心理学的研究范围之外，而且还应该重点加以探讨。尤其是在心理咨询与治疗领域，我们应该认识到人们的欲求远远不是正常、健康的生活，而是幸福、快乐的生活。因此，心理咨询与治疗的目标，也不应该仅仅是将不正常的人变为正常的人，还应该是将正常的人变为幸福的人。

其次，从心理治疗的方式与方法来说，现代的心理治疗越来越脱离开那种依赖于咨询师、依赖于咨询室的面对面指导式的治疗方式，而越来越主张依赖于来访者自己的力量，在日常生活中随时随地能施行的治疗方式。事实上，真正有效的心理咨询与治疗，绝不是消除某一个单独的不正常的行为动作，绝不是改变某一个单独的不正常的认知观念，而是要彻底改变整个行为方式、整个认知方式。真正有效的心理咨询与治疗，是整个生活方式的改变。一个不正常的行为动作（如强迫洗手），或一个不正常的认知观念（如觉得自己一无是处），绝不是一个单独的存在，而是与这个人的其他行为方式、认知观念、过往经历、未来期待等整个生活方式密切相关。因此，如果只是改变单独的不正常的行为动作或认知观念，那只能是治标不治本。来访者依然生活在他所不愿意看到的生活环境中，依然是按照一种不健康、不正常的生活方式生活着，那些之前能够导致他产生不正常行为动作与不正常认知观念的因素，还会在别的时候再次导致他产生不正常的行为动作与不正常的认知观念。因此，心理咨询与治疗绝不是对疾病症状的切割去除，而是对生活方式的积极改变。这种整体主义的治疗思想也与中国优秀传统文化有着密不可分的联系。在临床医学中,中医与西医的区别就在于:西医是通过对症状的切割去除来治愈疾病,而中医则是通过对整个身体状态的平衡调节来治愈疾病。另外,儒家思想对于生活礼仪的规定,道家思想对于隐居修养的追求,佛家思想对于戒律禅定的遵守,无不都是对于整个生活方式的重视与强调。孔子所谓"三十而立,四十而不惑,五十而知天命,六十而耳顺,七十而从心所欲,不逾矩"。这绝不等同于西方心理学中的发展思想,不是将人的心理划分为不同的部分而分别考察思维的发展、语言的发展、认知的发展等,而是把人的生活看作一个整体,是整个生活方式的发展,是整个生命状态的成长。

总之,在中国优秀传统文化中,不仅仅存在着系统的心理学理论,而且存在着许多有价值、有意义的心理学思想。尤其是在心理咨询与治疗领域,中国优秀传统文化中的某些思想甚至具有引领潮流的价值与潜力。因此,挖掘中国优秀传统文化中的心理学思想,尤其是心理治疗思想,便显得尤为重要。对于心性疗法的探讨与挖掘,就是这样一种努力。

第二节 心理学中的人性论问题

一、心性疗法本然人性论的理论价值

再回到心性疗法的本然状态人性论假设,以人的本然的生存状态或本来面目作为人的本性,这对于心理学的研究有什么启发呢?当然,这并不是要解决心理学的不统一危机,而是对心理学的研究对象提供了一种独特的研究视角。因为本然状态人性论对于人们的心理提出了独特的理解。

首先,本然状态的人性论视角预设人的心理生活具有两种存在状态。[①] 一是符合"本来面目"的本然状态,二是背离"本来面目"的实然状态。西方心理学对于心理生活的划分,是一种平面的元素主义的划分,就像将一个整体的圆切割成几部分一样,将人的心理生活切割成许多相互独立的部分,如知、情、意等,又如感觉、知觉、记忆、思维等。这种元素主义式的划分促使心理学一步一步走向科学的道路,并为科学心

---

① 参见葛鲁嘉:《心理生活论纲:心理生活质量的新心性心理学探索》,北京,经济科学出版社,2013。

理学积累了大量精确的材料，然而其缺陷也是十分明显的，那就是不仅将人的心理生活分裂成许多组成部分以至于无法整合，而且将心理学这门学科也分裂成为不同的取向以至于无法统一。中国传统文化的心性学说，尤其是其中的"本来面目"说，提供了一种不同于西方心理学平面的元素主义的划分的对待心理生活的方式，那就是立体的整体主义的划分，即不再将人的心理生活看成是不同的组成部分，而是将心理生活作为一个有机的整体，不再将心理生活在横截面上划分为不同的部分，而是将心理生活在纵向立体上划分为不同的等级。"本来面目"说便是这样一种纵向的划分，即人们的生活状态有不同的等级状态。一种是原本的、本该具有的本然状态。只要处于这种状态，人们的生活便是很幸福的、很完满的，不会产生心理疾病。另一种是现实的、由于各种原因背离了本然状态的实然状态，这是大多数人，包括有心理疾病者所处的生活状态。处于这种状态的人们有很强烈的分别意识，并经常执着于某一事物、某一观念或某一事件，正是由于这些执着，使得人们可能产生这样那样的心理痛苦，甚至心理疾病。值得注意的是，"本来面目"说虽然预设了这两种心理生活的存在状态，但并没有将这两种状态截然分开，而是认为这两种状态在本质上就是一物之两面，可以相互转换。人们处于哪种状态，关键在于人心的迷与悟，迷则烦恼，悟则菩提。

其次，本然状态的人性论视角还预设了原初本性与终极目标的合一。很多学者都将传统心性学说的本心论与境界论区分开来，并将本心论等同于西方心理学的人性论，将境界论等同于西方心理学的实现论，从而认为中国传统心性学说与西方心理学是相类似的。然而实际上，如果我们把本心论与境界论结合起来，同时把人性论与实现论结合起来，就会发现本然状态人性论与西方心理学有着巨大的差异。因为西方心理学的人性论与实现论是分开的，人性是指人从一开始、一生下来便显现的生存状态，此时的生存状态是一块白板，是很弱小的，甚至是带着"原罪"的。而实现论则是指人们需要经过艰苦的学习、训练以达到的成熟、卓越的状态。所以，人性论之初与实现论之终是不同的，甚至是相差甚远的、对立的。然而，本然状态人性论的本心论与境界论是合二为一的，本心论就是境界论，境界论就是本心论。因为人生的境界就是要发现人的本心，实现人的本性。人们生活的目标不是站在"本来面目"的肩上，向上寻求更高的精神状态，而是在尘世的迷笼中，努力寻求自己的"本来面目"。实际上，在西方心理学的历史中，有不少学者的思想都受到了中国传统文化中"本来面目"学说的影响，如荣格的"自性实现"、霍妮的"真实自我"、弗洛姆的"泰然状态"、马斯洛的"高峰体验"、超个人心理学家的"转换的意识状态",以及积极心理学家的"福乐状态"。这些思想都在不同程度上受到了"本来面目"说的影响,并与之类似,然而也有巨大的差别。这个差别便在于:西方心理学家的"泰然状态",或者"高峰体验",或者"福乐状态",被看作一种不同于正常意识状态的更高一级的意识状态,是人们应该通过各种方式(如静修、冥想)而达到的一种目标状态,但并不是心理生活原本的本然状态,并不是"本来面目"。换句话说,"本来面目",只存在于西方心理学家的实现论中,而不存在于人性论中。但是"本来面目"不仅是中国传统心性学说本心论的主要内容,也是境界论的核心思想。

由上观之,本然状态人性论对于心理学的研究对象,即人的心理提供了非常独特的理解,也就是一种整体主义的理解。而正是这种理解,才导致了中国传统文化中的心理治疗思想与西方心理治疗思想具有如此巨大的差异。

二、人性——心理学研究的基本内容

前面探讨了心性疗法所基于的人性论假设,也就是本然状态的人性论视角在心理学中的理论价值。实际上,这又引出了一个更具有普遍性的问题,那就是人性论在心理学中的作用。关于这个问题,在此也有必要做一探讨。

心理史学家黎黑(T. H. Leahey)在其著作《心理学史》中说:"在建立科学之前,神话对宇宙进行过描写和解释。自然事件的传说是未来的物理学,对人性的传说则是未来的心理学。"[1]这句话潜在的意思为:人性是心理学的研究对象与研究内容,正如自然事件是物理学的研究对象与研究内容一样。事实上,心理学所要研究的就是人的所有属性,在这个意义上,人性问题就是心理学问题;因为人性论是关于人的属性的观点、看法,而心理学是关于人的属性的研究、理解,所以在这个意义上,人性论就是心理学,心理学也就是人性论。刘华也认为"人性问题就是心理学问题,心理学事实上就是传统人性论的现代翻版""人性论是传统的心理学,心理学是现代的人性论"。[2]

---

[1] 〔美〕黎黑:《心理学史》,刘恩久、宋月丽、骆大森等译,上海,上海译文出版社,1990,第 1 版,第 38 页。

[2] 刘华:《人性:构建心理学统一范式的逻辑起点》,《南京师大学报(社会科学版)》2001 年第5 期。

事实上,"人性论是传统的心理学,心理学是现代的人性论",这种说法是没有错误的,只不过对于现在的心理学过于乐观了。人性论的确是传统的心理学,心理学也的确是现代的人性论,只不过在这个命题中应该加上限定词:人性论是全部传统的心理学,心理学是部分现代的人性论。换句话说,现代心理学只研究人性的一部分,甚至可能是最不重要的一部分。关于这一点,王海明在《人性论》一书中说:"人性与其他任何具有多层次本性的复杂事物一样,都是若干门不同科学的研究对象,而绝非一门学科的研究对象:一门学科只能研究其一部分本性。所以,作为一门学科来说,绝没有什么人性论,而只有伦理学人性论或心理学人性论,如此等等。伦理学对于人性的研究,就是伦理学人性论;心理学对于人性的研究,就是心理学人性论,它们都仅仅研究人性的某些部分。"①

心理学研究的是人性的哪一部分呢?王海明认为:"人性依其能否言道德善恶的性质,分为两类。一类是不能言道德善恶的,如知情意、眼鼻耳等,是心理学等科学的研究对象,是心理学等科学的人性概念。另一类是可以言道德善恶的,亦即人的伦理行为事实如何的本性,如同情心和妒忌心等,是伦理学的研究对象,是伦理学的人性概念。"②然而实际上,心理学研究的人性不仅包括同情心和嫉妒心,如关于情绪和人格的研究;而且心理学的人性也是可以言善恶的,如弗洛伊德便认为人在本性上是邪恶的,而人本主义心理学则认为人在本性上是善良的。实际上,作为心理学研究的基本内容的人性研究,具体包括五大基本问题,即人性是什么,也即人性这个概念在本体论的意义上究竟是什么;人性是本有的还是始有的,也即人性是在生之初便具有的还是在后天成长的过程中逐渐产生的;人性是否有差异,也即人性在不同个体身上的表现是否相同;人性的价值取向为何,也即人性是善是恶,抑或可善可恶或者无善无恶;人性是否可变,也即人性是否可以根据环境的变化而发生变化。

由上可知,人性是心理学的研究对象,更准确地说,人性中的一部分是心理学的研究对象,因此,人性研究中的一部分就是心理学研究。无论是哪一个流派、哪一个取向的心理学研究,归根结底都是要探究人身上的某些属性。

---

① 王海明:《人性论》,北京,商务印书馆,2005,第8页。
② 王海明:《人性论》,北京,商务印书馆,2005,第53页。

三、人性论——心理学研究的理论前提

巴斯在《进化心理学：心理的新科学》一书中提到人性论在心理学研究中的地位："所有的心理学理论都暗示着本性的存在，对弗洛伊德而言，人性由强烈的性冲动和攻击冲动所组成。对詹姆斯（W. James）而言，人性包括几十种或者几百种本能。即便是最狂热的环境决定论，也认为人类确实拥有一种本性。比如，斯金纳（B. F. Skinner）的激进行为主义，也承认人类拥有少数几个一般性的学习机制。所有的心理学理论都需要某种人性观来作为其核心前提。"①巴斯的叙述至少包括两个方面的含义。第一，人性是心理学研究的基本内容。性冲动与攻击冲动是精神分析学派的研究内容，本能是机能心理学的研究内容，一般学习机制是行为主义的研究内容。第二，心理学离不开人性论，人性论是心理学的理论前提。每一种心理学理论都有相应的人性论前提。况志华在《人性观对心理学理论与研究的影响》一文中专门讨论了人性观（论）在心理学研究中的作用。他认为，心理学的基本理论，尤其是人格理论，通常都蕴含着对人性的假设。人性观的差异常常导致其理论建构的差异。而且人性观影响心理学研究的方式、方法，影响对心理成因的认识、对心理疾病的理解，以及对异常矫正策略的选择。② 换句话说，第一，心理学的基本理论都蕴含着某种人性论；第二，人性论的差异决定了心理学理论的差异。这与巴斯的观点毫无二致。

心理学作为一门关于人的科学，从对个体的研究来看，人性论是必不可少的理论前提。心理学与物理学的不同点在于：物理学的研究，是以人对外部世界的直接观察作为出发点；而心理学的研究，则是以人对自身内部心理的直接体验作为出发点。因此，物理学的研究方式是一种"直接观察外物"，而心理学的研究方式类似于一种"从镜子中观察自己"。心理学的研究之所以需要"镜子"，是因为如果没有"镜子"，人就没有办法看清自己，正如如果没有镜子，眼睛便不能看见其自身一样。因此，心理学的研究，总是需要各种"镜子"。要么从他人身上"镜像"自己的情感机制；要么从动物身上"镜像"人类的学习机制；要么从计算机"镜像"人类的认知机制；等等。而人性论在心理学研究中的地位，就是"镜子"的地位，并且为每一面"镜子"提供其合理性的理论基础。因为如果在人

---

① 〔美〕D. M. 巴斯：《进化心理学：心理的新科学》，熊哲宏、张勇等译，上海，华东师范大学出版社，2007年，第2版，第57页。

② 况志华：《人性观对心理学理论与研究的影响》，《心理学动态》1997年第3期。

性论上假设每个人的情感机制都是一致的话，那么从他人身上"镜像"自身的情感机制便是合理的；如果在人性论上假设人在本质上就是一种动物的话，那么从动物身上"镜像"人类的学习机制便是合理的；如果在人性论上假设人就是更加复杂的计算机的话，那么从计算机身上"镜像"人类的认知机制便是合理的。因此，在这个意义上，人性论不仅是心理学研究的"镜子"，而且是"镜子"得以存在的前提。

从心理学作为一门科学的学科发展来看，人性论也是必不可少的。与物理学这样成熟的自然科学相比，心理学是一门年轻与不成熟的科学。如果说物理学在自然科学的年轮中已然步入壮年的话，那么心理学则依然是个幼儿。正因为心理学作为一门自然科学的不成熟性，导致了其在发展的过程中必然会借鉴与模仿成熟自然科学的研究方式。正如幼儿在发展的过程中，必然会借鉴与模仿成人的行为方式一样。但是在这种借鉴与模仿的过程中，心理学作为一门独特的自然科学，必然会通过对心理学与物理学等其他自然科学的相似性的挖掘，从而为这种借鉴与模仿奠定其合理性的基础；同时也必然会通过对心理学与物理学等其他自然科学的不同点的挖掘，从而为心理学作为一门独立的自然科学奠定其合理性的基础。对于这种相似性与不同点的挖掘，重要的就是对研究对象之间的相似性与不同点的挖掘。而对研究对象之间的相似性与不同点的挖掘，其本质上就是一种人性论研究。因为心理学的研究对象是人及人的心理，对人与他物的相似性与不同点的挖掘，就是人性论研究的主要方式与内容。同时，这种对相似性与不同点的挖掘也是人性论作为其理论结果的。例如说"人是理性的动物"，这是一种很成型的人性论假设，正是在对人与动物的相似性与不同点的挖掘后而得出来的理论结果。"理性的"是对不同点的研究结果；"动物"是对相似点的研究结果。因此，人性论在心理学作为一门自然科学的发展来看，它既是心理学借鉴与模仿其他成熟的自然科学的理论前提，同时也是心理学区别于其他自然科学而独立存在的理论前提。

总的来说，心理学中的人性论研究更多的是一种"元研究"，其中最主要的问题是探究人性论在心理学研究中的理论地位，以及从人性论的视角反思心理学作为一门学科在发展过程中的各种得失。这种元研究的结果是，不得不承认人性论对于心理学作为一门独立的自然科学的重要作用。

四、人性论与心理学的不统一危机

在某种程度上，人性研究是心理学的研究对象与研究内容，人性论研究是心理学的结果总结与学科反思；人性研究的关注点在于人的基本属性的构成与特征，人性论研究的关注点在于人性论对于心理学的理论地位。在心理学的研究中，虽然将人性研究与人性论研究区分开来以厘清心理学的基本问题十分重要，但将人性研究与人性论研究整合起来以探讨心理学的学科发展也必不可少。

墨菲在评价冯特功绩的时候说："冯特发表他的《生理心理学》和建立他的实验室以前，心理学就像一个迷路者，时而敲敲生理学的门，时而敲敲伦理学的门，时而敲敲认识论的门。"①这句话恰如其分地形容了心理学没有归宿的这种尴尬。然而，这种尴尬并不像墨菲所说的那样在冯特之后就消失殆尽，而是继续存在着。心理学家们依然在寻觅，继续在敲门，敲物理学的门，敲生理学的门，敲现象学的门，唯独没有敲自己的门。心理学的不统一危机在于：从各个视角都可以对人的心理提供一套完整的理论系统，而且各种理论系统之间并没有可通约性，没有可交流性，而且每一种理论系统在逻辑上都是站得住脚的，都是有道理的，都是无可辩驳的。

人性论是心理学的理论前提。但这种理论前提并不十分可靠。这种不可靠，并不是因为人性论容易出现错误。事实上恰好相反，这种不可靠正是因为人性论不容易出现错误。每个流派、每个学者都可以站在不同的视角，从而对人性有不同的看法，而这些看法可能都有道理。例如，既可以把人看作一种高级的动物，因为人与动物实在有太多的相似；也可以将人看作一种特殊的机器，因为人与机器也有太多的相似。因此，每一种人性论似乎都很合理。然而，每一种人性论都可以发展成一种完整的心理学理论。作为前提假设的人性论不同，由此发展而来的心理学理论也必定大相径庭。例如，把人当作动物，与把人当作机器，所需要的概念、仪器、方法是完全不同的。假如将人看作一种高级的动物，那么对人的心理学研究便需要借用有关动物的概念，以及训练动物的方法；假如将人看作一种特殊的机器，那么对人的心理学研究便需要借用机器的概念，以及控制机器的方法。因此可以说，有多少种人性论，便有多少种心理学。而这必然导致心理学不太可能像物理学那样，具有某种统一的、固定的范式。因此，心理学的统一，必然会归结到人性论的统一上来。刘华认为，心理学分裂成为实证取向的科学主义心理学和现象学取向的人文主义心理学，究其原因便是对于人性各有不同的理解，也就

---

① 〔美〕G. 墨菲、J. 柯瓦奇：《近代心理学历史导引》，北京，商务印书馆，1980，第 116 页。

是各有不同的人性论。而心理学要想统一，那么人性便是构建这个统一范式的逻辑起点。①

　　心理学的人性论的理论前提为什么这么不可靠呢？这与心理学对于人性论的处理方式大有关系。如前文所说，人性论是对人与他物的相似性与不同点的探究的理论结果。因此，人性论的理论形式包括两点：一是人与他物的相似性；二是人与他物的不同点。然而，在心理学中的人性论形式却只重视人与他物的相似性，而不重视人与他物的不同点。例如，在心理学史中最极端的例子，行为主义便认为人与动物在本质上并没有什么不同的地方，甚至将人与动物可能不同的意识直接从心理学中驱逐掉。即使是现在的主流心理学认知心理学，其重视人与计算机的相似性的程度，也远远大于重视人与计算机不同的程度。很显然，要寻找人与他物的相似点是很容易的，甚至可以说，人与世界上的其他一切事物都各自有某种特殊的相似性，而且这些相似性都是不容置疑的、无可辩驳的。因此，以这种相似性的人性论作为心理学的理论前提必然是不牢靠的。而且，基于相似性的心理学研究，必然导致心理学研究的分散化。因为人与其他不同事物的相似点都是各不相同的。例如，人与动物的相似点和人与计算机的相似点便大相径庭。因此，这种以人与他物的相似性作为心理学研究的理论基础，必然导致心理学的研究越来越分散，甚至分裂。心理学家每一次从人与其他某种事物身上找到一点相似，便都可能会导致一种全新的心理学研究范式，而且这种全新的研究范式与以前的研究范式并没有可通约性。不得不反思的是，心理学中的人性论形式，为什么只重视人与他物的相似，而不重视人与他物的不同呢？这又与心理学是一门不成熟的自然科学的性质密切相关。一方面，心理学是一门不成熟的科学，这种不成熟的性质决定了它必然是以借鉴与模仿作为主要的研究方式，而借鉴与模仿的合理性基础便是心理学作为一门科学与其他科学的相似性，尤其是研究对象的相似性。换句话说，心理学作为一门科学的不成熟性导致了它不得不重视自身与其他成熟科学的相似性而忽略不同点。另一方面，心理学从一诞生开始起就是以成为一门像物理学那样严谨精密的自然科学为最终目标的。因此在心理学中，尤其是在研究对象中寻找自然科学性，也就是与物理学等成熟的自然科学尤其是其研究对象的相似性，便是需要着重强调的。因此，心理学想

---

① 刘华：《人性：构建心理学统一范式的逻辑起点》，《南京师大学报（社会科学版）》2001年，第5期。

要成为一门自然科学的追求也导致研究者不得不以心理学与物理学等其他自然科学的相似性为重点，并且有意无意地忽略它们之间的不同点。

　　然而，人与其他事物的相似之处可能是人作为人的所有属性中最不重要的。心理学在一步一步走向成熟的过程中，必然会从其内部开始意识到心理学作为一门科学的合理性基础并不是与其他科学之间的相似性，而恰好是与其他科学之间的不同点；也必然会意识到心理学真正应该强调的是作为其研究对象的人与他物之间的不同点，而不是相似性。只有做到了这一点，心理学所研究的才是真正的人，心理学也才能变成为了解决相同问题而相互交流的集中的科学，一门统一的科学。

　　由上观之，心理学中的人性研究与人性论研究都必不可少。从某种程度上来说，心理学的研究对象与研究内容便是人性，在人的所有属性中，我们又应当重点关注人之所以为人或者人之区别于他物的本质属性。人性论是心理学研究的理论前提，因此人性论研究在心理学中常常是以元研究的形式而存在，也就是在人性论的视角反思心理学作为一门学科的发展走向。然而，正是因为人性论作为心理学研究的理论前提的不可靠性，导致了心理学研究分散化，甚至是分裂化的现状。这种不可靠性表现为：在人与他物的相似性比较的基础上，得出了大量无可置疑的人性论结果，而每一种人性论结果都可能导致一种特殊的心理学研究范式。然而，人与他物的相似性往往不同，人与他物的不同点则较集中。因此，若将以相似性为基础的人性论作为心理学研究的理论前提，虽可保证心理学在向其他成熟自然科学进行模仿借鉴的合理性，却使心理学内部出现了分散甚至分裂的状况；而若将以不同点为基础的人性论作为心理学研究的理论前提，虽可能因无其他成熟学科借鉴模仿而导致科学化的道路受阻，却可使心理学内部为解决共同的问题而做出更大的学术贡献。事实上，人与他物的不同点往往才是人之为人的本质属性，其在人的所有属性中常常才是最为重要的，也才是心理学作为一门独特的学科而得以存在的合理基础。

第三节　本然状态与意识觉知

　　在本书之前的章节中，我们已经对心性疗法的基本人性论进行了详细阐释。可知对于每一个人来讲，都可以大体区分为两种生存状态，一种是以畅通为特征的本然状态，另一种是以拮抗为特征的实然状态。以畅通为特征的本然状态有益于人的身心健康，而以拮抗为特征的实然状态则不利于人的身心健康。因此，心性疗法的核心理念是要鼓励人们从拮抗的实然状态重新回到畅通的本然状态。实际上，这种人性论假设不仅在心理咨询与治疗领域大有启发，而且对人的其他心理现象也能够提供有价值的解释，如意识与觉知的现象。尤其是拮抗，与意识觉知有着密不可分的关系。

一、记忆中的自我觉知

首先，在人们的记忆中存在着觉知的现象。有这样两种记忆现象，一种是场域记忆，另一种是观察者记忆。场域记忆，是完全的重新经历。观察者记忆，是一种对过去的自己的陈述。在场域记忆的完全经历中，正进行一种源发的发生。过去并不是作为一个客体仅仅重新呈现于脑海中，而是整个身心都在重新经历那个原原本本的过去。人们不是用自己的大脑，而是自己的整个身心在回忆。这种源发的回忆中是没有"我"的位置的，因为"我"正在重新经历那样一个主客未分的浑然一体的状态。

观察者记忆则是一种陈述性的记忆。就好像人们正在向别人描述当时的情况："在我的右边是……在我的前面是……"在翻译成这些语言之前的体验中，人们构造了一个"我"，将"我"放入那个原发的没有"我"的过去中，并成了整个场域的中心。

"我"就是在将过去作为客体而陈述的时候，对观察视角的反身构成。

记忆中总是闪现着主体"我"的影子，然而，那种没有主体性的记忆（不随意的记忆）才是本源的记忆。

本源的记忆，就是那种过去经验纯粹的重新发生。它不是由外部的而仅仅是由某种内部的力量驱动发生。就像一台机器，仅仅是其内部的某一个环节的转动，从而带动了整个机器的转动，而不是由于某个人在外推了一把才使其转动。在本源的记忆中，主体正在纯粹地经历一些事件，正与其所经历的事件完全融合在一起，并不会从情境中凸显出来。

带有主体性的记忆，则是一种陈述性的回忆。它有外部的目的，即将过去的经历表达出来，而不仅仅是纯粹地重新经历它。记忆的主体性，正是在这种陈述中产生的。因为陈述本身就是一个主客分离的过程。

"我"不产生于经历，而产生于陈述。在陈述中，有一种向外的位移，而位移发生的起点，便被陈述反身构成为"我"。

"昨天你去干什么了"这样的问题何以能够成为记忆的诱发线索？"昨天你去干什么了"这个问题不仅在昨天已经提出，而且在昨天已经回答了。

我们可以回忆一下哪些事情可以作为"昨天你去干什么了"这个问题的回答，不难发现，能够回忆的都是在昨天特意安排的、有深刻意识经验的活动。而对于那些并非人们有意安排，没有深刻意识经验的活动，我们不仅不会回答，而且根本不会有回答的意图。特意安排，提示了在昨天即已提出"应该干什么"诸如此类问题，并给出了回答。而如果"今天应该干什么"这个问题在过了一天后重新提出来，自然就变成"昨天干什么了"。另外，有深刻意识经验，意味着有意识经验的那些事情，不仅仅以纯粹经历的形式进入了回忆中，而且也以某种被作为客体而陈述的方式进入了经验中。这样被作为客体而陈述的方式正好是对"昨天你去干什么了"的回答。

所以，"昨天你去干什么了"这样的诱发线索，并不是像面包、绿茶的味道一样的诱发线索。它不是在事件本身的层面上由一部分的转动带动整体转动的诱发线索，而是在对事件的陈述层面的一种语言性的诱发线索。

在过去事件的纯粹经历中不会有自我的体验，但是在对过去事件的陈述中却会有自我的体验。

有意识的提取（不同于联想性提取的策略性提取），显然是陈述性诱发线索向陈述性经验的回寻。正因为是把它作为一个客体，从而也具有了自我体验，所以才会被当作有意识的提取。

经常有这样的经验：如果前一段时间工作太过投入，以至于达到忘我的境界，那么之后就很难回忆那段时间中所发生的一些细节。对于那种刚才发生的具有通透澄明的理解性的东西，现在反而很难将其回忆出来。原因在于：当人们在完全忘我的状态下豁然开朗，激动兴奋地思考一个问题时，由于完全内在性而并没有建立某种来自外部的认知诱因，以至于在回忆的时候，如果不是从其内部，很难找到线索以提取它们。换句话说，那些能够记忆起来的事情，往往是其本身在经历的时候自我意识很清晰的事情；而那些曾经经历过但记忆不起来的事情，往往是其本身在经历的时候自我意识并不清晰。

二、意识是对主体动作的觉察

总是有人会经常有这样的疑问：为什么自己在几十年的时间中无论是自己的容貌，还是观念都发生了巨大的变化，但一直会确信这都是"我"，是"我"延续了这么多年呢？

实际上，"我"的延续，并不是某种实体的延续，而不过是某种"觉察"的延续，只不过是某种性质的活动的延续，或者说活动的某种性质在延续。

如果借用英语单词来说，"me"是一种是者，关于自身的是者；"I"是一种"是"，将"me"这个是者带出来，"me"处于"I"指向着的一端。

人们其实并不是觉察到了外物，而是觉察到了自己对外物的看的动作。看不包括返源其自身；看到了包括对看的返源自身。

人们经常说"看而不见"，这是一种什么样的状态呢？"看而不见"是一种纯粹的源发的"看"。在这种情况下，视觉系统与动物的视觉系统并没有什么不同，都是一种被动的纯粹的"触及"。而"看见"则是以上述纯粹的"触及"为基础，添加了某些东西的复合事件。此处的"见"并不意味着从眼前外物反射的光子触及了自己的视网膜与心灵，而是意味着对"触及"这个行为本身有了一种非内在的粗略的意识。"看见"是有某种"意识"参与的活动，然而，这种意识并不像人们通常认为的那样是对眼前的花草树木有了某种意识，而是对自己"看"花草树木有了某种意识。人们所"见"到的并不是花草树木，而是对花草树木的"看"。而只不过在这种"看"的行为中，所看到的花草树木具有特别突出的位置，以至于使得人们觉得是对所看到的对象有了意识。意识只能产生于行为过程，而不能产生于客观事物。

缓慢地伸直自己的手臂（闭上眼睛），在伸展的过程中手碰到了某种东西（如墙壁），因而使得伸展的动作受到了拮抗。在拮抗的那一刹那，便产生了某种意识的活动。值得注意的是，这种意识是产生于所碰到的物体呢？还是产生于伸展的行为受到了拮抗呢？无论如何，在这种情况下，总可以做这样的表达："我感觉（意识）到了（墙壁）。"而如果假设这样一种情形：能够自由地伸展自己的手臂，同样，这种伸展行为受到了某种拮抗，然而，它却不是像刚才那样受到了某个具体事物的拮抗，而是受到了某种无形的类似于磁场一样的排斥，在这种情况下，同样可以产生某种意识活动。此时便会清楚地发现自己的意识是源于行为过程本身受到拮抗，而不是给予拮抗的某种物体。

"我看见了花。""我感觉到了墙壁。"这些都是语言在日常意义上的用法。它并没有描述事实，相反掩盖了人们意识到的原始对象并不是"花"和"墙壁"，而是对"花"的看、对"墙壁"的触碰这些行为。

感觉，是对自然之流的停驻；看，就是让眼前的事物从眼前流过；看到，就是让视线牢牢抓住眼前之流的一朵浪花，然后人们便会用经验为这朵抓住的浪花赋予意义。看到总有某种觉察的成分，这种觉察是以截流的阻力反弹的冲力。

当一个人的脚坚持一个动作太长的时间，以至于脚麻痹了，人们感觉不到它了，这时候如何确认这只脚就是自己的？很简单，动一下。这时候的自我意识或者"觉察"正是隐藏在这个动一下中，更准确地说，是隐藏在这个动一下的阻抗力量中。如果不动，或者动一下但没有任何阻抗，都是不会有觉察的产生的。

因此可以说，意识是对主体动作的觉察，而不是对动作对象的觉察。只有在过程之中才有意识的存在，换句话说，人们只能觉察到有过程的动作，而不能觉察到一上手就有或者一开始就完成的动作，对于后者，最多只能觉察到此动作引起的后果性的过程性动作。

意识是一种双重结构，是打开之后的打开，是觉察之后的觉察。在语法形态上可以描述为："我意识到了我感觉到。"其中，"我感觉到"是原初的打开，原初的觉察，是眼睛捕捉到某个东西的觉察。而"我意识到"则是第二次打开与觉察。意识总是离不开感觉，在意识中总是有感觉的影子，因为意识总是对感觉的意识。意识的结构，总是一种基于感觉的双重打开的结构，那些为感觉通道所排斥的行为同样也为意识所排斥。或者说，意识的对象，就是感觉本身。

常常出现这样的情形：自己知道要拿某件东西，却忘记了要拿的东西具体是什么。意识本身对于记忆来说是首要的，而意识的对象是次要的。记忆的对象首先是意识本身，其次才是意识的对象。人们对某个事物的感受，首先记忆的是感受本身，其次才是事物。这也从另一方面证明意识的觉察，所觉察到的其实是主体自身的动作，而非这些动作的对象。

"我痛"与"他痛"，"我点头"与"他点头"。以上四种描述都意味着一种觉察，前者是对自己动作的觉察，后者是对他人动作的觉察，这两种觉察是不一样的。

对自己动作的觉察是某种从内部的观照，而对他人动作的觉察则是某种从外部的观察。所觉察到的自己的动作是动词性的动作，而他人的动作则是名词性的动作。对自己动作的觉察，是自己动作顺利行进的相反力量（拮抗性力量）摩擦出来的一种意识闪光，而对他人动作的觉察则是一种感觉现象。

"他点头"实际上与"我点头"有着相同的结构。"他点头"的完整形式是"我看见他点头"，"我点头"的完整形式就是"我点头"。这两种描述的"觉察"都隐藏在自己的动作中，前者隐藏在"我看见"这个动作中，后者隐藏在"我点头"这个动作中。

理解活动，只能发生在某一特定个体的某一重复活动中。理解不是第一次的事情，而是第二次、第三次以及其后的事情。理解是个人的事情，只能说"我理解了某个东西"，当一个人说"他理解了某个东西"的时候，也包含有这个人自己的理解，即在这个人身上发生了某些事情。比如，通过"他"的某些事情，诸如语言，而引发了自己的某些事情，才能说"他理解了某个东西"。实际上，说的是"我认为他理解了某个东西"。其中的"我认为"也是一种理解活动。

人们经常将"信念"在语言上真理化。例如，"这是一张桌子。"人们在说这句话的时候，实际上暗含着一种信念，但是在语言描述上，却将这种信念从语言中抽出去，从而变成了真理式的确证了。实际上，这句话的完整形式是"我相信（认为、看见）这是一张桌子"。人们的执着，正是孕育在将信念混淆为真理的混沌中。将信念混淆为真理，就是将事实从其本身（源）向上的虚空拉离。

三、三个层次的意识觉知

第一层，原初的身体的知。不是以人们所知道的认知渠道而知道的，如视觉、听觉或其他感觉形式。而是人们的身体所发出的一种原初的，类似于直觉的知。例如，当向上抛起一块石子，并且试图接住它，自己的手似乎"知道"它应该在的位置而伸到这个正确的位置上。当向上抛一块小石子，手会自然而然地伸向一个地方，试图并且确定能够接住这个小石子。问题在于：手是以一种怎样的方式精确地知道它应该在的位置以接住小石子呢？在这整个过程中有没有或经过了什么样的精确计算方式，都是人们不知道的。这里的不知道，意味着手之所以伸向正确的地方，并不是由人们通常所能"知道"的"渠道"——视觉、听觉或其他感觉，推理、计算或其他逻辑手段——得到的，而是由某种自己不知道的认知渠道得到的。这可以算作一种身体的原初的觉知，不仅人具有，动物可能也具有。

第二层，纯粹的通流的知。是以人们所知道的认知渠道而知道的，然而却不可能反过来对此知道有任何知道或意识。它处在"我意识到了我在看"这个语法形态中"我在看"的一极，而非"意识到"的一极。它是人们"看""听"或其他感觉动作的自然通流。当人们全身心地投入一项事务而达到忘我之境的时候，便处于这种通流之知中。

经常有这样一种现象：在早晨的时候，我们处于将醒未醒、迷迷糊糊的半打开状态，突然生起要打开手机的愿望，并切实完成了它。然而几分钟之后我们彻底清醒了，才发现手机并没有打开，甚至手都未曾离开被窝。但是自己怎么也不相信刚才并不是真正发生的而只是在梦幻中打开了手机，因为刚才打开手机的意象竟是如此真切与生动，就好像是在经历一种鲜明的梦境一般。

在这个意象情境或者梦境中的"我知"或者觉察，究竟是怎么一回事呢？这种我知，即使是微弱的，是如何产生的呢？其实，梦幻中的"知"，是一种直接的而非反身的知。也就是这样一种知：并不是由拮抗产生，并不是对这种情境本身的知，而是一种基于视觉系统（许多梦境都是以视觉的形式呈现）的微弱直接的"看见"。就好像在完全投入的氛围中"看"一朵鲜花时遇到的那种知。

第三层，拮抗的意识之知。处于"我意识到我在看"的语法形态中"意识到"的一极，是一种拮抗所促成的知。在某些情境中，我们虽然清醒了，但是对自己的身体似乎丧失了觉察。例如，在睡觉刚醒的时候，我们有时竟然忘记了自己身在何处，头朝哪一方；在和别人一起坐摩托车的时候，竟然不知道哪条腿是自己的；在很放松闭上眼的情况下，不知道自己的哪只手在上，哪只手在下。之所以会出现这样的现象，就是因为在这些特定的生存状态中缺少拮抗性的力量。

我们也经常遇到这样的例子：对于一例数学难题，以一种自认为理所当然的思路对其进行了解答，每次检查都会确信它是理所当然的正确，然而，直到看到了标准答案，或者听了其他人的讲解，才恍然大悟，发现自己刚才的思路从根本上就是错误的。于是我们十分惊奇之前自己为什么没有发现错误的地方。

人们经常处于一种不知错而依然前行的状态中。不知错的根源在于人们常常不自觉地受通畅的思维惯式所束缚。就好像人们在一个畅通无阻没有死路的迷宫中悠然自得，却丝毫不知道自己其实只是在一个狭小的空间中转圈一样。要想打破这种不知的错误，也就是要摆脱这种束缚，则往往需要外力的撞击或者拮抗。因此，常常只有他人才能发现错误。

正因为人们的意识觉知存在三个层次，人类的活动也可以分为不同的层级。

第一层，通流于意识域之下的本然行为。人们没有办法意识到，但确实存在着，确实发生着某种功效，这种行为的发生，在自己的"身体"造成某种原初的"牵挂"——原初的"知"与原初的"应"（均为自身所无法意识到的）。

第二层，漂浮于意识域之上的拮抗行为。这些行为都是可以意识到的，正是这些行为才黏滞着人们的觉察力。

每一个人的每一时刻的行为，都是由这两种行为统一而成的，成为一片宽阔深沉的行为海。漂浮在意识视野表面的，是那随时激起五彩浪花汹涌翻腾充满张力的拮抗行为；而安然游弋于深远的意识域之下的，是那宁静的随势而发、畅然直行的本然行为。这两个层级的行为是相互影响的。拮抗行为始终是在本然行为的基础上，拮抗行为的动作始终是在本然行为的动作基础上，随着本然行为的"大趋之势"而跟随着"兴风作浪"（这种本然行为所引导的"大趋之势"就是那种原初的"牵挂"）。而反过来，拮抗行为的翻腾跳跃，也会影响在它之下安然畅行的本然行为，也会影响这种提供"牵挂"的"大趋之势"。

四、拮抗与意识觉知

有意识觉知的时候，常常是大脑在兴奋而又不工作的时候。

当人们专心致志地做一件事情，或者专心致志地思考一个问题的时候，是很难有明确的自我意识的。例如，当一个人参加考试解答一些题目，前面的问题很简单，他一鼓作气做了很多道题目。这个时候，大脑是处于连续的工作状态中，如果没有遇到难题，或没有其他人的打扰，这种连续的工作状态是不会被打断的。实际上，只要是工作状态，那么人们大脑的活动状态便都是连续的，因为只要不被打断，人们的工作状态也都是连续的。因此，在某种程度上，有意识的状态，与大脑的工作状态不能同时发生，与人们的思维状态也不能同时发生。有人说当人们思考问题的时候是有自我意识的，是能够觉察自己的状态的。但真是如此吗？当人们遇到难题的时候，表面上是眉头紧锁，似乎是在冥思苦想，但这时候往往是有意识而不思维的状态。这时候的自我意识和觉察，是对拮抗、困难的意识和觉察，而不是对思维的意识和觉察。

当人们正在进行某项工作时，整个工作进行得太顺畅了，没有遇到一点阻碍，整个人全身心地投入整个活动中，没有时间概念，没有自我意识。然而，好景不长，正当整个工作自动前行的时候，人们突然遇到了一个棘手的问题。顷刻之间，整个行云流水般的工作之流突然断了，整个自动化的工作状态突然崩塌了。这时候经常有一种如梦初醒的感受："哇！时间过得竟如此快；原来我一直在做这样一件事情。"自我意识恢复了，时间概念恢复了。于是，可以说，正是这个棘手的问题使活动与思维受到阻截或者拮抗，而让自己从无意识状态变为有意识状态，正是这些困难或者拮抗逼出了意识。

再如这样一个场景：一个人正惬意地行走在林荫小道上，只有这一条林荫小道，没有岔路。一路兴致勃勃，聆听着头上的鸟叫，欣赏着身旁的绿草鲜花，为这迷人的景色感到欣喜。一路上都在想着："等我到了姥姥家里，不知道有多少好吃的。"时间过得很快，这个人完全没有注意到自己的脚步，也没有注意脚下的路。因为就只有这一条路，没有什么选择。突然，很不幸的事情发生了，眼前出现了一个岔路口，是他以前从来没有走过的，应该走哪条路才能到姥姥家呢？到了此时，常常也会出现那种如梦初醒的感觉："哇！时间过得真快，刚才我在干什么呢？"于是，此时也可以说，正是因为面对着不知道该走哪条路的困惑，而使得自己从无意识状态回到了意识状态。

这两种情境，不管是那道难题，还是那个岔路口，都可以被看作自己正在进行的活动的一种拮抗。当没有这种拮抗的时候，也就是人们的大脑活动处于很顺畅的连续运行的状态的时候，人们是觉察不到自己的状态的，也就是无意识的状态。而一旦遇到某种拮抗，人们便马上从无意识状态中挣脱出来而进入有意识的状态了。

如前所述，意识状态往往与某种拮抗相联系。值得一提的是，无论是在物理上，还是在心理上，拮抗或者阻碍，往往意味着能量的消耗。阻力越大，能量消耗得也就越多。人们的心理状态也是一样，当人们处于有意识状态的时间越长，似乎消耗掉的能量也就越多，也会感到越累。人们也会经常将自己放到一种无意识的状态（如睡眠、冥想）而使自己得到休息。在经过一段时间的睡眠后，人们变得神清气爽，这是十分清楚的事情。人们还会常常遇到这样的情形：当刚刚从专心致志的工作中"醒"过来的时候，常常也会觉得精神倍增，头脑清晰。事实上，我们在工作的时候，往往有这样的体验，那就是越投入，越专心，越不累；越不投入，越不专心，反而越累。这也是同样的道理。当然，这并不是说大脑处于连续的工作状态中便不消耗能量，便永远不会累，相反，它也会消耗能量，只不过它比那种断断续续的，也就是不专心工作的状态消耗的能量少很多。这也是在心性疗法为何主张在工作中全身心投入的原因。

事实上，那种显而易见的难题或者岔路口都构成了对人们正常工作状态的一种拮抗，但是这种拮抗是一种极端情况。其实，人们经常遇到的拮抗并没有这么极端或者明显，有的拮抗甚至非常细微以至于很难察觉。例如，一个人正在走路，他完全有可能在较长的时间内都将自己的注意力集中在自己的脚步上。然而这并不意味着伴随着脚步的前后运动的活动便是非常顺畅地运行而不受任何拮抗。相反，如果没有某种阻止脚步迈步向前的难以觉察的力量，就根本无从意识到自己正在迈步向前。当人们抬起手臂的时候，便仿佛有一种与抬起手臂相反的力量发生了，而正是这种相反的力量构成了拮抗，也促成了自己对自己的动作的觉察。

一个人面对着一辆飞驰的火车，正试图看清车厢上面写着的起点站与终点站的地名。他正在做的，也是某种与火车的飞驰向前相反或者相拮抗的动作。他一定很希望这列火车与他自己在某种程度上是相对静止的，他会朝着火车飞驰的方向尽量快速地转动眼睛，在快速转动的眼睛与飞驰的火车正好相对静止的那一刹那，他看清楚了车厢上的地名。再如，当一个人正试图分辨飞速旋转的电风扇的某一个叶片的时候，他的眼睛也会跟着电风扇一起旋转，因为只有这样，才能使飞速旋转的叶片在自己的视网膜上留下一个相对静止的印象。于是，他便可以清楚地分辨某一个叶片了。而这，也恰恰是用自身机体的力量，在完成对电风扇飞速旋转的拮抗。意识状态也是这样，意识活动本身就像一只眼睛，要"看"到自身的活动状态，如果不是某种相对于自身活动状态的拮抗活动的发生，便根本"看"不到自己的活动状态。

很多人也会有这样的疑问，催眠状态究竟是一种什么样的状态呢？首先，催眠状态是一种觉醒的状态，因为处于催眠状态中的时候人们依然可以完成很多动作，人的机体依然可以对外在环境中的刺激做出恰当的反应，而如果是在熟睡状态，人们对于外在环境中的刺激则往往是保持屏蔽的。其次，催眠状态是一种没有自我意识的状态，很多从催眠状态中清醒过来的人都会忘记了处于催眠状态时所发生的许多事情，当他正处于催眠状态时也并不知道自己究竟是在做什么。事实上，催眠状态也是一种全身心投入的状态，高度集中注意力，高度投入。这是一种畅通自如的状态，没有任何拮抗，正因为没有拮抗，所以不会催生自我意识；正因为没有拮抗，所以只是纯粹地做动作，而不会回过头来问自己在做什么动作。

当然，人们不仅有对于活动状态的意识，也有对静止状态的意识。对静止状态的意识，也是因为拮抗吗？很多人都曾经有过这样的经历：在某一个清晨，自己依然躺在床上，纹丝不动，但是发现自己居然不知道到底是在床的哪一头，自己努力地思索，但身体依然没有动。最后，失败了，无论怎么思索，都不知道自己在床的哪一头。后来只有稍微挪动了一下身体的时候，才清楚地意识到自己究竟是在床的哪一头。在这个情境中，这个人是意识到了自己是处于静止状态的。但与其这样说，还不如说是意识到了自己正处于非运动的状态。这个人在意识到自己究竟是在床的哪一头的过程中，是靠自己的挪动而实现的。但与其这样说，还不如说是通过这种挪动的拮抗来实现的。假定有这样一种情况：那就是在挪动身体的过程中，未曾耗费一点能量，未曾使用一点力气，身体自然而然就挪过去了，而且周围景致的位置也随着身体的挪动发生相应的变化，以至于自己的眼睛看不到任何变化、运动、位移的迹象。如果是这样，他也不能意识到自己到底在床的哪一头，哪怕是真的挪动了身体。之所以如此，是因为这种运动状态实际上和静止状态并没有区别，在这种运动中，没有任何拮抗的发生。

因此，人们的意识过程，总是与运动以及运动的拮抗相关的。但或许有人会问：其他的动物，它们在活动的时候，所受到的阻碍一点儿也不比人类少，但是动物为什么没有产生像人类一样的意识呢？这实际上与拮抗的性质有很大的关系，因为拮抗在某种程度上是对某种预先设定的活动的阻碍。有目标，才能有阻碍，没有目标，也就无所谓阻碍。再以岔路口的情况为例。一个人走到岔路口，如果这个人是要去他的姥姥家而不知道该走哪条路，那么他可能会停下来说："我该走哪条路呢？"在他说出这句话的过程中，他已经意识到自己的存在状态了。而假如换一种情况，这个人在走某条路时根本就没有目的地，他仅仅是无所事事地漫游，随便走哪条路对于他来说都无所谓，那么当他面对这个岔路口的时候，便不会有太多的困惑。如果是一只动物，甚至根本就不会停下来，直接朝着一个方向就走了。这种情况就谈不上拮抗了，因为这个岔路口根本不足以阻断其正在进行的活动。再举一个例子，假如幽静的小径上横着一块巨石，挡住了去路。如果是一个人经过，他看到了这块石头，或许他会先尝试着将这块巨石推开，但是失败了，发出一声感叹，然后再想其他办法。在这整个过程中，这块巨石算是一种拮抗，因为它阻碍了人们的去路，以至于使人们产生了对自己所处状态的意识。而假如是一只兔子正经过这条路，当它看到这块巨石，它会停下来思索吗？不会，它会毫不犹豫地转身往回走，或者从旁边绕道而行。对于这只兔子来说，前进、回头、绕道而行都是一样的，不仅仅这条小径是它的路，四面八方所有能够钻过去的地方都是它的路。因此，这块巨石并没有挡住兔子的路。但是对于人来说，这条修好的有人走的小径才是路，周围的都不是，因此，这块巨石挡住了人的路。因此，之所以对于人来说这块巨石是拮抗的，而对于兔子来说不是，其原因就在于在人的头脑中有预设的一条前行的道路，而在兔子的头脑中则什么预设都没有。在这个场景中，兔子比人类要"自由"得多。

　　然而，很多时候目标往往并不是人们自己主动设立的，而是他们自己觉察到的。而之所以人们往往觉得目标是自己主动设立的，其实是在对自己觉察到目标这种状态的语言陈述中隐藏了主动性。假设这样一种情况，有一支离弦的箭正在飞向靶心的途中，假如这支箭是有自我意识并且会说话的，那么在这种状态中它会说什么呢？它可能会汹涌澎湃地说"我要飞向靶心"。事实上，用"我要飞向靶心"来描述自己当前的状态是完全合理的。但一旦如此陈述之后，离弦的箭就获得了某种主动性，似乎是它自己决定要飞向靶心一样。然而，箭飞向靶心这个目标并不是它自己设立的，而只是它觉察到了而已。

参考文献

〔美〕鲁道夫·阿恩海姆：《视觉思维——审美直觉心理学》，滕守尧译，成都，四川人民出版社，1998。

〔美〕D. M. 巴斯：《进化心理学：心理的新科学》，熊哲宏、张勇、晏倩译，上海，华东师范大学出版社，2007。

车文博：《西方心理学史》，杭州，浙江教育出版社，1998。

程帆：《我听冯友兰讲中国哲学》，北京，中国致公出版社，2002。

〔德〕恩斯特·卡西尔（Ernst Cassirer）：《人论》，甘阳译，上海，上海译文出版社，2004。

方立天：《佛教哲学》，北京，中国人民大学出版社，2006。

方立天：《中国佛教哲学要义（上卷）》，北京，中国人民大学出版社，2005。

〔美〕利昂·费斯汀格（Festinger, L.）：《认知失调理论》，郑全全译，杭州，浙江教育出版社，1999。

〔奥〕弗洛伊德（Sigmund Freud）：《释梦》，孙名之译，北京，商务印书馆，1996。

葛鲁嘉：《新心性心理学宣言——中国本土心理学原创性理论建构》，北京，人民出版社，2008。

葛鲁嘉：《心理生活论纲：心理生活质量的新心性心理学探索》，北京，经济科学出版社，2013。

郭朋：《坛经导读》，成都，巴蜀书社，1987。

〔英〕霍布斯（Hobbes, T.）：《利维坦》，黎思复、黎廷弼译，北京，商务印书馆，1985。

胡壮麟：《认知隐喻学》，北京，北京大学出版社，2004。

洪修平：《中国禅学思想史纲》，南京，南京大学出版社，1994。

弘学：《六祖坛经浅析》，成都，巴蜀书社，2008。

〔德〕沃尔夫冈·苛勒（Kohler, W.）：《人猿的智慧》，陈汝懋译，杭州，浙江教育出版社，2003。

况志华：《人性观对心理学理论与研究的影响》，《心理学动态》1997第3期。

〔德〕莱布尼茨（G. W. Leibnixz）：《人类理智新论》，陈修斋译，北京，商务印书馆，1982。

赖永海：《中国佛性论》，上海，上海人民出版社，1988。

〔美〕T. H. 黎黑：《心理学史——心理学思想的主要趋势》，刘恩久、宋月丽、骆大森等译，上海，上海译文出版社，1990。

〔日〕铃木大拙、〔美〕佛洛姆：《禅与心理分析》，孟祥森译，北京，中国民间文艺出版社，1986。

柳友荣：《梁漱溟心理学思想研究》，合肥，安徽人民出版社，2004。

刘华：《人性：构建心理学统一范式的逻辑起点》，《南京师大学报（社会科学版）》2001年第5期。

〔美〕卡尔·罗杰斯：《罗杰斯著作精粹》，刘毅、钟华译，北京，中国人民大学出版社，2006。

〔美〕马斯洛等：《人的潜能和价值——人本主义心理学译文集》，北京，华夏出版社，1987。

蒙培元：《禅宗心性论试析》，《中国社会科学院研究生院学报》1989年第3期。

〔美〕G. 墨菲、〔美〕J. 柯瓦奇：《近代心理学历史导引》，林方、王景和译，北京，商务印书馆，1982。

〔瑞士〕皮亚杰：《发生认识论原理》，王宪钿等译，北京，商务印书馆，1981。

任俊：《积极心理学》，上海，上海教育出版社，2006。

束定芳：《隐喻学研究》，上海，上海外语教育出版社，2000。

〔美〕莱斯列·斯蒂芬森、〔美〕大卫·哈贝曼：《世界十大人性哲学》，施忠连译，上海，复旦大学出版社，2007。

〔瑞士〕费尔迪南·德·索绪尔：《普通语言学教程》，高名凯译，北京，商务印书馆，1980。

唐君毅：《中国哲学原论·原性篇》，北京，中国社会科学出版社，2005。

〔俄〕列夫·托尔斯泰：《安娜·卡列尼娜（上、下）》，高惠群等译，上海，上海译文出版社，2010。

王海明：《人性论》，北京，商务印书馆，2005。

〔美〕爱德华·O. 威尔逊：《论人性》，方展画、周丹译，杭州，浙江教育出版社，2001。

〔奥〕维特根斯坦：《哲学研究》，李步楼译，北京，商务印书馆，2017。

吴言生：《论禅宗所谓"本来面目"》，《晋阳学刊》1999年第3期。

熊韦锐、于璐：《心理学中的隐喻以及隐喻对于心理学的启发》，《理论月刊》2012年第5期。

徐复观：《中国人性论史》，上海，华东师范大学出版社，2005。

严世清：《隐喻理论史探》，《外国语（上海外国语大学学报）》1995年第5期。

叶浩生：《心理学的历史编纂学：后现代主义的挑战》，《心理学报》2008年第5期。

〔美〕约翰逊（Johanson, G.）、〔美〕克尔兹（Kurz, R.）：《〈道德经〉与心理治疗》，张新立译，北京，中国轻工业出版社，2004。

张沛：《隐喻的生命》，北京，北京大学出版社，2004。

张岱年：《中国哲学大纲》，北京，中国社会科学出版社，1994。

张学智：《心学论集》，北京，中国社会科学出版社，2006。

赵艳芳：《认知语言学概论》，上海，上海外语教育出版社，2001。

赵敦华：《人性科学何以可能》，《江海学刊》2005 年第 5 期。

Morvay, Z.："Horney, Zen, and the real self: Theoretical and historical connections", The *American Journal of Psychoanalysis*, 1999(59), pp. 25-35.

图书在版编目(CIP)数据

重回本来面目：中国传统心性学说中心理治疗思想的溯源
与重构/熊韦锐著. —北京：北京师范大学出版社，2021.1 （2022.3重印）
（国家社科基金后期资助项目）

ISBN 978-7-303-26337-0

Ⅰ.①重… Ⅱ.①熊… Ⅲ.①道德修养－研究－中国
Ⅳ.①B825

中国版本图书馆 CIP 数据核字(2020)第 170651 号

营 销 中 心 电 话 010-58807651
北师大出版社高等教育分社微信公众号 新外大街拾玖号

CHONGHUI BENLAI MIANMU

出版发行：北京师范大学出版社 www. bnup.com
　　　　　北京市西城区新街口外大街 12-3 号
　　　　　邮政编码：100088
印　　刷：北京虎彩文化传播有限公司
经　　销：全国新华书店
开　　本：710 mm×1000 mm 1/16
印　　张：14.75
字　　数：246 千字
版　　次：2021 年 1 月第 1 版
印　　次：2022 年 3 月第 3 次印刷
定　　价：68.00 元

策划编辑：周益群 　　　责任编辑：杨磊磊 葛子森
美术编辑：王齐云 　　　装帧设计：毛 淳 王齐云
责任校对：康 悦 　　　责任印制：马 洁